CSSCI来源集刊

中国新闻史学会传媒经济与…
南京大学新闻传播学…
北京师范大学新闻传播…

传媒经济与管理研究

算法媒介·国家战略·社会共识研究专辑

MEDIA ECONOMICS AND MANAGEMENT RESEARCH

丁和根 喻国明 崔保国 主编

第7辑

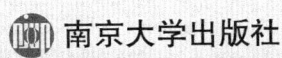

南京大学出版社

《传媒经济与管理研究》

主办单位
中国新闻史学会传媒经济与管理研究会
南京大学新闻传播学院
北京师范大学新闻传播学院

编委会
主任：喻国明　卜　宇　　　　　吴信训（上海大学）
委员（按音序排列）：　　　　　　严三九（华东师范大学）
　　卜　宇（南京大学）　　　　　　喻国明（北京师范大学）
　　崔保国（清华大学）　　　　　　张　展（美国南加州大学）
　　丁汉青（中国人民大学）　　　　赵曙光（南京大学）
　　丁和根（南京大学）　　　　　　郑丽勇（南京大学）
　　范以锦（暨南大学）　　　　　　支庭荣（暨南大学）
　　杭　敏（清华大学）　　　　　　周　凯（南京大学）
　　江作苏（华中师范大学）　　　　朱春阳（复旦大学）
　　蒋晓丽（四川大学）
　　蒋旭峰（南京艺术学院）　　**承办单位**
　　李本乾（上海交通大学）　　南京大学媒介经济与管理研究所
　　李怀亮（中国传媒大学）
　　李明德（西安交通大学）　　**编辑部**
　　吕尚彬（武汉大学）　　　　　主编：丁和根　喻国明　崔保国
　　孟　建（复旦大学）　　　　　副主编：郑丽勇　丁汉青
　　欧阳宏生（四川大学）　　　　编辑部主任：朱江丽
　　邵培仁（浙江大学）　　　　　编辑：杨雅　曲慧　李倩
　　唐绪军（中国社会科学院）
　　王　溥（华中科技大学）　**顾问**
　　吴　飞（浙江大学）　　　　Robert G. Picard　Giuseppe Richeri
　　吴小坤（华南理工大学）

目录 CONTENTS

【算法媒介·国家战略·社会共识研究专辑】

专辑主持人:喻国明

人工智能国家战略中的算法价值观 ……………… 叶　妮(003)

新传播视域下的社会共识:研究的路径、议题与方法

　　………………………………………… 杨颖兮(022)

重新理解算法:算法即数字时代元媒介………… 耿晓梦(040)

平台—公会—主播:网络直播运营主体的协作机制研究

　　——基于行动者网络理论的考察

　　………………… 吴文汐　孙丘月　钟秋月(056)

【理论探索】

从"行政干预"到"国家治理":新制度主义视域下传媒政策

　　的演化路径研究 ………………………… 龚彦方(079)

承继与延展:大众生产组织形式分析

　　——以百度百科为例 ……… 丁汉青　郝美青(102)

公共价值视角下的饭圈乱象治理研究

　　——基于政民公共价值共识度的实证分析

　　………………………… 李凤萍　文常莹(117)

【传媒上市公司研究】

内部薪酬差距对传媒上市公司全要素生产率的影响

　　——基于企业性质和CEO权力的调节效应

　　………………………… 邓向阳　张　皓(139)

我国出版传媒上市企业政府补助的效果评价研究
……………………………………… 李龙飞(170)
2020年中国新闻出版上市公司绩效数据报告
………………… 朱静雯　姚俊羽　羊晓成(193)

【新型主流媒体建设】

融合"破壁"与"活水"注入：媒体深度融合背景下我国报业
　　的进退之治 ………………… 黄洪珍　蹇志鸿(239)
媒介融合背景下主流媒体抖音号运营对媒体形象的影响：
　　感知价值视角的实证研究
　　……… 熊开容　刘　超　叶倩怡　张晓敏　刘姿琳(265)

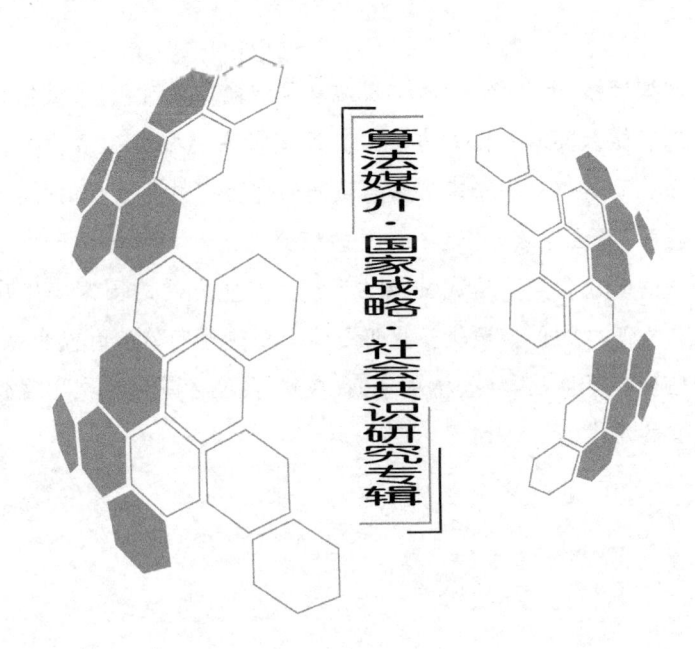

算法媒介·国家战略·社会共识研究专辑

专辑主持人:喻国明

编者按:新传播时代,其实质就是智能传播时代,大数据与人工智能以其革命性的力量深刻改变着人类社会生活的方方面面。而其中对于未来传播领域的研究而言最为重要的是:如何理解"算法即媒介"这一全新的媒介范式?如何在这已发生巨变的时代背景下达成社会共识?而智能发展的国家战略应该确立怎样的价值逻辑?这正是本专题所要回答的时代命题,相信读者可以从叶妮、杨颖兮、耿晓梦、吴文汐等的论文中得到应有的启发。

人工智能国家战略中的算法价值观

叶 妮

摘 要 人工智能国家战略是国家政府或区域性组织对人工智能进行布局、规划和治理的整体性战略。本文剖析世界人工智能国家战略的发展现状,以国家价值取向和区域性价值取向分析人工智能价值观的两种范式,进而从算法决策、算法分歧、算法伦理和议题价值等维度分析人工智能国家战略中的算法价值观,为后人类时代的算法媒介治理提供参考。

关键词 人工智能国家战略 价值导向 算法治理

人工智能国家战略(National AI Strategies, NASs)是由国家政府或被其采用或认可的其他组织、集团以政府文件、专门网站等形式为人工智能治理和公共协商规划的全面路线图,包括人工智能采用的广泛方法、特定的重点领域,如何监管人工智能、支持人工智能部门创新,最大限度地提高对经济和社会的潜在利益,分配一定数量的政府支出,减少潜在成本,解决对人们生活和劳动力的影响等相关活动。

作者简介 叶妮,女,西安交通大学新闻与新媒体学院副教授,密苏里大学新闻学院高级访问学者,法学博士。研究方向:媒介研究。电子邮件:yenixj@xjtu.edu.cn。

一、人工智能国家战略的世界发展现状

1998年,美国国会通过《下一代互联网研究法案》(The Next Generation Internet Research Act),但采用针对人工智能的全面跨政府战略是近年来才出现的。

(一)人工智能国家战略发布现状及分析

根据2020年5月加拿大高级研究中心(CIFAR)《构建一个人工智能世界:国家和区域人工智能战略报告》第二版[1](见表1、表2),已发布的NASs多数来自北美、欧洲和大洋洲,少数来自拉丁美洲和亚洲。

表1 人工智能国家战略发布情况总览(2018—2020)

国家	规划名称	发布时间	投入资金
捷克	捷克国家人工智能战略	2019年5月	不明
丹麦	国家人工智能战略	2019年3月	2019—2027年投入6000万丹麦克朗
爱沙尼亚	国家人工智能战略(2019—2021)	2019年7月	2019—2021年至少1000万欧元
欧盟	人工智能协调计划	2018年12月	每年至少10亿欧元用于人工智能,49亿欧元用于其他战略
芬兰	步入人工智能时代	2019年6月	不同领域的2.66亿欧元
德国	德国的人工智能制造	2018年12月	预计2019年联邦预算5亿欧元,2025年达到30亿欧元
立陶宛	立陶宛人工智能策略:未来愿景	2019年4月	未知

（续表）

国家	规划名称	发布时间	投入资金
卢森堡	人工智能:卢森堡战略愿景	2019年5月	未知
马耳他	2030马耳他:终极人工智能启动——马耳他人工智能的战略和愿景	2019年11月	为特别措施提供600万欧元
荷兰	人工智能战略行动计划	2019年10月	投入资金3.8亿欧元专供战略不同方面
挪威	国家人工智能战略	2020年1月	未知
葡萄牙	2030葡萄牙人工智能	2019年12月	未知
卡塔尔	蓝图:卡塔尔国家人工智能战略	2019年10月	未知
俄罗斯	人工智能发展战略	2019年10月	未知
塞尔维亚	塞尔维亚人工智能发展战略(2020—2025)	2019年12月	9000万欧元
美国	美国人工智能倡议	2019年2月	未知

表2　2020年1月为止世界人工智能发展一览

国家	现状
阿根廷	专题和跨部门工作组起草人工智能国家战略
澳大利亚	2019年4月和11月,联邦科学和工业研究组织(联邦研究机构)与工业、创新和科学部分别合作制定伦理框架和路线图,联邦政府正制定一项完整战略
奥地利	2018年11月,奥地利机器人和人工智能委员会发布《用机器人和人工智能塑造奥地利的未来》白皮书
比利时	2019年4月,比利时数字议程部长支持的比利时"AI4联盟"发表了一份报告
巴西	2019年12月,人工智能国家战略的公众协商
智利	2019年9月,宣布专家委员会于2020年4月发布人工智能国家政策

(续表)

国家	现状
塞浦路斯	《塞浦路斯人工智能》草稿发布以供公众咨询,2020年1月议会通过内阁审批
匈牙利	2019年10月,创新技术部支持的人工智能联盟的6个工作组发布了一项人工智能行动计划,预计2020年完成人工智能国家战略
爱尔兰	2019年11月,商业与创新部接受公众咨询并着手制定爱尔兰人工智能国家战略
以色列	2020年1月,政府、军事、学术界和工业界专家委员会向政府提交国家人工智能战略建议
意大利	2019年7月,经济发展部发布人工智能战略草稿,供公众咨询
肯尼亚	2018年2月,信息与通信部成立11人特别工作组,制定区块链和人工智能战略
拉脱维亚	2019年7月,发布供各部委内部协商的战略草案
马来西亚	2019年年底,国有企业马来西亚数字经济公司提交国家人工智能框架
新西兰	2018年5月,广播、通信和数字媒体部宣布开展人工智能国家行动计划
波兰	2019年8月至9月,数字化部对《2019—2027波兰人工智能发展政策》草案进行公众协商
西班牙	2019年3月,科学、创新与高校部发布西班牙人工智能研究、发展和创新战略,以作为部委间制定人工智能战略的基础
斯里兰卡	2019年6月,斯里兰卡软件和服务公司联合会、信息和通信技术局、数字基础设施和电信部合作制定人工智能政策框架草案,并进行辩论和评论
瑞士	2018年发布《数字瑞士》,成立人工智能工作组,2019年向联邦委员会提交相关报告
突尼斯	2019年第一季度,发布国家人工智能战略
乌拉圭	2019年4月,隶属总统办公室的AGESI对人工智能的数字化战略展开公众协商,预计2020年2月15日出台最终战略

纵览世界各国的人工智能国家战略,既可以比较国家 AI 决策水平、投资力度和数字经济的治理能力,也呈现了政府主导者、科学共同体、私营部门和其他人工智能治理利益相关者等作为 AI 治理主体的不同价值取向、协作化程度以及对数字经济的参与水平,还能分析跨区域 AI 协作的原则基础。如欧盟 2018 年发布《人工智能合作宣言》(Declaration of Cooperation on Artificial Intelligence)、2018 年 4 月发布《欧洲人工智能》(Artificial Intelligence for Europe)、2020 年 2 月发布《人工智能白皮书》(White Paper on Artificial Intelligence—A European Approach to Excellence and Trust);人工智能高级专家组(Independent High-Level Expert Group on Artificial Intelligence) 2019 年 4 月发布《人工智能伦理指南》(Ethics Guidelines for Trustworthy AI)、6 月发布《人工智能政策和投资建议》 (Policy and Investment Recommendations for Trustworthy AI);2018 年 5 月,北欧部长理事会发布《北欧—波罗的海地区人工智能》(AI in the Nordic-Baltic Region)。这些都可见区域性合作对于人工智能蓝图和人工智能安全影响的战略布局、人工智能价值原则和核心方向。

(二)人工智能国家战略主要元素和涉及范围

根据加拿大高级研究中心(CIFAR)的研究报告以及《人工智能政策 101:介绍人工智能政策的 10 个关键方面》《人工智能和政策:维持现状?数字政策、监管和治理》《第四次工业革命中心,一个制定国家人工智能战略的框架》等,2020 年 4 月斯坦福大学全球数字政策孵化中心在《国家人工智能战略与人权:回顾》中提出人工智能国家战略(NASs)的核心元素(见表3):

(1)框架、愿景、目标:政府对 AI 总体规划、目标和原则。(2)研究计划:政府支持 AI 开发和使用的计划。(3)人才计划:政府如何吸引和创造国际国内的 AI 人才。(4)技能和未来的工作计划:政府确保需要参与 AI 的人群可获得相应技能,解决 AI 引发的专业技术劳动力紧缺。(5)私营部门的人工智能:政府促进私营部门使用AI计划。(6)政府中的人工智能:政府促进政府和公共部门使用AI的计划。(7)数据:政府计划解决与AI创建的数据相关的问题,如数据保护框架、数据共享安排和开放数据。(8)基础设施和网络安全:政府确保AI拥有正确的物理基础设施和其他基础设施的安全性。(9)伦理:政府确保AI的开发和使用是道德的。(10)监管:政府引入或改革与AI相关的立法和监管框架的计划。(11)包容:政府确保AI能促进包容性和公平,AI社区广泛包含不同的背景和观点。(12)外交政策和国际合作:开展政府间的、国际或区域组织的AI合作以应对共同威胁,提升AI事务的政府间特殊价值观、外交政策优先事项。(13)治理和利益攸关方:AI领域,政府、私营部门或民间团体等不同行动者的角色、责任和相应的策略。

表3 人工智能国家战略元素图谱[2]

斯坦福GDPI	CIFAR报告	《人工智能政策101》	《人工智能和政策》	世界经济论坛报告
框架、愿景和目标	未涉及	未涉及	未涉及	未涉及
研究取向	科学研究:AI研究中心或基础和应用项目,增加公共AI研究资金	基础与应用研究:政府为AI理论基础、技术、应用新突破的项目和机构提供资金,如英国的艾伦·图灵研究所	研发:政府资助和创建新的研究机构,例如英国的艾伦·图灵研究所	关键维度2:营造良好研究环境,促进产业与学术界整合
潜能型人才计划	以主席职位、奖学金、创建航空专业硕士和博士项目等形式吸引、留住和培训国际国内AI人才	AI研发者、公共和私营部门解决方案者,如加拿大人工AI项目CIFAR主席	培育AI研发人才,如加拿大人工智能项目中的CIFAR主席	未涉及

（续表）

斯坦福GDPI	CIFAR报告	《人工智能政策101》	《人工智能和政策》	世界经济论坛报告
技能和未来的工作	倡议提升学生和复合型劳动者工作技能，如对STEM教育（科学、技术、工程和数学）、数字技能或终身学习的投资	确保数字经济工人的竞争技能，政府投资STEM教育、国家再培训项目和终身学习。如丹麦技术协议	提供终身教育和就业技能，如为1%的芬兰人传授AI技术基本原理	关键维度3：为AI经济劳动力做准备
私营部门中的AI	AI技术工业化：鼓励私有部门采用AI技术项目，包括投资战略部门，为AI初创企业和中小企业（SMEs）提供资金，AI集群或生态系统战略	AI技术工业化：AI推动私营部门增长，扩展政府战略部门，发展AI生态系统和集群。如日本工业化路线图	AI技术工业化：政府投资战略部门，促进AI生态系统，如中国投资自动驾驶汽车和AI基础设施区域集群	关键维度4：主要投资于战略领域
政府中的AI	使用AI提高政府效率、服务提供和公共管理的试点项目	政府部门尝试鼓励使用AI。借助AI提升公共行政政策效力。如阿联酋的人工AI部门	未涉及	未涉及
数据	为开放数据合作伙伴关系、平台和数据集提供资金，创建、监管测试环境	政府开放数据集和开发平台，鼓励私人数据安全交换。如法国健康数据中心	政府开放数据集，以鼓励AI研发和产品开发，如法国健康数据中心	关键维度1：提供标准化数据保护法律，解决伦理问题
基础设施和网络安全	同上	同上	未涉及	未涉及

(续表)

斯坦福GDPI	CIFAR报告	《人工智能政策101》	《人工智能和政策》	世界经济论坛报告
伦理	AI伦理标准：成立AI伦理委员会或特别工作组，使用和开发AI的创建标准或法规。为可解释和透明的AI研究或试点项目提供资金	伦理：为减轻算法偏差、隐私和安全伦理的担忧、争论和伤害，政府制定AI使用和开发的道德规范及标准。如欧盟人工智能伦理指南草案	AI伦理：各国政府试图为AI的开发制定伦理标准，例如欧盟的人工智能伦理指南草案	关键维度1:提供标准化的数据保护法律，并解决伦理问题
规制	未涉及	法规：政府致力于监管AI，重点监管自动驾驶汽车和自动武器。如德国自动驾驶和连接驾驶伦理委员会	未涉及	未涉及
包容	包容和社会福祉:确保AI促进社会容性，推进AI社区背景和观点的差异化	善用AI,助力解决贫困和饥饿等复杂性社会问题。使用不当，AI会加剧歧视，伤害妇女和少数族裔，如印度"AI为全民"战略	纳入：政府利用AI解决复杂社会问题,减轻贫困、伤害,造福妇女和少数族裔,例如印度"AI为全民"战略	未涉及
外交政策与国际合作	未涉及	外交政策：AI影响地缘政治与国际贸易、应对伦理问题、制定AI全球治理标准。如中国人工智能全球治理计划	不相关	关键维度5:参与国际合作
治理和利益攸关方	未涉及	未涉及	未涉及	未涉及

综上可见,越来越多人工智能国家战略采用透明且合理化的国际标准、框架和规范管理 AI,且不同国家的布局、覆盖范围、后续发展和具体细节虽有所差异,但大部分国家都很重视数据数字和基础设施、伦理技能发展和国际参与、人才和竞争优势以及教育培训、价值观念体系,也在现实上构成了 AI 国际对话与合作的价值观基础。

二、人工智能的国家价值观

2020 年,我国《中共中央关于制定国民经济和社会发展第十四个五年规划和二〇三五年远景目标的建议》强调"社会治理数字化智能化水平"[3]。我国国家互联网信息办公室《数字中国发展报告(2020 年)》第八部分"建立包容审慎的数字化治理体系"提出,为了促进数字中国持续健康有序发展,需要"开展算法规制"[4]。回溯过去,2016 年 4 月,美国《2016—2045 年新兴科技趋势报告》提出大数据集合自动分析算法优于人类分析模式的战略构想[5]。2016 年,日本安倍政府提出"Society 5.0","构建以人为中心的社会,实现网络空间(虚拟空间)与物理空间(现实空间)高度融合的系统"[6],强化以"IoT"(Internet of Things)、人工智能为中介的连接,拓展老龄化、少子化社会现实困境的手段。

由此可见世界主要经济体 AI 布局的价值导向差异。下文以美国、经合组织(OECD)为例,分析人工智能价值导向的两种类型,即以国家为代表的价值导向和以国际合作为代表的价值导向。

(一)国家价值导向——美国

2019 年初,美国国家科学技术政策办公室科学技术委员会成立了"国家人工智能安全委员会"(The National Security

Commission on Artificial Intelligence, NSCAI),就有关人工智能的跨机构研发优先事项提供建议,提出与工业和学术界建立伙伴关系,确定改进人工智能研发规划、协调和支持的相关机构。在 COVID-19 和医疗保健应用的背景下,广泛关注与人工智能有关的行政和立法政策,特别是与健康有关的应用和部门。

2019 年 2 月 11 日,特朗普在国情咨文演讲中提到以人工智能为代表的未来前沿产业的重要性,"人工智能的进步体现美国的独创性和美国人的价值观,并为美国人的利益而得到应用,要保持美国在人工智能领域的领导地位"[7];其签署第 13859 号行政命令,称为美国人工智能倡议(American AI Initiative),提出了美国官方人工智能战略的五个原则:(1)投资 AI 研发;(2)为更多联邦提供 AI 资源;(3)消除 AI 创新障碍;(4)改善对 AI 开发人员和用户的培训;(5)促进支持美国 AI 创新和负责任使用人工智能的国际环境[8]。美国对人工智能国家战略的规划,特别提出要坚持确保优先考虑符合美国价值观的、"可理解、可靠、值得信赖、稳健和安全"美国人工智能的价值观[9]。尤其是在中国作为强有力的竞争者的背景下,考虑人工智能对技术创新和美国劳动者的影响,确保美国的国际安全、技术和经济竞争力。

(二)国际合作导向——OECD

与美国人工智能国家战略的"美国利益至上"原则不同,经合组织(OECD)包括美国在内的成员国于 2019 年签署了《人工智能原则》(Principles on Artificial Intelligence),特别强调人工智能是将数据、算法和计算能力结合起来的技术集合,通过确保整体和透明的公众话语、对人工智能系统、应用的参与和评估。

2021 年 6 月,《人工智能原则的经合组织实施情况:国家人工智能政策的见解》，不仅提出各国如何实施经合组织人工智能原则中对决策者的五项建议，还提出了"以人为中心"的人工智能原则：(1) AI 通过推动包容性增长、可持续发展和福祉来造福人类与地球；(2) AI 系统的设计应尊重法治、人权、民主价值观和多样性，为确保公平和公正的社会，人类可在必要时进行干预的保障措施；(3) AI 系统应有透明度和负责任的披露，确保人们理解和应对其结果的挑战；(4) AI 系统的整个生命周期是以稳健、安全的方式发挥作用，需持续评估和管理潜在风险；(5) 开发、部署或操作 AI 系统的组织和个人应按照上述原则对其正常运作负责[10]。

也就是说，以 OECD 为代表的人工智能理事会更倾向于将人工智能定义为基于机器的人类目标任务系统，作出影响人类世界真实或虚拟环境的预测、建议或决定，肯定其自主性[11]，但是把握 AI 系统的核心要素必须掌握在全人类手中，保障 AI 系统的包容性、可持续性、公平性、透明度和可解释性、安全以及问责制。

三、基于人工智能国家战略的算法价值观取向与呈现

"不同国家的数据集如果不能跨国际分享，不可避免会在机器学习算法上产生特定国家的偏见"[12]。基于不同的国情、政策执行水平、AI 协作行动者和经济实力，人工智能价值判断有着明显的国别差异。下文将从算法决策、算法分歧、算法伦理、议题的算法价值判断四个维度分析，如何避免生态政治、民族国家和主权实体的地理边界造就的区域性数据引发算法分歧，打破"画地为牢"的算法价值取向，强化全球性数据驱动技术的国际协调和参与，促进人工智能治理。

(一) AI 对算法决策的影响

算法是机器计算或决策以解决问题所要遵循的过程或规则集。算法可以善用,如利用算法分析交通模式,决定道路修建的合理地点;算法也有争议,如根据算法推断个人刑事犯罪的可能性,或根据算法判断社会福利资助的申请人资格等。另外,算法决策与机器学习有"互溶关系",算法并非简单以数据集的形式预存于机器学习,而类似于人类智能的镜像;作为 AI 的重要分支,机器学习在执行特殊任务的试验和试错过程中,更新算法本身。因此可以说,AI 以数据隐私和数据偏见对人本身产生影响,尤其是未来将对人类的所有认知产生深远影响。

联合国意见和言论自由特别报告员(the UN Special Rapporteur on Freedom of Opinion and Expression)称人工智能是呈现技术性特征的过程,是"提高与自动化、计算决策相关的独立性、速度和规模的缩写",通过运算补充或取代人类作出决策或解决问题的任务[13]。同样,数据与社会人权和人工智能实地倡议研究负责人马克·拉托内罗认为,"将'人工智能'视为嵌入在社会系统中的一系列技术集群的口号是有用的",包括机器学习、自然语言处理、计算机视觉、神经网络、深度学习、大数据分析、预测模型、算法和机器人——所有这些技术的本质都是其被开发和部署的社会环境[14]。

(二) 差异性人群引发算法分歧

虽然政府更关心 AI 经济竞争力,但由于制定战略的行动者不同,受众、架构、范围和深度也有差异,不能不考虑算法公平和透明、劳动者平等或歧视等现实问题。随着人工智能和其他数据驱动技术的兴起,传统意义上的脆弱人群可能面临无法访问互联网、信息技术与数字内容的问题,需要额外的保护。不仅"边缘人群"面临挑战,算法剥夺(algorithmic deprivation)、算法歧视(algorithmic discrimination)和算法失真(algorithmic distortion)是"算法社会"几乎每个人都要面临的问题。

作为新的"数字鸿沟",目前,算法分歧(algorithmic divide)呈现5个方面属性:(1)意识:人们如何了解算法和智能机器对生活的正负影响。(2)访问:关注老人、少数族裔等边缘化人群因无法负担或缺乏技能而无法触及的问题。(3)可负担性:关注个人可访问的产品或服务类型、使用频率以及未来升级服务以享受全部利益的能力;人们负担的访问性越少,人工智能产品和服务的好处就越有限,完全实现技术前景的可能性就越小。(4)可用性:个人对人工智能产品和服务有不同需求,而通常情况下,这些产品或服务是由那些没有完全了解用户特定需求、兴趣或条件的人设计的;当算法得知何时将新数据反馈到其中时,那些设计不当或依赖于有问题数据的算法可能会通过反馈回路放大这些偏差。(5)适应性:个人也需要发展算法素养,算法素养可能会帮助个人了解AI技术的全部潜力,以及哪些产品或服务未能保护隐私或其他个人权利;同样地,虽然许多人并不完全理解人工智能技术是如何运作的,但个人却能够"欺骗"算法来提供理想的结果[15][16][17]。

(三)人工智能战略对算法伦理的专门性讨论

哈佛大学伯克曼·克莱因互联网与社会中心归纳了人工智能原则:(1)隐私:97%的文件都涉及使用数据技术系统开发、决策的隐私原则。(2)问责制:97%的文件都涉及AI系统分配的影响与补救措施的相关责任。(3)安全性:81%的文件都关注AI系统可按预期执行的安全性。(4)透明度和可解释性:94%的文件都考虑AI系统的设计和实施操作是否是可理解的。(5)公平和不歧视:AI偏见对个人的影响已成为全球共识,100%的文件都关注 AI 系统以非歧视原则提升公平和包容。(6)人类对技术的控制:69%的文件提出 AI 的重要决策必须受到人类审查。(7)专业责任:78%的文件关注 AI 系统开发与部署者的专业性。(8)促进人类价值观:69%的文件都强调 AI 必须致力于实行人类福祉,与人类价值观高度一致[18]。

不少人工智能国家战略也关注算法对人本身的潜在性影响。制定战略的行动者来自不同的群体,如欧盟《人工智能伦理指南》包括有关隐私、多样性和非歧视的具体条款,以及补救权等多部条款。《欧盟关于人工智能的通讯》(the EU Communication on Artificial Intelligence)在其"伦理"一节中,涉及人工智能基于人权的道德准则的承诺、有效数据的可解释性和保护必要性等问题。

《人工智能:卢森堡的战略愿景》中提到:"作为一个多样化、创新的国家,我们将决定这项技术对人权、人们的生活和我们的民主价值观产生何种影响。"[19]为解决人工智能开发中的风险评估,新加坡采用交叉学科和以人为本的方法,不局限于工程学科,开发者包括社会学家、伦理学家、经济学家、律师和政策制定者[20]。《丹麦人工智能国家战略》提及,"人工智能需要一种新的决策方式。其中算法扮演了重要的角色,社交媒体引入自我学习算法的程度与人类依赖智能体推荐水平正相关。人工智能涉及的伦理问题,将使用新技术的优势与人的基本权利、正当程序和丹麦的社会价值观之间关联起来。"挪威数字化部提出基于人权的人工智能的伦理原则,自我决定(人可以独立于 AI 之外的知情和决策权)、尊严(AI 不得伤害人类或破坏民主进程)、责任(AI 决策的最终责任赋权于人)、可解释性(人有运用 AI 底层逻辑与结果描述、控制和恢复数据的决策能力)、平等和正义(保持算法多样性和防止算法偏见)以及发展(人工智能的发展应在道德上负责,并以最大限度地提高社会进步为导向)[21]。

(四)公共议题的算法价值判断

信念来自认知,可触达的媒介信息源更是核心关键。美国新闻界使用自然语言生成(Natural Language Generation,NLG)的新闻写作已经成为趋势。基于模板的自然语言生成(Template-based NLG)和高阶自然语言生成(Advanced NLG)两种模式中,人类甚至无法辨认机器人写作[22]。而从新闻用户的角度看,虽然许多人并不完全理解人工智能技术是如何运作的,但个人却能够"欺骗"算法来提供理想的结果。例如,当用户知道脸书(Facebook)管理新闻动态的算法时,他们会修改自己的行为,以利用算法定制自己的新闻动态。

因为算法会反映公众注意力、公众态度以及公众参与决策的程度,特别是基于偏差性数据的算法,极易形成有偏见的价值判断和内容呈现,而差异化人群受算法推荐会加剧其观点的认同,从而导致群体间的观点极化。因此,新闻媒介应用算法推荐是影响公众思想、持续对人群强化关注的重要手段,将塑造和影响公众注意的有限空间,成为政府对关键信息的反馈、决策、自我纠正机制的重要驱动因素[23]。善用算法以凝聚民族共识,形成命运共同体意识、可持续发展的新动能,实现本尼迪克特·安德森(Benedict Anderson)在《想象中的社区》中构想的"相互联结的意象"搭建的政治共同体。

算法是以"人"主导下的"人与媒体"关系的中介。通过媒介场域的控制与反控制,算法构建了平台与人流动的因果关系链,增强媒介生态的可供性,将影响"后人类"的关注领域和表达范式,孕育媒体、公众、政府的多角权力关系,引发算法时代信息化治理有效性的讨论。

注释

[1] Kung, J., Boskovic, G. & Stix, C. (2020). *Building an AI World: Report on National and Regional AI Strategies* (second edition). https://cifar.ca/wp-content/uploads/2020/10/building-an-ai-world-second-edition.pdf.October 30, 2021.

[2] Newman, T. P., Howell, E. L., Beets, B., et al. (2020). *Landscape Assessment of Public Opinion Work on Use of AI in Public Health*. April 21. https://www.gp-digital.org/wp-ontent/uploads/2020/04/National-Artifical-Intelligence-Strategies-and-Human-Rights%E2%80%94A-Review_.pdf.October 30, 2021.

[3]《中共中央关于制定国民经济和社会发展第十四个五年规划和二〇三五年远景目标的建议》,2021年2月5日,来源:http://www.gov.cn/zhengce/2020-11/03/content_5556991.htm.2021年11月1日。

[4] 国家互联网信息办公室:《数字中国发展报告(2020年)》,2021年07月02日,来源:http://www.cac.gov.cn/2021-06/28/c_1626464503226700.htm.2021年10月4日。

[5] Office of the Deputy Assistant Secretary of the Army (Research & Technology). (2016). *Emerging Science and Technology Trends: 2016-2045. A Synthesis of Leading Forecasts*. https://files.nc.gov/deftech/press-release/files/2016_scitechreport_16june2016.pdf. August 30, 2021.

[6] 日本内阁府:《Society 5.0》,2016年1月,来源:https://www8.cao.go.jp/cstp/society5_0/index.html.2021年10月30日。

[7] Executive Office of the President - Executive Order 13859. (2019). *Maintaining American Leadership in Artificial Intelligence*. February 11. https://www.federalregister.gov/documents/2019/02/14/2019-02544/maintaining-american-leadership-in-artificial-intelligence. October 30, 2021.

[8] Office of Science and Technology Policy. (2019). *Accelerating America's Leadership in Artificial Intelligence*. February 11. https://

www. nitrd. gov/nitrdgroups/images/7/73/Accelerating-americas-leadership-in-artificial-intelligence.pdf. August 30, 2021.

[9] *Artificial Intelligence for the American People.* (2019). February 11.https：∥trumpwhitehouse.archives.gov/ai/. August 30, 2021.

[10] OECD. (2019). *Principles on AI.* May 22. https：∥www.oecd.org/going-digital/ai/principles/. October 3, 2021.

[11] OECD. (2019). *Recommendation of the Council on Artificial Intelligence.* May 22. https：∥legalinstruments.oecd.org/en/instruments/OECD-LEGAL-0449. August 30, 2021.

[12] Esposito, M., Tse, T. & Entsminger, J. (2018). *The Case Against National AI Strategies.* Project Syndicate, October 17. https：∥www.project-syndicate.org/commentary/case-against-national-ai-strategies-by-mark-esposito-et-al-2018-10.September 20, 2021.

[13] UN General Assembly. (2018). *Report of the Special Rapporteur on the Promotion and Protection of the Right to Freedom of Opinion and Expression.* UN DocA/73/348.August 29, Para 3.

[14] Latonero, M. (2018). Governing Artificial Intelligence：Upholding Human Rights. *Data & Society.*

[15] Weber, R. H. (2010). Shaping Internet Governance：Regulatory Challenges. New York：Springer-Verlag Berlin Heidelberg. pp.251-252.

[16] Chander, A. (2017). The Racist Algorithm? *Michigan Law Review.* 115(6).

[17] Yu, P. K.(2020). The Algorithmic Divided and Equality in the Age of Artificial Intelligence. *Florida Law Review.* 331(72).

[18] Fjeld, J., Achten, N., Hilligoss, H., et al. (2020). Principled Artificial Intelligence：Mapping Consensus in Ethical and Rights-Based Approaches to Principles for AI. https：∥cyber.harvard.edu/publication/2020/principled-ai.

[19] *Artificial Intelligence：A Strategic Vision for Luxembourg.*

Digital Luxembourg. May 24, 2019. https://gouvernement.lu/dam-assets/fr/publications/rapport-etude-analyse/minist-digitalisation/Artificial-Intelligence-a-strategic-vision-for-Luxembourg.pdf. November 3, 2021.

[20] Fatima, S., Desouza, K. C. & Dawson, G. S. (2020). National Strategic Artificial Intelligence Plans: A Multi-dimensional Analysis. *Economic Analysis and Policy*. 67(9).

[21] Ministry of Finance and Ministry of Industry, Business and Financial Affairs. (2020) *National Strategy for Artificial Intelligence*. https://eng.em.dk/media/13081/305755-gb-version_4k.pdf.

[22] Kobis N. & Mossink, L. D. (2021). Artificial Intelligence versus Maya Angelou: Experimental Evidence that People cannot Differentiate AI-generated from Human-written Poetry. *Computers in Human Behavior*. 114(1).

[23] Baekgaard, M., Larsen, S. K. & Mortensen, P. B. (2019). Negative Feedback, Political Attention, and Public Policy. *Public Administration*. (SI).

Algorithmic Values in National Artificial Intelligence Strategies

YE Ni

Abstract: National Artificial Intelligence Strategies is the integrity strategy of national governments or regional organizations to layout, plan, and governance of artificial intelligence. This article analyzes the development status of NASs in the world. It analyzes the two paradigms of artificial intelligent values in terms of national value orientation and regional value orientation. It analyzes the algorithmic values in NASs from the dimensions of algorithmic decision-making, algorithmic divergence, algorithmic ethics, and issue value. The purpose of this article is to provide a reference for algorithmic media governance in the post-human era.

Key words: National Artificial Intelligence Strategies; Value-Oriented; Algorithmic Governance

新传播视域下的社会共识：
研究的路径、议题与方法

杨颖兮

摘 要 "共识"是对相互冲突的多方利益进行调和，一定程度的"社会共识"是社会正常运转的保障。然而在多元价值取向的现代社会中，价值观的"多""一"矛盾难以调和，难以转换为整个社会的决策机制，如何促进社会共识也成为摆在政策制定者与学术研究者面前的重大命题。社会共识研究尚未形成紧密的学术共同体，而是散布于各学科，由不同背景的研究者出于各自关心的议题、从不同的角度展开讨论，包括政治学者对伦理规范层面的探讨、社会心理学家对群体极化的研究和传播学者对舆论极化现象的关注。现有的社会共识研究存在着对情境性、关系性因素的关注不足，媒介中心主义立场导致分析框架单薄等问题，也未充分回应网络社会的涌现性对社会工程有效性所构成的挑战。在此基础上，本文尝试提出社会共识的基本类型与生成机制，并从社会组织形态角度考察共识生成的重要意义，以期铺垫理论升级和实证研究

作者简介 杨颖兮，女，中国人民大学新闻学院博士研究生。研究方向：媒介治理、新媒体与社会发展。电子邮箱：yangyingxi93@163.com。

基金项目 中国人民大学 2018 年度中央高校建设世界一流大学（学科）和特色发展引导专项资金(18RXW120)

的可能路径。

关键词　共识　极化　网络社会

在社会公共领域,共识的作用是在相互冲突的多方利益之间进行调和[1],一定程度的社会共识是人们之间良好交往和社会正常运转的保障。帕森斯(Talcott Parsons)主张,价值共识是维系社会秩序的基础;这也是社会共识问题之所以获得社会科学学者广泛关注的重要现实考量——人类社会的进步史,说到底就是一个个观念逐渐成为社会共识的过程。随着政治参与的门槛降低和机会普及,越来越多的人能够借助互联网参与到社会问题与国家政策的讨论之中,民意也开始进入政策制定者的决策环节,从"网络群众路线"这一概念的提出可见一斑。在此背景下,社会共识的达成与否便具有了关乎治理成效的意义。

不同于自然共识,社会共识的客体是事实与价值的统一,可以说,社会共识的核心就是价值共识。迪尔凯姆(Émile Durkheim)曾指出,社会越是原始,其构成个体就越为相似;城邦、宗族、教会等权威控制性机构的存在,使传统社会内部更加容易达成共识。现代化解构了传统、稳定的社区纽带,家庭、教会、国家的垂直权威陷落,个人主义兴起,个体被抛入充满了陌生场景与陌生关系的原子化社会,在从"垂直社会"到"水平社会"的转变过程中,具有不同价值取向的身份政治成为主旋律[2]。正如以赛亚·柏林(Isaiah Berlin)所指出的,根本价值之间具有不可通约性,人们在面对社会问题时常常需要被迫做出不同质的利益之间的取舍。依靠引入价值函数的形式强行解决不同质利益之间的取舍问题,其结果是多解性和主观性,"多""一"矛盾难以调和,因而难以转换为整个社会的决策机制,如何促进社会共识的达成也成为摆在政策制定者与学术研究者面前的重大命题。

社会共识的达成不仅是一个应然问题，更是一个具有紧迫性的现实问题。纵观现有文献，对社会共识的研究主要集中于政治哲学、伦理学、社会学和文化人类学等领域，与这些学科特有的研究对象相关联，例如政治哲学主要关注政治共识，伦理学主要关注价值共识，社会学主要关注狭义的社会共识，文化人类学主要关注文化共识问题；传播学对于社会共识的关注则具有明显的"媒介中心主义"偏向，并以共识的反面——"极化"为主要切入点。已有研究对社会共识的各种构成要件，包括共识的主体范围、客体对象、共识的生成机制以及达成效果等问题缺乏整体性研究，更缺乏基于系统性的实证性检验。本文将首先回顾社会共识研究的主要研究进路，在此基础上提出社会共识研究应当回应的主要问题，还将进一步提出社会共识研究的议题，包括共识的分类基础、生成条件，以及社会组织形态与共识生成的关系机制，以期铺垫理论升级和实证研究的可能路径。

一、社会共识研究的理论进路

围绕社会共识的研究尚未形成一个紧密的学术共同体，而是散布于各学科背景的研究者出于各自关心的议题、从不同的角度所开展的讨论中。在政治学领域，研究者主要关注社会共识的伦理规范问题，例如基本共识在价值多元社会中是否存在，如果存在将如何达成，以哈贝马斯（Jürgen Habermas）及其协商民主理论的拥趸、自由多元主义论者以及彻底多元论者为代表。此类研究为社会共识研究的开展奠定了本体论和认识论基础，但对于现实生活中导致共识形成（或破裂）的机制则不曾着墨。在社会心理学领域，研究者主要从群体互动的视角出发,聚焦社会共识的反面——群体极化背后的社会心理机制。这一脉络上的研究为群体小范围内的共识如何达成提供了重要依据,但全社会形成怎样的共识、如何形成共识,则不在其研究范围之内。在传播学领域,媒介环境与以心理群体或舆论群体形式存在的社会公众的意见分布关系得到了重点关注,但"共识"通常只是作为与"极化"相对的概念出现,相关理论真正聚焦的仍是"极化"问题。

(一)关于社会共识的政治伦理与规范

社会共识之于社会秩序与政治合法性的意义,是当代政治学者讨论该问题的理论起点,尤其是协商民主者;他们大多是哈贝马斯的拥趸,将共识视作民主的要义和目标。然而,以极端多元论、冲突理论、后现代主义为代表的多元理论对共识在维系社会秩序方面的价值提出了质疑。这些学者认为,人们在价值、认知、利益等方面都是多元的,没必要也没可能达成共识,而分歧和差异才更值得关注。处于两者之间的自由主义多元论者则认为,社会生活中存在某些具有根本价值的共识,它们对实现多元的价值具有重要意义,并主张通过特定背景下的实用判断来弥合多元与共识之间的分歧。

进入互联网时代,互联网所带来的个体赋权和对话潜能,使协商民主理论经历了新一轮大发展。网络社会实现了交往主体的再生产,任何个体都能成为中心的"去中心化"平等主体逐渐生成。数字世界的核心是以信息为基础的智能化,计算机的首要任务不仅仅是处理信息,更重要的是实现智能,即围绕某个人或群体,形成一套以用户为中心的数字交往网络[3];正如卡斯特尔(Manuel Castells)等所指出的,网络社会中的传播具备了去中心化的特征,形成了分布式格局[4]。与此同时,人与人之间的交往由线下迁移到线上,交往范围由小变大,交往对象由熟人向陌生人转变。一直以来在中国占主导地位的强关系逻辑因互联网的出现而受到了撼动:人与人可以超越传统的种种限制,灵活而有效地采用多种社会性工具联结起来,一起分享、合作乃至展开集体行动[5]。这种去中心化的交往条件催生了媒介化的话语空间,使得之前因没有条件参加听证会、民主座谈会等线下商议实践而被排除在讨论范围之外的新成员得以加入其中,并因其发言自身优劣而非发言者的社会地位得以评判[6],网络空间公开、平等、无界、直接、实时的表达和互动,降低了对话成本,提升了协商效率,为大范围协商、即时协商和低成本协商创造了可能,因此被寄予了成为网络公共领域（network public sphere）的厚望。

与此同时,对于难以回避的多元价值的困境问题,社会共识的政治伦理研究大多诉诸"一""多"关系的调和。"多"之所以能够和谐共存,是因为背后有个"一",即允许不同价值、观念并存的自由空间;没有这个"一","多"就成为撕裂性力量,"多元共识"就会退化为"相对主义"。那么这个"一"将从何而来?罗尔斯宣称多元主体基于公共理性——某些权威价值或公共推理规则、程式,证成公共理由,可达成重叠共识。哈贝马斯主张构建交往理性,寄望多元主体能够在真实、真正、正当、可理解的对话中达成共识。福山（Francis Fukuyama）提出用"信条身份",即基于对宪政主义原则、法治、民主责任制以及人人生而平等的信条来构建"我们"[7];胡百精则从中国传统思想中发掘"一""多"关系平衡的思想遗产,主张公议空间,并以有形、具化的交往规范——礼来调和多样性冲突[8]。这些主张大多停留在理论层面,而并未涉及如何在不同社会背景下落地的具体问题。

（二）关于群体共识的社会心理学理论

如果说政治学对社会共识的研究更加侧重于"理想类型"和规范论证,那么社会共识研究的社会心理学进路则更具实证倾向,其着眼点投向了群体共识——从另一个角度来看,即社会共识为什么未能达成,主要理论资源来自对于群体互动和群体决策的研究。

从最初通过群体讨论前后的个人决策对比研究而得出的"风险性漂移"(risky shift),即群体讨论导致个人作出更冒险的决策这一现象出发,研究者提出群体趋同(group think)[9]、虚假共识效应(false consensus effect)[10]等理论来解释群体态度的一致性趋向的原因;社会身份理论(social identity theory)则更进一步指出,人们通过社会类别的自我归类,主动调整自身态度以适应群体规范的过程。至于群体讨论与态度变化的关系,学界普遍接受两种理论解释:一是社会比较理论(social comparison theory),指由于群体规范所带来的压力,群体成员的观点会朝着大多数人的观点方向移动[11]。这一理论所概括的现实较为悲观:人们在交互中不会相互靠近,只会渐行渐远,此时,反而需要警惕人们所达成的共识是否为强制性的或系统扭曲的结果。二是劝服性辩论理论(persuasive arguments theory),该理论认为论据的说服性对于群体成员的态度具有决定性影响,若具有说服性的论据与群体初始观点一致,就会造成群体极化;而若与群体初始观点相反,则会造成去极化,也就是群体态度趋向共识[12]。

群体极化研究中的群体讨论以达成共识为目标[13],但是结果却往往是群体态度较讨论前进一步偏移,并表现为以心理群体或舆论群体形式存在的社会公众的意见极化[14],这体现出极化与共识在一定条件限定下的一体两面性。由于心理学以实验方法为主、以小群体动力机制为主要关切的研究范式,更广范围内的社会共识为何无法达成或如何达成的问题并不在社会心理学家所关心的问题列表中。

(三)围绕舆论极化现象的传播学研究

共识问题之所以进入传播学者的视野,是因为社交媒体让原子式、个体化的受众有了互动的可能,但人们很快发现,互联网虽然为打破社会阶级的对话创造了条件,但协商民主理论家所构想的那种理性交往并没有随之到来,网络世界反而常常呈现出对立和撕裂的局面。建立在社会心理学相关研究成果的基础上,传播学对于社会共识的研究主要聚焦于媒介与以公共议题为纽带、以观点和态度为分界的公众心理群体的关系,将研究范围从"群体"放大到"公众",体现出较强的现实导向。

基于推特、微博等网络平台上的大规模文本,研究者为社会基于不同问题的观念分布情况提供了翔实的描述性数据。除了意识形态方面的极化,还有学者指出了情感极化(affective polarization),即人们对于对立阵营者的人更加反感或厌恶[15]。在机制分析方面,相关研究主要提出了信息的选择性接触(selective exposure)和社会背书(social endorsement)等理论[16],前者指的是人们通过选择性机制,重复接收同质性内容,从而导致"回音壁效应";后者则是指人们依靠他人的背书来进行启发式思考(heuristic reasoning),换言之,来自他人的解读对人们观点的影响甚至比信息本身的影响更大。

一个引人思考的问题是:为什么传播学研究普遍更关注极化,而非共识?本文认为,极化是绝对的,而共识是相对的;"不同"是一望而知的,"和"却是有条件的。由群体心理学的研究可知,小群体内部的共识表现为极化,但放大到全社会范围来看,小群体之间的不同共识就是分歧,即碎化的共识与极化同时存在[17]。从这个角度来说,极化比共识更易于定义和描述,极化现象的经验材料也远多于共识。但是,共识研究的难度不应成为研究者回避绕行的原因,当已有研究为我们理解人群中的分歧"缘何产生""为何扩大"等问题奠定了良好基础之后,接下来自然应该追问的是:在不抹杀分歧与差异的前提下,有哪些促进社会共识现实的可行路径?

斯坦福大学政治学家詹姆斯·费什金(James Fishkin)的协商民调(deliberative polling)可谓化解舆论极化最著名的尝试[18]。这一实践构想在动机层面激励民意代表的参与热情,提升认知动力;在信息层面,通过专家组、小组讨论来提供充分、多元、深入的信息;在互动层面,通过有主持的讨论和面对面接触,培育平等、理性、负责的交往,希望通过这些手段得到充分了解情况的民意(informed public opinions)。但是,面对网络社会去个人化、去中心化、去本质化等方面的变化,这一方案亟待升级——缺乏在信息爆炸的环境中深思的动力,缺乏面对面的交往,缺乏稳定的、多轮次的互动,社会共识的形成何以可能?

二、社会共识研究的主要问题

回顾已有文献,社会共识研究存在以下不足,这也是研究者需要重点解决的问题。

其一,按照马克思主义的观点,社会共识是在人们的交往实践过程中发生的,更具体来说是作为一种社会建构(social construct)的话语实践,必然作为一种社会表征具体地发生在交往之中,因此社会共识研究不能仅着眼于规范,或单纯从表征层面来评价共识的存在与否和强弱。人们对于任何事件的事实认定与价值判断,虽然可以由受教育程度、社会经济地位、性别、年龄等一些较为稳定的属性特征来预测,但由于人们与信息的互动越来越多地嵌入于社交互动之中,这种社交嵌入性强化了在社会共识研究中情境性、关系性因素的重要性。更重要的是,随着媒介技术的发展,人工智能和算法作为媒介和新型行动者,也开始嵌入传播关系网,进一步加剧了社会共识问题的复杂程度。因此,传播学研究应当以追问关系与表征之间的关联如何建立作为社会共识研究的切入口,包括信息通信技术如何影响网络社会的关系逻辑,而这种关系逻辑对社会共识的生成又有何影响。

其二,本文不赞同部分研究所持的"媒介中心主义"立场,即在互联网、平台、算法、自媒体和社会共识的达成或撕裂之间划上线性的因果关系,对社会共识的生成作过于简单的机制认定;事实上,已有研究证明,只有当社会失稳、主流媒体信誉流失时,社交媒体才会放大舆论极化。借用洛芬克(Greet Lovink)的话来说,"互联网曾经改变了世界,而现在则是世界正在改变互联网"[19];这与上文提到的"技术影响社会"视角互为补充。因此,社会共识的研究亟须建立一个统合传播学、政治哲学、社会心理学等多学科视角的要素多元、层次丰富的分析框架,以突破媒介中心主义的局限,从而增进对社会共识的认识。

其三,网络社会的"涌现性"颠覆了人际传播和大众传播时代理论的假设,以达成共识为目标的社会工程(social engineering)的有效性受到了挑战。需要首先明确一个前提,共识的无法达成才是常态,而共识的达成则必然是社会工程的结果。赫尔曼(Edward S. Herman)和乔姆斯基(Noam Chomsky)曾在《制造共识:大众传媒的政治经济学》一书中提出"宣传模式",以揭示美国现代社会中民众对于美国外交政策的一致意见是如何通过大众媒体开展的社会工程所实现的[20]。反观今日社交媒体上动辄爆发的唇枪舌剑乃至非理性冲突,其背后的重要原因在于传统控制手段的失灵——生产社会表征的权力不再为传统媒体所垄断,在社会信息流动过程中,传统主流媒体的信息流量仅占不到20%的份额[21];过去借由大众传播系统直接开展的意识形态灌输遭遇了前所未有的挑战。如今,任何个体都可以通过社交媒体表达自己的观点,这在增加了观点多样性供给的同时也造成了"众声喧哗"的局面,让共识的达成更加困难。因此,相关研究必须要对反共识的要素进行识别和控制,这就要求对于网络社会的组织结构特征的深入剖析与把握。

三、社会共识研究的议题

马克思曾经说过,历史的逻辑从哪里开始,理论的逻辑就应从哪里开始。随着社会生产力的发展和劳动分工的深化,中国社会的改革也逐渐步入深水区。在此背景下,社会的异质性与分化性提高,多元主体之间的关系变得更加复杂,需要达成共识的问题越来越多,共识所要覆盖的人群越来越广,而人们彼此交互、表达意见的方式则大不同于以往。现实的需要呼唤理论的升级:在当前的社会技术现实之下,关于社会共识的理论应囊括以下要素并回答以下问题:

(一)社会共识的基本类型

社会共识具有条件性,是"在一定的时代,生活在一定的地理环境中的个人所共享的一系列信念、价值观念和规范"[22],究其根本,社会共识的对象是实践中的现实社会,涉及从私人问题到公共问题、从地方问题到全球问题、从利益问题到价值问题的方方面面,所谓社会共识,并非不同主体之间就所有问题达成一致看法,而是对社会的某些问题或问题的某些方面的共同感受。因此,在对社会共识的实证研究中,必须以社会共识的条件性为前提,一事一议地确定社会共识的内涵;同时还有必要厘清什么条件下的共识是必要的,而什么条件下差异与分歧比共识更可贵,以免陷入对同一性的一味强求和事无巨细的治理陷阱。

具体而言,社会共识存在着广度、强度、程度、对象等方面的差别。从广度来看,依据主体中达成共识的人群范围,共识可以分为多元共识、基本共识、高度共识和完全共识;从主体的态度强弱来看,共识可以分为分歧、底线共识、一般共识和强烈共识;从主体态度的积极程度来看,共识可以分为分歧、默许的共识(默契)、允许性共识(消极共识)和支持性共识(积极共识)[23]。从共识的对象来看,共识可以分为认知共识、规范共识和偏好共识,分别对应人们看待事物的角度、价值观念和政策偏好方面的立场一致性[24]。本文认为,共识可以分为具体共识和元共识,而前者又可进一步分为事实层面的共识和价值层面的共识。下面将对三者作分别论述,以期为更加深入的讨论提供抓手与基本框架。

事实共识(factual consensus)主要聚焦事实层面的认定,包括事件的发生过程、政策的效果评定等,是在社会范围内进一步形成道德判断或偏好取舍的基础。在大众媒体仍然占据权威地位的时代,在垄断性信息单向传输的条件下达成事实共识并不困难。但是,以情感取代事实、以"另类事实"(alternative facts)为旗号的"后真相"时代的到来,使得事实共识这一基础要素连存续都受到了威胁,而让缺乏投入认知资源动机的公众就基本事实形成一致意见,却成了进行舆论治理的基本前提。

价值共识(normative consensus)主要聚焦价值层面的一致性,包括对人与家庭、人与社会、人与国家等重大基本关系的价值判断。现代社会的多元价值取向在很大程度上意味着达成价值共识之不可能,所谓偏好融合所形成的结果,最理想状态下也是建立在对一部分人的偏好打折甚至取消的基础之上。但即便如此,社会主义核心价值观的引导仍然是社会治理中不可放弃的阵地,价值共识是社会平稳有序发展的重要保证。

元共识(meta consensus)无涉在简单层面的多元立场或

意见一致性，主要聚焦人们对于不同的认识论、价值观和政策偏好的合理性的承认，亦即"求同存异"的共识。这是社会共识的最高层面，也是自由多元主义者所寄望的"实用主义药方"。尤其当价值共识难以达成时，元共识仍然能够保障有益的社会交往的开展，阻挡社会滑向对立与撕裂。

（二）社会共识的生成机制

共识是一种动态的过程，而非静态的结果。一个和谐的社会并非高度共识的社会，因此关于社会共识的研究无须以消灭差异、弥合分歧为终极目标，也不必以观念立场的高度一致为评价标准，从传播的"效果"研究转向"过程"研究，尝试达成共识的过程本身（包括行之有效的行为规范）也有重要的研究价值。在实际研究中，研究者应着重关注各项干预手段发生前后的共识度的变化，以此一窥社会共识的生成机制。

对于不同的共识类型，需要采取不同的共识手段。围绕社会共识生成机制的实证研究可以对以下三方面问题予以回应：

一是通过及时、透明、可获取的信息，能否促进事实共识的达成？垃圾信息的泛滥、有效信息供给的缺乏所致的人们不得不诉诸关系或情感要求来降低不确定性，常常被指认为"后真相"现象的产生原因。若要建立事实共识，必须恢复人们对事实以及获取事实的可靠渠道的信心。若能确立提升改进信息供应端的具体成效，则将为形成共识的政策规划提供切实有效的指导。

二是通过场景化叙事，能否促进价值共识的达成？对中国社会大众伦理道德的实证调查发现，中国社会的道德发展虽然存在较为显著的群体差异，但也在一定程度上形成了文化共识[25]。然而，哪怕我们搁置无法调和的价值分歧，暂且只关注能够调和的部分，有时也会遇到一些无奈的场景：在具体场景、具体问题中达成共识并不困难，但围绕抽象概念的讨论则常常是"鸡同鸭讲",难以对话。原因可能在于随着词汇抽象水平的提高,个体理解差异也会相应增加[26]。因此,在网络讨论中对抽象的概念进行降维,化为日常生活中的场景加以叙述,或将在最大可能范围内弥合价值观念的差异。

三是通过建立共同承认的规则,能否促进元共识的达成?如果通过面对面的交往和有组织的协商,人们能够在一定程度上向中间立场靠近,那么在匿名化和去个人化的网络空间里,我们需要做的就是恢复人们对彼此的尊重,更具体地来说是对彼此作为真实存在的人的尊重(respect for personhood)[27]。具体到可操作化层面,可以通过制定共同承认的规则对网络讨论的行为加以约束和规范,实证研究可以关注各平台不同的准入门槛和互动规则是否与平台内的元共识程度存在相关关系。

(三)社会组织形态与共识的生成

网络社会作为一种新的社会结构形态,使人们获得了线下与线上的双重身份,再加上网络交往的匿名化,社会互动变得去个人化,虚拟群体的身份认同也变得更加游离,不再像传统生活世界中那样稳固;此外,基于互动的经常化,互联网上也逐渐形成了以"圈层"为典型组织形态的社会再组织化。还有学者提出"单维大片"的概念来形容这种新型组织,即围绕单一目标而组织起来、成员覆盖面广且彼此之间存在多种渠道紧密互动,以趣缘群体、粉丝群体为典型代表,围绕网络事件所形成的组织也属于这一类型[28]。

作为网络化社会组织形态代表的"圈层"(或其他种种概念),与滕尼斯(Ferdinand Tönnies)百年前提出的"共同体"(community)这一概念相比是否是旧瓶装新酒?彭兰指出,如果说滕尼斯的初衷是用共同体来解释人群的聚集,那么圈层则更加关注人群的分化。一个圈层需要满足以下条件:频繁而稳定的互动关系、明确的群体意识、内部存在权力等级、关系持续时间长[29]。通过对比不难发现,"去中心化"的网络社会并不是"无中心化"的,只是由一个绝对中心分散出多个相对中心;考虑到这些分布式结构所辐射的范围,圈层与共同体之间并无根本差异。共同体之间可以不相往来、各自安好,但是在一切互联的网络社会,同属一个圈层的群体容易达成共识,但圈层之间的隔阂与分歧则构成了互联网冲突的基础。因此,从关系维度入手,如何弥合圈层之间的鸿沟成为达成社会共识的必解题。

因此,社会共识的生成需要依赖从圈层内到圈层间的"破圈",而这一过程的实现在很大程度上倚赖于关键行动者(key actors)——在圈层中占据核心影响地位的社会机构或个体。研究者需要追问的是:在具体社会问题或社会政策的讨论中,这些关键行动者如何引导、形塑或凝聚本圈层的共识?在哪些平台和场域发挥向外兼容的功能?在何种条件下,这些行动者所引领的对某一议题的讨论能够随时间的推移和互动轮次的增加而提高不同圈层间的共识度?在日常情况与突发事件中,关键行动者"破圈"的尝试遵循哪些不同的行动逻辑?

四、结语

社会共识的问题既老又新。既有历代统治者竭力追求共识,也有当代政治家全面否定共识;既存在面对面小群体中的共识问题,也存在媒介化社会中的共识问题。若网络生活诚如巴赫金(Michael Bakhin)所说,是一场去个人化、宣泄式的"集体狂欢",那么人们是否果真无法达成任何共识?互联网诞生之初,人们认为虚拟世界是现实世界的延伸;而如今,虚拟世界里的信息却构成了我们理解现实的意识背景,塑造着我们认识世界的方式[30]。从社会治理角度来说,我们对网络共识的撕裂不能坐视不管、听之任之,而需要积极培育良性的网络互动环境,并从社会新型组织结构的层面深刻把握社会共识的新动态与新机制。本文抛砖引玉,试提出以上问题,邀请学界一同探索。

注释

[1] Payne, T. (1965). The Role of Consensus. *The Western Political Quarterly*. 18(3).

[2] Friedman, L. M. (2004). Some Thoughts on the Horizontal Society. *Diritto & Questioni Pubbliche*. 6(4).

[3] 王治东、苏长恒:《数字化时代的"普遍交往"关系及其实现逻辑》,《探索与争鸣》2021年第9期。

[4] [英]曼纽尔·卡斯特尔、曹书乐、吴璟薇等:《网络社会与传播力》,《全球传媒学刊》2019年第2期。

[5] [美]克莱·舍基:《未来是湿的:无组织的组织力量》,胡泳、沈满琳译,北京:中国人民大学出版社,2009年,第36页。

[6] Poor, N. (2005). Mechanisms of an Online Public Sphere: The Website Slashdot. *Journal of Computer-Mediated Communication*. 10(2).

[7] Fukuyama, F. (2018). *Identity: The Demand for Dignity and the Politics of Resentment*. Farrar, Straus and Giroux, pp.130-131.

[8] 胡百精:《公共协商与偏好转换:作为国家和社会治理实验的公共传播》,《新闻与传播研究》2020年第4期。

[9] Janis, I. L. (1971). Groupthink. *Psychology Today*. 5(6).

[10] Ross, L., Greene, D. & House, P. (1977). The "False Consensus Effect": An Egocentric Bias in Social Perception and Attribution Processes. *Journal of Experimental Social Psychology*. 13(3).

[11] Myers, D. G. (1978). Polarizing Effects of Social Comparison. *Journal of Experimental Social Psychology*. 14(6).

[12] Burnstein, E. & Vinokur, A. (1975). What a Person Thinks

upon Learning He Has Chosen Differently from Others: Nice Evidence for the Persuasive-Arguments Explanation of Choice Shifts. *Journal of Experimental Social Psychology*. 11(5).

［13］蒋忠波:《"群体极化"之考辨》,《新闻与传播研究》2019 年第 3 期。

［14］夏倩芳、原永涛:《从群体极化到公众极化:极化研究的进路与转向》,《新闻与传播研究》2017 年第 6 期。

［15］Iyengar, S., Sood, G. & Lelkes, Y. (2012). Affect, not Ideologya Social Identity Perspective on Polarization. *Public Opinion Quarterly*. 76(3).

［16］夏倩芳、原永涛:《从群体极化到公众极化:极化研究的进路与转向》,《新闻与传播研究》2017 年第 6 期。

［17］杨洸:《社会化媒体舆论的极化和共识——以"广州区伯嫖娼"之新浪微博数据为例》,《新闻与传播研究》2016 年第 2 期。

［18］Fishkin, J. S. (2011). *When the People Speak: Deliberative Democracy and Public Consultation*. Oxford: Oxford University Press, pp.25 - 28.

［19］Lovink, G. (2011). *Networks Without a Cause: A Critique of Social Media*. Cambridge: Polity Press, p.1.

［20］［美］爱德华·赫尔曼、诺姆·乔姆斯基:《制造共识:大众传媒的政治经济学》,邵红松译,北京:北京大学出版社,2011 年,第 1—2 页。

［21］喻国明、李彪:《互联网平台的特性、本质、价值与"越界"的社会治理》,《全球传媒学刊》2021 年第 4 期。

［22］［英］戴维·米勒、韦农·波格丹诺主编:《布莱克维尔政治学百科全书》,邓正来、宋新宁、王浦劬等译,北京:中国政法大学出版社,2002 年,第 166 页。

［23］朱玲琳:《社会共识论》,华中科技大学博士学位论文,2016 年。

［24］Dryzek, J. S. & Niemeyer, S. (2006). Reconciling Pluralism and Consensus as Political Ideals. *American Journal of Political Science*. 50(3).

[25] 樊浩:《中国社会大众伦理道德共识的群体差异》,《探索与争鸣》2020 年第 11 期。

[26] Wang, X. & Bi, Y. (2021). Idiosyncratic Tower of Babel: Individual Differences in Word-Meaning Representation Increase as Word Abstractness Increases. *Psychological Science*. 32(10).

[27] Dryzek, J. S. & Niemeyer, S. (2006). Reconciling Pluralism and Consensus as Political Ideals. *American Journal of Political Science*. 50(3).

[28] 王水雄:《从"游戏社会化"到"社会游戏化"——网络时代的游戏化社会来临》,《探索与争鸣》2019 年第 10 期。

[29] 彭兰:《"液态""半液态""气态":网络共同体的"三态"》,《国际新闻界》2020 年第 10 期。

[30] 成伯清:《自我、中介与社会:作为情感机器的互联网》,《福建论坛》2021 年第 10 期。

Social Consensus in the New Communicative Landscape: Research Approaches, Issues, and Methods

YANG Yingxi

Abstract: "Consensus" is to reconcile the conflicting interests of various parties, and a certain degree of "social consensus" is the premise of a functioning society. However, modern society is characterized by diverse values, and the contradiction between "plural" and "unitary" values is difficult to be reconciled and incorporated into the decision-making process. How to promote social consensus has become an important problem in front of policy makers and researchers. The research on social consensus is scattered across various disciplines. Researchers from different academic backgrounds probe into this topic from different perspectives: political scientists focus on the ethics involved in social consensus, social psychologists center their inquiry around the phenomenon of group polarization, and communication scholars are mainly concerned with the polarization of public opinions. The existing research on social consensus pays insufficient attention to situational and relational factors, and its media—centric perspective leads to a weak analysis framework, failing to respond to the challenges posed by network society to the effectiveness of social engineering projects. This paper proposes a typology of social consensus and their respective generation mechanisms and discusses the relationship between consensus and social organizational forms, in the hope to pave the way for theoretical advances and empirical research.

Key words: Consensus; Polarization; Network Society

重新理解算法:算法即数字时代元媒介

耿晓梦

摘　要　对算法的讨论虽热,但仍缺少对算法技术物本体论的认知。从两种界定尺度上回溯算法实践,可以发现,算法本身是一种完成某种特定功能的、高度凝练的知识,是人类改造世界的重要"软性"工具。将算法放回引发新近这次信息革命的数字信息技术群落中,可洞见算法技术对其他数字信息技术的支撑作用。为阐释算法技术在数字化浪潮中的基础性和核心性地位,在某种程度上,我们可以将算法理解为对各种数字媒介具有统领作用的元数字媒介,因为其不仅构建了所有数字媒介的内核、形塑着数字媒介,还勾连着各种数字媒介,一个依托于各种数字组件更加深度嵌入社会的"神经系统"正在形成,算法成为整个数字社会的秩序组织者。

关键词　算法　互联网　大数据　人工智能　数字媒介

一个值得关注的现象是,数字信息技术正在社会舞台上独占鳌头、风光无限;它们俨然成为在娱乐明星之外,最经常被炒作的对象——只要新的技术允许,就会被赋予夺目的光环,被

作者简介　耿晓梦,女,中国人民大学新闻学院博士研究生。研究方向:新媒体与传媒产业。电子邮箱:953750730@qq.com。
基金项目　中国人民大学科学研究基金(中央高校基本科研业务费专项资金资助)项目(20XNH119)

宣称将开启新的"时代"或"社会"——互联网、云计算、大数据、人工智能,等等,无一例外。算法正成为新的"明星",甚至已经发展成了一个"现代神话":它们"(清洁机器人)就像家居空间的秘密建筑师","决定了人们搜索到什么样的信息","已经创作出了与贝多芬作品一样动人的交响曲",以及"将我们从众多无关的结果中解放出来"[1]。同时,走出计算机科学、走进流行和批判性话语的"算法"同其他技术词汇一样,含义逐渐模糊,而且往往是与其他技术的讨论纠缠在一起。如和"大数据"共同出现,关注在线活动如何创造数据流,而算法从中提取模式,指导机构、公司和国家的行动;和"自动化"或"人工智能"共同出现,强调计算机系统在没有人类干预的情况下进行决策。人们经常谈及算法,却不了解它们的本质是什么,又是如何运作的。于是,种种幻想和担忧纷至沓来。

认为算法"入侵"社会生产生活的方方面面并攫取了巨大社会权力的观点正成为基本共识;但"入侵"的现代信息技术已如此之多,要想正确把握算法这一技术物的意义,还需明确算法对社会系统渗透的程度或者说改造的深度——在风起云涌、热点频出的数字信息技术中,突然闯入公众视野的算法是暂时性的技术热点,还是真正足以重塑世界的底层力量?

为了更深刻地理解和认知算法,本文将先从计算机科学之外的算法实践入手,追溯人类开展算法实践活动的历史,把握算法固有的工具属性;随后,分析现代数字信息技术的功能本质以及算法在其中扮演的关键角色,说明算法物对数字技术集群的基础支撑作用;最后,基于以上分析,阐述相对于其他数字媒介技术而言,算法是能够形塑并勾连各种数字媒介物的元数字媒介,在数字媒介系统中占核心地位。

一、回溯算法实践：算法是人类经验世界的"软工具"

算法是一个很大的概念，内涵非常丰富。词典和百科们给出了各种不同的定义，例如，《韦氏词典》给出的解释是算法现在通常用于指一台机器（尤其是一台计算机）为实现特定目标而遵循的一套规则，但它并不总是适用于以计算机为中介的活动；算法不仅可描述计算机的数据运算，也可用于描述制作比萨或解魔方的步骤，所以词典给出了两种范畴的定义，一个是"用有限的步骤解决数学问题（如寻找最大公约数），经常涉及重复操作"，还有广义的定义"为解决某个问题或完成某个目的而制定的步骤"[2]；《大不列颠百科全书》在数学概念的范畴内将算法定义为在限定的步骤中对一个问题给出的答案或解决一个问题方案的系统过程[3]；而维基百科则统合数学和计算机科学中的算法，将算法解释为一个被定义好的、计算机可施行其指示的有限步骤或次序，常用于计算、数据处理、自动推理、自动决策以及其他任务，并强调算法是有效方法，即其包含一系列定义清晰的指令，并可在有限的时间及空间内清楚地表述出来[4]，等等。通过简单举例可以看出，对算法的界定存在两种不同的尺度：狭义上看，算法是符号算法，是关于数学计算的方法；广义上看，算法可以指涉一切解决问题的步骤。

对于符号算法，有研究者将计算方法的实践回溯到古埃及人建造金字塔和古巴比伦人在泥板上记录包括乘法表、倒数表、平方和立方表等关于计算和数学方面的内容，并把中国关于数学计算方法的研究追溯到公元前1世纪的《周髀算经》[5]。在古代数学实践中，较为知名的算法有计算两个整数的最大公约数的欧几里得算法以及计算圆周率的"割圆术"。到中世纪，算法成为西方数学家所关注的核心问题，通晓阿拉伯语的波斯数学家阿布·阿卜杜拉·穆罕默德·伊本·穆萨·花拉子米（Abū ʻAbdallāh Muhammad bin Mūsā al-Khwārizmī）引进了印度—阿拉伯数字以及与这种数字系统配套的算法，人们就把他名字的拉丁译名作为算法的名称（拉丁语单词"algorism"），意思是"花拉子米提出的运算法则"，后来到了18世纪，这个词演变成现在使用的"algorithm"[6]。符号算法可以被理解为是一组严谨地定义运算顺序的规则，它具有明确性、有限性、有效性以及拥有足够的情报（输入和输出）。事实上，构成符号算法的基础要素非常简单（对数据对象的运算和操作以及控制结构），这些基础要素不断排队组合，形成用于解决不同问题的不同符号算法；这些符号算法也可以不断"拼装"，即新的算法可以建立在已有的算法指令基础之上，而不用每次都从零开始构建。

就广义算法而言，算法是解决一个问题的进程。人们经常用食谱为例来说明广义算法的概念：食谱给出了制作菜肴的完整步骤，它降低了烹饪的不确定性，也让更多人知晓如何制作菜肴。从这个角度看，自人类诞生，在畜牧养殖、制作工具等各种行动实践中人们就一直在发明、使用和传承着各种各样的"算法"[7]。在这种视角下，人类的一切实践中都有算法的身影，人们在日常生活中无时无刻不在执行各种算法，比如，人们会根据天气、日程等"输入"做出着装决策的"输出"，会根据价格、时间、品类等因素进行外卖点单选择，等等。但这些类似于算法的过程人们太过于习以为常，以至于并没有人会特别关注。其实已经有学者指出了算法的生物性：生物本身的存在与进化就是一种算法，换言之，个体生物在与自然环境交互的过程中会形成内里化的、计量型的自我能力[8]。还可以用蚁群在寻找食物时使用跟踪信息素算法确定最短路径的例子来理解生物性算法，但显然，与蚂蚁不同的是，人类会尝试用语言表达、存储、传递和改进算法;当然,算法可以有不同的语言表达形式,甚至有时不用语言或者难以用语言来表达。

　　基于上述跳出现代计算机科学话语体系的对算法实践活动的回溯与扩展,我们也许可以试着初步一探算法的真实内涵。通过对比可以看出,对算法的两种尺度上的界定主要分歧在于算法能够解决的问题的范畴——一个是数字等符号计算问题,另一个是宽泛的人类(甚至是非生物)面临的所有生存问题;这也就带来了算法实践起点的差异,虽然不同于后者将算法的历史回溯到与生命同源,但符号算法的历史也同样源远流长(与文字同源)。两种界定的内核其实是高度一致——算法是处理问题的"工具":正如制作菜肴的食谱所揭示的,使用算法的主要好处在于我们可以相对"机械式"或者说"模式化"地执行命令,这个特点也体现于符号算法可以直接基于已有符号算法模块化地累积建构新算法中;从算法对于实践的"简化"意义,我们可以领会到算法的实质——它是人类经验与智慧的高度凝练,是一种智慧性工具。在这种一致性下再次理解两种范畴的差异,可以看出,宽泛的算法概念更强调这种智力工具的本能性和传承性,将与生俱来的算法工具视为人类活动实践的天然构成;聚焦于计算的符号算法工具则更强调具象的工具属性,更侧重于这种智力工具对符号世界的解(即借助运算的智慧来经验外部世界)。

　　总而言之,算法本身是一种完成某种特定功能的、高度凝练的知识,是人类改造世界的重要工具,属于科学技术的范畴。然而,区别于石器、青铜器、铁器等"硬"工具,作为一种智慧性工具,算法技术物属性偏"软",因此它总是需依靠一定的载体来发挥效用:很长时间以来,能够运行算法的只有人类的大脑——虽然人们发明了一系列辅助计算的器物(如计算图表和算盘等),但这些器物自身无法独立执行计算,真正的运算步骤还是由人类完成；直到计算机的发明，机器能够代替人工执行算法进行计算，算法才得以摆脱对人类大脑的依赖，获得了更大的施展空间，真正开始了对客观世界的规模化"智慧性"改造。

二、何以数字互动：以计算为本质功能的数字信息技术以算法为底层支撑

人类使用的工具，从石器起步，到金属工具，到后来工业革命创造了有动力的工具，再到20世纪40年代计算机出现让人类的工具再次发生了质的飞跃。为何说是质的飞跃？在人类开启文明之后，一直到工业革命完成，人类的工具主要是加强和延伸人类的体能。"现代电子数字计算机"则完全不同，就计算机表现出来的最基本的也是最核心的功能——"计算"来说，它在本质上是按照人的意愿再现人类意识的某些过程，而非自然存在的物质性过程；再从结果而言，计算机直接输出的信息处理的结果，并不具有直接的客观物质存在层面的意义，其意义完全是局限在人类独有的精神意识范畴内的，也就是说，脱离了人的存在，计算机的直接输出结果对客观世界不会产生影响。简言之，如埃里克·布莱恩约弗森（Erik Brynjolfsson）等所做出的诠释，当前是"第二蒸汽机时代"或者说"第二次机器革命时代"，不同于蒸汽机对人类肌肉力量的强化，第二次机器革命增强人类思维活动，也就是说，机器从单纯辅助人类的体能跃升为辅助人的智能[9]。而算法正是让这些新一代机器（即现代数字信息技术）能够延伸"智能"的关键。

先从现代数字信息技术的核心能力即以计算机（处理器）为代表的信息处理能力的本质谈起。其实17世纪起，人们就在持续发明能够用于计算的机器，虽然有了计算机的一些属

性,但它们仍然缺乏一个要素——通用性;毕竟,计算机应当是一种通用机,不仅能执行某几种算法,而且还应能执行所有可能的符号算法。现代计算机将对图像、声音、视频等事物的表达视为一系列的符号,仅用数字 0 和 1 就能对图像、声音、视频进行表达,这种信息的数字化开辟了巨大的可能性,它让对图像、声音等的存储、传输、复制、研究、分析、转换等处理成为可能。用通俗的语言来描述现代计算机的本质,可以说,计算机就是一种可编程的做逻辑数字计算的机器;在此基础上,人类可以通过更复杂的硬件功能,特别是软件程序将更多上层的功能预置在计算机内,进一步驱使计算机做更为复杂的事,比如字符处理、图像识别、分析决策以及其他更为复杂的信息处理功能等。换言之,通用性计算机的基础是计算(有限字长二进制数字的基本计算)。而计算的前提是算法,算法是计算开始的基础。所以现代计算机拥有"智能 DNA"或者说信息能够数字化处理,是人类智力"外化"的结果,或者说是算法"物化"的结果。

　　算法同样是构建现代信息传输网络的核心——想要有效地共享一个拥有数十亿计算机网络上的信息,就需要复杂的算法。众所周知,互联网是一个通用的信息传递的基础性平台,它可以承载各种不同的应用,相当于工业社会中的高速公路系统;它是由各种不同的网络构成的网际网,网络协议则是这些网络之间能够连通的保证。也就是说,网络中所有的"行为",例如建立连接、发送/接收数据,等等,都是由标准化组织制定的各种网络协议规范的,而网络协议本身就是一类算法。当然,这类复杂的网络协议算法可以进一步分解为各种各样不同功能的基础算法,例如路由协议的实现依赖于最短路径算法、传输协议的实现依赖于排队算法,等等。

　　在分析了算法于现代计算机和互联网为代表的数字化和

网络化技术而言的基础性作用后,还需重点说明算法与所谓的智能化技术的关系：

一方面,需要明确的是,人类迄今还无法找到抽象的、独立于数据/信息的"智能",计算机的"智能 DNA"仍由算法赋予,即计算机实现的智能过程必须有一个人工提供的基本数据/信息/算法作为基础来支撑。也就是说,虽然计算机的应用越来越令人眼花缭乱,计算机的性能也在不断地发生着跨数量级的增长,但是它的本质功能却没有丝毫的改变或进步——依然是可编程的有限字长二进制数字的基本计算。一个问题,只有并且只要能够用有限步骤的有限字长二进制数字的基本计算操作来解决,或者说解决到可以接受的程度,就可能并迟早可以由计算机来处理；这样的问题被称为"计算类问题"（Computable Problems）,而这样的操作被称为算法。所谓的计算机智能应用,都是先把问题转化为计算类问题再由计算机来解决,因此它们与其他并没有冠以"智能"的应用在底层本质上并没有差别；这些智能类的应用,也因此逐步融入各种不同的计算机应用之中,而在很长的时间里不再冠以"人工智能"这个名字独立存在,比如数据挖掘、信息检索、汽车自动驾驶等应用,其实都有属于"智能"类算法嵌入其中。

另一方面,算法技术的发展或者说所谓的"智能"算法及其带来的计算机计算能力的突破确实推动了计算机智能应用的大爆发。2012 年,"深度学习"（Deep Learning）因 ImageNet 大赛一鸣惊人,这是人工神经网络方法 20 多年来在图像识别领域第一次以无可置疑的优势超越了其他的技术方法,随后,"深度学习"的各种改进技巧不断出现。"深度学习"这个概念并没有严格的定义,通常,规模"足够大"、层数"足够多"的神经网络都被认为是"深度学习"网络；更进一步地说,深度神经网络基本上都是在通用计算机上用软件实现的,并没有真的造一个网络出来大规模使用,其硬件的实现唯一可能与通用计算机不同的地方,就是在某些条件下它的处理速度有可能会更高,所以人工神经网络应该被看作一类特定的算法而已[10]。基于算法工具的进展,计算机获得了"暴力计算"(Brute Force)能力;"人工智能"由此"起死回生",借助强大的计算能力与大量的数据,各种原来看上去并不"聪明"的"智能"算法开始能够解决更多的问题。

在此洞见下,再次审视算法、人工智能、大数据这三个经常被一起谈论的技术,可以发现,三者其实并不在同一个层级——后两者是偏现象描述以及具体应用层的技术,算法则是使后两者技术之所以可能的底层技术。算法是基础,人工智能是表现,人工智能是建立在算法高度发达的基础之上。同样,大数据之所以成为"金矿",也是因为有能够处理、挖掘大数据的算法出现。进一步地说,大数据在本意上描述的是一种新的局面,即随着信息技术设备与网络的普及,扑面而来的各式各样的数据与信息,同时计算机拥有的"暴力计算"能力使得其有可能去处理之前无法想象的海量数据;所以说,"大数据"是算法技术大发展后出现的一个必然现象。

综上所述,以数字化、网络化以及智能化为表征的现代信息技术是通过"计算"来"解决"问题,换言之,有限字长二进制数字的基本计算能力和存储能力是这些数字机器介入人类活动的起点与基础。而显然,算法物是现代数字信息技术能够进行基本计算的前提条件之一——不具有主体自觉性的数字机器并不能从无到有地自动"生产"计算方法,而是必须被告知应该按照何种步骤和规则进行计算,即数字机器只能"机械地执行"运算,其运转需要以人工提供的计算解决方案为支撑。在这个意义上,可以说,算法是保障现代信息技术能够发挥效用的基础性支柱要素,算法的进步是现代信息技术不断发展的基本动力,算法构建了数字信息技术集群的基石。因此,某种程度上,我们可以将算法与现代数字信息技术集群的关系简单表示为图1,可以看出,如计算机专家所强调的,算法是更底层性的技术,是计算机科学的基础[11]。

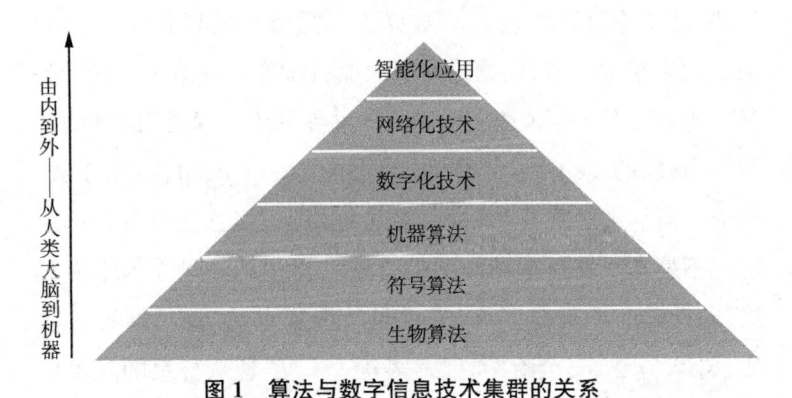

由内到外——从人类大脑到机器

智能化应用
网络化技术
数字化技术
机器算法
符号算法
生物算法

图1　算法与数字信息技术集群的关系

三、释义机器算法:算法是数字媒介群落中更占统摄地位的元数字媒介

如前文所分析的,算法自古以来便是人类经验社会的工具,但其能量的真正释放始于新近这次数字信息革命——算法从人类大脑中走出,从心灵算法蜕变为机器算法,"外化"的算法构成了数字信息技术集群的基石。所以说,真正撼动社会的不是几千年前就存在的甚至是与生命同源的在人类大脑中运行的心灵算法,而是能够"规模化外包"的机器算法。

上文对机器算法支撑作用的剖析其实回答了算法为何能够无处不在——数字信息技术所到之处或者说所有数字媒介背后都有算法的身影。但需要强调的是,虽然算法在现代信息技术中扮演着基础性支柱角色,但已有讨论经常在应用层面上认知算法:如前文频繁提及的,人们经常从"大数据""自动化"

"人工智能"等信息技术表征入手谈论算法;引发大家热议的,往往是技术巨头们开发的算法应用系统——谷歌的搜索、脸书(Facebook)的 News Feed、纽约市的预测性警务系统、奈飞(Netflix)与抖音(TikTok)的推荐系统,等等。一个关于"十大算法"的争论可以体现人们对算法不同层次的理解:2014 年,加拿大未来主义者、生物伦理学家兼科学作家乔治·多沃斯基(George P. Dvorsky)推出了"统计世界的十大算法"的算法排行榜,谷歌的 PageRank 算法、脸书的 News Feed、匹配算法、数据采集与加解密算法、推荐算法等榜上有名;但很多人认为这些不是真正发挥基础作用的算法,"真正统计世界的十大算法"的榜单应该是排序算法、傅里叶变换算法、迪杰斯特拉算法、RSA 算法、安全哈希算法,等等[12]。尽管从特定的技术应用入手理解算法略显隔靴搔痒,但直接将算法还原为计算公式也无益于把握算法技术物的真正意义。

那么,该如何真切把握算法在数字化浪潮中发挥的基础性作用? 其实,为更深入诠释算法之于数字信息传播技术子集的关键角色,在某种程度上,不如把算法理解为一种对各种数字媒介技术具有统摄作用的元媒介:

一方面,算法形塑数字媒介。当然,这不是说算法直接作用于数字物外在的物质形式,而是意在强调无论数字信息技术如何层出不穷、数字物形态如何千变万化,建立在二进制数字之上的数字媒介本质上都是由算法界定,即算法构建着数字技术物的内核。

需要重申算法的"软"性,以澄清当前在"硬化"算法中"矮化"算法的认知误区:如前文在对人类算法实践活动的回溯中已经揭示的,作为一种高度凝练的知识,算法可以有不同的表达形式或者说"封装方式";这点同样适用于现代的机器算法,但人们往往把对算法的表达与"物化"混淆为算法本身,即将算法理解为一行行代码,这种误读其实限制了对算法物角色的想象。必须看到,算法不同于代码——如计算机科学家保罗·多罗希(Paul Dourish)指出,算法通常被非正式地称为"伪代码"(Pseudo-code),一种传统编程语言的文本模仿,它体现了大多数语言共有的一般思想,而不遵循任何一种语言的语法或语义细节;它是一种预示,即代码等待发生,准备部署,并在尚未编写的程序中实现。[13]简单来说,算法不是运行于各数字终端的代码与程序,而是更高一层的标准与目录;算法给定方案,程序加以实现;因此,算法其实更像是操盘手或者说指挥家,它裁定着整个二进制数字王国中的基本秩序。

还需明晰的是,存在着从终端、从样式认知数字媒介的思维定势。盘点大家讨论数字媒介时经常提及的对象——计算机、互联网、移动互联网、智能手机、智能家居、物联网,等等,可以看出,人们总是从各种数字终端和联结它们的数字网络入手来理解数字媒介的存在。但需意识到,这种对数字媒介样态的关注其实探讨的都是数字媒介的"躯干",于是在数字信息技术大发展下,谈论变化成为一种常态,却未能厘清变化中的不变,也就是说这些探讨未能直击数字媒介的本质所在。

跳出对数字媒介外在形式的迷恋,解剖数字媒介究竟以何为里,可以发现,抽丝剥茧之后,对于由数字 0 和 1 "组建"而成的数字媒介来说,真正让其有"生命"的是让数字有意义的算法;换言之,"数字"二字描述的是技术物存在的状态,而"数字"幕后是"计算",数字状态的过去、当下和未来都是由持续发生的运算来维系,从这个意义而言,算法是支撑数字媒介运转或者说使数字媒介得以行动的本源所在。所以可以说,算法塑造着数字媒介的"灵魂",它是一种更带有主导权的数字技术。

另一方面,从更宏观的角度看,算法还日益成为整个社会的秩序组织者。伴随着数字技术的开疆拓土,数字媒介弥漫于社会;内嵌于其中、形塑着数字媒介的算法发展为社会性技术系统,由工具、实践的层面抵达社会安排和制度规范的层面。如大卫·贝尔(David Beer)所言,算法正在成为人类的生活代理人:依托各种数字物,算法帮助人们解决了吃饭、出行、购物、旅行的需求,与个人建立起越来越亲密的关系,并在这样的关系之上附着了对未来社会的更多控制权[14]。换言之,基于计算机、互联网、智能手机、物联网等业已成为人类社会基础机构的数字"硬组件",一个运行其上的更高维度的联结人与人、人与物、物与物的算法"神经系统"正在形成。无形却庞大的算法技术系统借助口令使得以前不相关的人和物聚合在了一起,运用一系列分析工具发现庞大的数据语料库内的统计关联,将分散的资源整理、调度和分配,形成某种可见性的"群体智慧";算法成为资本、权力、技术、文化的集结体,展现出时间、空间、生产、消费、传播等多个层面的中介意涵。

例如,在探讨新经济时,人们逐渐从谈论"互联网经济""平台经济"转向讨论"算法经济",人们对新经济的认知正在从关注其形深入到思考其魂。有学者认为新型经济系统是赛博经济系统,它以互联网技术为载体,以算法为内在驱动力,也就是说,互联网的出现与发展形成的是赛博经济系统的身体,算法形成的是赛博经济系统的"灵魂";赛博经济系统是算法定义经济,即以算法为核心的、以信息(包括知识和数据)为资源、以网络为基础平台的一种经济形态,在其中,算法决定了信息增长的秩序,同时,它贯穿了经济系统的所有组成部分和流程,支撑并控制系统中各种经济活动以及所形成的各种经济关系,决定了经济系统的秩序[15]。牛津大学教授阿里尔·扎拉奇(Ariel Ezrachi)等在《算法的陷阱:超级平台、算法垄断与场景欺骗》一书中也应用了算法经济的概念,同样也是从算法的视角关注新经济及其影响,但他们想要强调的是精妙的计算机算法虽然深化了市场竞争并为民众带来了诸多便利与实惠,但也导致社会资源发生了不公正的再分配[16]。

可以说,构连各种数字媒介的算法,以技术系统的方式,成为社会结构化中更突出的关键性力量;换言之,算法之于社会是更基础性的建构力量。它正在重新"组装"社会关系——重新联结个体间、社会资源间的关系网络;关联着社会要素的算法,借助价值匹配,生产和发展着社会各要素的新关系,即再造着社会结构。

综上,算法是对第二次机器革命以降的新技术以及新媒介具有统领作用的数字元媒介。需要再次强调的是,虽然大众对算法的关注晚近才成势,但算法绝不是一个新鲜事物,其作为支撑性存在一直是数字媒介技术发展的重要动力之一,计算"云"了、数据"大"了、学习"深"了,这些新技术要么由算法技术推动要么本身就是算法问题;在某种程度上,数字时代即算法时代。相较于前者从相对静止的存在状态来界定新技术,后者从更加动态的视角揭示了新技术的运转动力或者说内核所在。所以说,在纷繁复杂的数字媒介群落中,无论数字技术物的外在形态如何变化,控制其"躯体"的"灵魂"始终由算法赋予,在这些"硬组件"之上,一个更深度嵌入的"神经系统"正在成形,在这个意义上,算法是一种更占统摄地位的数字媒介技术。

注释

[1] Barocas, S., Hood, S. & Ziewitz, M. (2013, May 16-17). *Governing Algorithms: A Provocation Piece* [Paper Pvesentation]. Governing Algorithms Conference, Manhattan, NY, United States.

[2] Merriam-Webster.(n. d.). *Algorithm*. Detrieved November 14, 2021, from https://www.merriam-webster.com/dictionary/algorithm.

[3] Encyclopedia Britannica. (n. d.). *Algorithm (Mathematics)*.

Detried November 14, 2021, from https：// www.britannica.com/science/algorithm.

[4]维基百科:《算法》,2021年10月7日,来源:https：// wiwiki.kfd.me/wiki/％E7％AE％97％E6％B3％95,2021年11月14日。

[5]徐恪、李沁:《算法统治世界:智能经济的隐形秩序》,北京:清华大学出版社,2017年,第2—7页。

[6]徐恪、李沁:《算法统治世界:智能经济的隐形秩序》,北京:清华大学出版社,2017年,第10—11页。

[7][法]瑟格·阿比特博、吉尔·多维克:《算法小时代:从数学到生活的历变》,任轶译,北京:人民邮电出版社,2017年,第1—2页。

[8]孙萍:《算法化生存:技术、人与主体性》,《探索与争鸣》2021年第3期。

[9][美]埃里克·布莱恩约弗森、安德鲁·麦卡菲:《第二次机器革命:数字化技术将如何改变我们的经济与社会》,蒋永军译,北京:中信出版社,2014年,序。

[10]谢耘:《智能化未来:"暴力计算"开创的奇迹》,北京:机械工业出版社,2018年,第39页。

[11][美]罗伯特·塞奇威克、凯文·斯拉文:《算法(第四版)》,谢路云译,北京:人民邮电出版社,2012年,第1页。

[12]徐恪、李沁:《算法统治世界:智能经济的隐形秩序》,北京:清华大学出版社,2017年,第12—14页。

[13] Dourish, P. (2016). Algorithms and Their Others: Algorithmic Culture in Context. *Big Data & Society*. 3(2).

[14] Beer, D. (2017). The Social Power of Algorithms. *Information, Communication & Society*. 20(1).

[15]徐恪、李沁:《算法统治世界:智能经济的隐形秩序》,北京:清华大学出版社,2017年,前言。

[16][英]阿里尔·扎拉奇、[美]莫里斯·E.斯图克:《算法的陷阱:超级平台、算法垄断与场景欺骗》,余潇译,北京:中信出版社,2018年,序。

Reconceptualizing Algorithms: Algorithms as Meta-Media in the Digital Age

GENG Xiaomeng

Abstract: Despite the heated debate on algorithms, an ontological understanding of the technical objects of algorithms remains lacking. Looking back at the practice of algorithm on two defined scales, it is clear that algorithm itself is a highly condensed knowledge that fulfills a specific function and an important "soft" tool for human beings to transform the world. Putting algorithms back into the cluster of digital information technology that triggered this new information revolution, we can gain insight into the supporting role of algorithmic technology. To explain the fundamental and core position of algorithm technology in the digital wave, to some extent, we can understand algorithm as a meta-digital medium that plays a leading role in various digital media, because it not only builds the core of all digital media, shapes digital media, but also connects various digital media, and based on various digital components, a "nervous system" that is more deeply embedded in the society is being formed, so the algorithm becomes the organizers of digital society order.

Key words: Algorithm; Internet; Big Data; Artificial Intelligence; Digital Media

平台—公会—主播：网络直播运营主体的协作机制研究
——基于行动者网络理论的考察

吴文汐　孙丘月　钟秋月

摘　要　近年来网络直播行业呈现出爆发式增长的态势，市场竞争愈发激烈，失序现象时有发生。规范网络直播，推动网络直播运营主体有序共存，营造健康的平台生态，已经成为当前网络直播领域的重要问题。本研究以喜马拉雅FM直播平台为例，对该平台的官方运营以及平台上六个公会的公会长和主播进行深度访谈。从协作关系的角度考察网络直播运营，运用行动者网络理论（Actor Network Theory, ANT），探讨了平台、公会和主播三个主体在直播运营协作网络中的角色分工及其在协作中存在的冲突矛盾。研究发现，网络直播运营主体在协作中的冲突主要聚焦于稳定合作与灵活腾挪的关系预期冲突、收益分配的预期冲突、让渡收益与提

作者简介　吴文汐，女，东北师范大学传媒科学学院（新闻学院）副教授，博士。研究方向：传媒经济、公共传播、媒介与社会。电子邮箱：wu-wx613@nenu.edu.cn。孙丘月，女，东北师范大学传媒科学学院（新闻学院）硕士研究生。钟秋月，女，东北师范大学传媒科学学院（新闻学院）硕士研究生。

基金项目　国家社科基金项目"基于社会化媒体的健康风险沟通研究"(17CXW010)；吉林省哲学社会科学项目"'部校共建'新闻传播教育研究"(2020WB7)

高服务质量的冲突、社会效益与经济效益的目标冲突四个方面。在此基础上，本文从政府监管、行业协会的协调、平台的规则制定与服务意识的提升以及公会的主播招募培养模式优化等方面提出了化解冲突，构筑良性协作关系的可能路径。

关键词 平台 公会 主播 直播运营 协作机制 行动者网络

引言

近年来，网络直播行业呈现出爆发式增长的态势。根据中国互联网信息中心第48次中国互联网络发展状况统计报告，网络直播用户规模逐年上升。截至2021年6月，中国网络直播用户规模达6.38亿，同比增长7539万，网民使用率达63.1%[1]。然而在行业快速发展的同时，一系列问题也相伴而生。因不当竞争、收割流量、追逐短期利益而引发的失序现象屡屡发生。优化直播平台运营主体的协作机制，推动网络直播行业朝着良性方向发展，已经成为迫在眉睫的议题。

目前有关直播运营的相关研究主要聚焦于直播平台与主播两个主体，并且侧重于从一个主体出发来探讨其在直播运营中的作用。然而，在现实的直播运营链条中，公会是连接平台与主播的纽带，作为一个"桥节点"，它在平台和主播之间发挥着中介协调的作用，而目前的研究却很少涉及这一组织。此外，直播运营是多主体协作的过程，各主体间并非独立存在，而是相互关联的，如基于单一主体探讨直播运营，则难以从全局的视角来把握直播运营的内在机制和问题本质。本研究以行动者网络理论为依据，从协作的角度来考察网络直播运营，将平台、公会和主播视为直播运营网络中的三个主要行动者，分析其协作网络，发现协作当中存在的冲突矛盾，探索解决路径，为优化网络直播运营主体的协作关系、促进网络直播行业的健康发展提供思路。

一、文献综述

(一) 直播运营的相关研究

目前有关直播运营的相关研究主要集中在商业模式、运营中存在的问题及对策等方面。研究中对视频直播运营的考察居多,对音频直播运营的研究相对较少。所涉及的直播运营相关主体主要为直播平台、主播以及直播相关经济组织。各个主体在直播运营中承担的角色和分工不同。具体而言,直播平台是撮合信息内容生产者与消费者的双边平台[2],在直播运营中,直播平台是"看门人",需承担直播监管职责,对直播内容进行实时监管[3]以及对主播从业资质与行为操守进行审查[4]。主播是直播主体的核心构成,在直播形态中具有主体地位,其个人言行影响着网络直播环境[5]。公会等相关经济组织与主播同属于网络直播产业链上游,也是直播内容的生产者和提供方。其中,公会主要负责对主播的培训、管理以及协调主播与平台之间的关系[6]。

直播平台是网络直播运营研究中备受关注的主体。目前研究一方面是关于直播平台的盈利模式[7],另一方面是关于直播平台的规范化发展[8]。针对主播这一主体,当前研究主要集中在主播的情感劳动以及主播行为规制方面。其中,主播行为规制主要包括直播平台与公会经济对主播行为的外部规制[9]和主播的自我约束[10]。相较直播平台及主播的研究,目前关于直播相关经济组织的研究很少,主要聚焦于主播的培养与管理方面,强调直播相关经济组织应建立专业系统的体系对主播进行挖掘、培养和把控。付业勤等的研究中关注到了平台与公会之间的协同合作，提出平台应与公会联合起来共同培养主播[11]，而这部分内容在该研究中只是简单提及，没有进行更深入的探究。

总体而言，现有直播运营相关研究侧重于视频直播，对音频直播的关注较少。研究中所涉及的主体包括直播平台、主播以及相关经济组织，其中重点关注的主体是直播平台和主播，而对于公会关注较少。此外，以往研究更多的是对直播运营中的各个主体进行独立的分析，而缺乏对各主体间协作机制的探索。

（二）行动者网络理论

行动者网络理论发端于20世纪80年代，最早见于法国学者布鲁诺·拉图尔（Bruno Latour）的《行为中的科学》。后来，迈克尔·卡龙（Michel Callon）和约翰·劳（John Law）进一步发展了其理论框架，使该理论不仅适合处理科技问题，也对社会学、经济学等领域的问题具有解释力[12]。

行动者网络理论有三个核心概念：行动者（actor）、转译（translation）、网络（network）。行动者具有广义性，包括科学实践中的一切因素，既可指称人，也可指称非人的存在和力量，凡是参与到科学实践过程中的所有因素都是行动者，行动者存在于实践和关系之中[13]。

转译是最核心的阶段，转译是行动者之间相互作用、建立行动者网络的基本途径，转译的过程也是行动者网络构建的关键。由于异质性是行动者最基本的特性，它代表不同的行动者在利益取向、行为方式等方面的诉求。行动者网络理论认为每个异质行动者都具有行动的能力和利益，需要通过转译使各个异质行动者交往、流动和博弈，使各行动者之间的利益得到协调进而达成共识，建立网络。转译的过程包括问题呈现（problematizaion）、利益赋予（interassement）、征召（enrollment）和动员(mobilization)。

网络,并非传统意义上的技术网络,它是指诸多个体行动者之间交互关联所建构的一种关系语境,本质上是一种描述性的方法。在行动者网络中,不存在绝对的中心,也没有"支配—被支配"的等级结构,每个行动者都是关系网中的一个节点,单个节点元素的变化会影响整张网络的稳定和躁动。

行动者网络理论将相关行动者置于网络之中考察,在动态联结当中分析行动者的行动,为研究互联网平台中的主体协作提供了思路。比如屠羽等以"饿了么"为例,基于行动者网络理论探索了平台企业的协同创新机制,发现平台企业是协同创新的核心行动者,而权益化的过程是吸引各行动者参与协同创新的关键[14]。而在网络直播方面,要实现有序运营,主要行动者之间良好的协作关系是一个重要前提。为此,直播运营主体间的协作现状,其中是否存在冲突,如何形成良性的协作关系,这是本研究运用行动者网络理论展开研究所希望解决的问题。

二、研究方法

本文主要采用深度访谈的质化研究方法,了解平台、公会与主播三个运营主体之间的协作机制。不同于以往侧重于视频直播,本研究聚焦于对音频直播的考察,选取了喜马拉雅FM直播平台。由于公会是联结平台与主播的纽带,本研究主要以公会为考察单位,选取了喜马拉雅FM直播平台上六家不同等级、不同成立时间的公会,对每个公会的一名亲自参与实际运营的公会长(或负责整体运营的公会运营负责人)及一名主播进行访谈。此外,本研究还访谈了一名喜马拉雅平台的官方运营负责人,以补充平台方视角的声音。

喜马拉雅根据月流水和月有效主播数进行评级,分为普通公会和四种星级公会。本研究根据体量和成立时间来选取公会及对应的访谈对象,以更为全面地了解公会与平台、主播间的关系。访谈包括面对面与电话两种形式,时长在 30—90 分钟之间。访谈时间为 2021 年 7—10 月。为保护访谈者隐私,文中已对访谈对象进行匿名处理(见表 1)。

表 1 访谈对象基本信息

单位	月流水(万元)	月有效主播数(人)	运营时间(月)	岗位	编号
四星公会	≥100	≥40	48	公会长	A
				主播	B
三星公会	≥50	≥15	42	运营	C
				主播	D
二星公会	≥30	≥10	18	公会长	E
				主播	F
一星公会	≥10	≥5	15	公会长	G
				主播	H
普通公会	≥3	>0	18	公会长	I
				主播	J
淘汰公会	<3	>0	3	公会长	K
				主播	L
喜马拉雅 FM				直播运营	M

三、研究发现

(一)网络直播运营主体协作网络的形成

平台、公会与主播作为直播运营的三个主体,以不同的角色参与到直播运营中,通过建立协作关系达到提升效率扩大效益的目的。而转译则是协作关系形成的前提,行动者经由转译结成利益联盟。如前所述,转译包含问题呈现、利益赋予、征召和动员四个阶段。下文基于这四个阶段来分析网络直播运营主体的协作网络如何形成。

1. 问题呈现

问题呈现的首要前提是明确谁是核心行动者[15]。其核心任务在于确立共同目标,界定可能纳入网络的行动者类别及其利益诉求,化解异质行动者间的矛盾冲突,制定能够为不同行动者认可和接受的方案。相较于其他行动者,核心行动者应具备更多的资源优势,更高的权威性,更强的组织、管理和调度能力。在直播运营当中,相较于主播和公会,平台作为运营平台的搭建者、公域流量的分配者和整体运营规则的制定者,具有显著的资源优势和权威性,无疑是核心行动者。

在直播兴起之初运营主体以平台和主播为主,主播在平台进行认证之后就可以开播,开播门槛低导致大量的主播涌入平台。而平台的主要精力在于跑马圈地吸引用户、获取流量,对于为数庞大的主播队伍难以形成直接而有效的管理。在管理不严、规则不明的情况下,主播为了吸引粉丝无所不用其极,导致直播乱象丛生,造成了负面社会影响,损害了平台的声誉和形象。在此背景下,直播公会逐渐成为直播运营协作网络中不可或缺的行动者。直播公会,即主播的经纪公会,主要负责对主播进行筛选、培训和管理。平台借由公会实现对主播的把关与管理,从而降低平台自身的管理协调成本。作为直播平台和主播之间的桥梁,公会挖掘有潜力的主播,借助直播平台给予的资源,帮助主播获得关注、迅速成名。主播成名后吸引大量粉丝打赏,而平台和公会则通过流量提升以及打赏分成获益,实现了直播平台、公会以及主播三者的互利共赢[16]。

2. 利益赋予

利益赋予是各行动者间的一种利益协调机制,也是核心行动者确保其他行动者扮演各自角色而不发生"反叛"行为,维系整个网络良性运行的手段[17]。直播运营中,平台作为收益再分配的总协调方协调三方的利益,维系着协作网络的正常运行。具体而言,主播获取的打赏收益100%进入平台,平台将部分收益分配给公会,公会再将部分收益发放给主播。平台要推动公会管理模式,首先需要保护的就是主播的利益,如果因为公会的加入导致主播的收益受到侵害,势必会遭到主播的反对。因此平台需要给予加入公会的主播以更高比例的收益,才能够提高主播对公会管理模式的接受度,加强"平台—公会—主播"这一协作网络的稳定性。以喜马拉雅FM为例,未加入公会的独立主播只能获得50%的基础分成,而加入公会的主播除了50%的基础分成之外,根据流水金额还享有相应比例的流水奖励,通过建立这一收益再分配机制引导主播加入公会。

3. 征召

征召是确定和协调行动者角色的过程,成功的利益赋予使得更多的行动者主动或被动参与到协作网络中,结成利益共同体。在直播运营协作网络中,每一个行动者必须被赋予可接受的任务。平台作为核心行动者,其任务是协调各方利益、提供收益和流量支持、制定激励政策等。公会的任务在于充分发挥自身区位优势、技术优势等,不断地招募新主播,提升主播直播技能,创造更多的收益。主播的任务则是在平台和公会的指引下不断提升直播水准,吸引更多粉丝,创造更多的收益。

4. 动员

不同行动者被征召后,通过动员来整合力量、释放效能,进而解决问题。在这一阶段,核心行动者上升为整个网络的代言人,汇集所有的行动者,推动行动方案的实施[18]。在行动者网络中,平台、公会与主播并非独立,而是相互促进、相互牵制的。

在平台制定的利益分配模式下,公会完成自身分工的同时联合平台与主播共同提升协作效率。实现利益最大化是共同努力的结果,任何一方的缺失都会制约网络整体效能的发挥。

综上所述,直播运营主体呈现出多元化与合作化的态势,各异质行动者通过不断调适、扫清转译中的障碍,建立协作关系,结成同盟。

(二) 协作中的冲突

与"社会的社会学"(sociology of the social)相对,行动者网络理论坚持的是"联结的社会学"(sociology of associations),认为社会是很多异质性事物之间联系构成的复杂网络[19]。根据行动者网络理论,直播运营的重要之处不在于运营主体本身,而是运营主体是如何动态连接在一起。尽管直播运营协作网络业已形成,然而在实际的协作中却依然存在着冲突,影响着协作的稳定性。

1. 稳定合作与灵活腾挪的关系预期冲突

在直播运营的协作中,平台利用自身资源扶持公会的发展,期望能够与公会建立稳定合作的关系。然而出于对更高收益和更多流量的追逐,加上转换成本低,公会往往倾向于更加灵活的合作关系,以利益最大化为目标在不同平台间腾挪转换。"其实我们选择平台的原因比较简单,一个是分成,一个是流量,一个是粉丝消费能力。平台流量差不多的情况下,当然是哪里给的分成多我们就去哪里。"(A,公会长)"公会和主播不一样,平台很难限制我们。主播如果签约了然后跑别的地方了,平台可以通过一些途径找到这个主播,但是我们公会换个营业执照继续干,平台拿我们没办法。"(C,运营)

直播行业的发展催生了越来越多的直播平台,除喜马拉雅外,还有抖音直播、陌陌直播、YY 直播、一直播、虎牙直播以及斗鱼直播等,平台的绝对话语权被逐渐打破。尤其对于一些资金充足、拥有大量知名主播的公会而言,它们在平台选择上掌握着较大的话语权。在其他平台高分成和高流量的吸引下,公会随时可能另攀高枝。

而公会与主播之间也面临类似的问题。主播对公会缺乏信任,着眼于短期利益,不愿意签订长期合同,希望保持灵活的状态。"我当时加公会的时候属于稀里糊涂,开始自己播着玩,有运营来拉我入会我就加了。我肯定不和公会签呀,我现在也不用教了,到时候哪家公会给的多我就去哪家。"(D,主播)喜马拉雅后台设定,主播加入公会的合同期为一年,一年之后,公会如果开不出有吸引力的分成政策,主播很可能选择离开。这给公会的运营也带来了极大的压力。"我们本身资源有限,我们培养一年,他走了,肯定是很大的损失啊。"(G,公会长)

2. 收益分配的预期冲突

为了吸引公会加入以应对日趋激烈的平台竞争,平台方不断提升公会的收益分成比例,造成公会对分成的期望日益提高,公会和平台在收益分成上出现矛盾。不满足于平台的收益分成比例成为公会转换平台的原因之一。"我们之前在陌陌平台分成大概40%—50%,但是这边能到60%—70%,而且那边流量下滑比较严重,所以我们自然就过来了。"(C,运营)

公会与主播之间也存在同样的问题。公会对于主播的争夺除了关乎自身的收益,也与平台制定的任务所带来的压力有关,这些任务主要包括新主播数量、职业主播数量与公会流水收益增长额等。在完成相应任务后,公会才能拿到约定的提成。为了完成任务,公会不断提升主播的分成比例,吸引新主播及其他公会的到期主播入会。"因为完成平台的任务是有相应的奖励的,这个奖励可能就有一两万,有些公会全部赚的钱都没有平台的奖励多,所以有时候我们会为了流水奖励吸纳很多大主播。这些大主播我们基本是不赚他们钱的。"(A,会长)

喜马拉雅 FM 直播平台规定公会给予主播的分成不得低于主播收益的 70%，但在约束了公会的最低工资标准的同时，并没有对上限进行约束。因此有些公会为了拉一些有影响力的大主播入会，最高给予主播收益的 93%。同时为了完成拉新任务，公会也在不断提高主播与公会的分成比例，这引发了行业的严重内卷，公会之间恶性竞争，利润微薄。"我们前期虽然流水挺高，但是利润率在 5% 左右，是非常低的。"(G，公会长)。对此，2021 年 10 月喜马拉雅 FM 直播平台发布了《关于公会主播抽成管理规定公告》，"建议公会抽成不低于 10%，且公会不得以任何方式进行'不正当的低价竞争'"，但收效甚微。"分成乱象持续很久，当然我们也参与了，为了打开市场没有办法。直到 10 月份，才出了一个公告，建议公会抽成不低于 10%，然而并没有实际约束力。"(I，公会长)

3. 让渡收益与提高服务质量的冲突

激烈竞争之下，平台不断让渡收益，公会分成比例不断提高，平台的利润率也随之下降，平台的运营费用也进一步压缩，造成平台没有充足的资金用于引流和管理，限制了平台服务质量的提升。平台难以提供公会所期望的服务又反过来加剧了公会对于收益分成的要求。"粉丝的新鲜感特别容易被榨干，需要平台不断更新一些新玩法对粉丝进行刺激。如果平台不能给我们的公会和主播提供这些东西，那我们自然希望提高分成，因为服务不好啊。"(G，公会长)

中小公会运营周期短，获取信息的能力较弱，而平台运营方对中小公会的需求响应又相对滞后，导致中小公会在运营中产生一定的困扰，打击了中小公会的积极性。比如平台政策调整的信息并非同步传达给各公会，中小公会信息获取滞后，未能就政策变化提前与主播沟通寻求理解。"今年 9 月份的时候喜马分成政策经历了一次重大的变革，其实无形中降低了很多主播的收入。我们一直到 8 月份公告出来了的时候才知道,主播情绪特别大,给我们工作带来很多麻烦。有一些公会早就知道了,我感觉这特别不公平。"(G,公会长)"我们大概提前三个月就知道了这个政策调整的消息,自愿地放弃了提前适用新政策。但是在这期间,我们有一个主播要和平台签约,实际上也是和公会签约,它是一个三方的三年合同。这其实是很好的稳定主播的手段,但是和我们对接的运营说签不了,我咨询别的公会都正常,后来我跟我们的运营说明了这个情况,才让主播顺利签约。当时因为这个运营,我都不想在这干了,沟通太费劲。因为我也是一个主播,经常能在后台收到主播满意度调查,但是公会从来没有收到这种匿名调查,我们敢怒不敢言,不敢得罪官方运营。"(E,公会长)"官方运营其实平时基本零交流,有一次结算出现问题,找过她,就让等,后来我找人工客服很快就解决了。我也不知道啥问题应该找运营,态度很不热情,所以我也就不找了。"(K,公会长)

平台作为核心行动者,在月流水和主播数量上对公会提出要求,然而并未给予公会有针对性的指导,未能为公会提升专业能力创造条件。直播公会是个相对封闭的圈子,公开资料较少,相关的行业培训多半是付费项目且难以保障培训的质量。大公会尽管经验丰富,但不对外公开。比如四星公会的公会长 A 表示:"我从事这个行业比较早,所以做得比较顺利,当时竞争压力也比较小。后来我们从一个平台拓展到了很多平台,主要是亲戚朋友一起做。我们也不做运营培训课程,主要是老带新,然后老人手里会总结一些资料,最重要的还是实践。"中小公会经验不足,缺乏交流平台,全靠自己摸索。"刚开始做的时候,不太了解其他公会是怎么分成的,所以定得比较低,就造成了一些人才流失。"(E,公会长)"之前做其他产业的项目的时候都有一些行业的交流会,但是直播公会的我还真没参与过,之前有看过电商类的,我们这种娱乐类的公会连个交流群都没有。有问题只能伪装身份去四处打探。"(I,公会长)"开始的时候特别爱乱刷榜,想结识一些大主播什么的,但是基本没什么用,都是看别人做了就跟着瞎凑热闹,理想和现实相差特别远。"(C,运营)

主播与公会之间也存在相似问题。主播期望公会给予更多分成的同时也希望公会提高服务质量。公会在狭窄的利润空间内把主要精力放在了人才招募和培训上,公会需要提供主播从入会到获取收益之间的全部教学,在人力优先的情况下,难以保障服务质量。

4. 社会效益与经济效益的冲突

在政策规制下,平台采取了一系列措施推动社会效益的实现,然而公会和主播依然聚焦于经济效益的追求,对于社会效益的发挥缺乏主观意愿。2021年2月,七部委联合发布《关于加强网络直播规范管理工作的指导意见》,指出要确保导向正确和内容安全,"网络直播平台应当坚持把社会效益放在首位、社会效益和经济效益相统一"[20],要求网络直播平台严格履行法定职责义务,落实网络直播平台主体责任清单,对照网络直播行业主要问题清单建立健全和严格落实相应的内部管理制度。也就是说,平台承担着主体责任,在运营过程中必须高度重视社会效益的实现。事实上平台也采取了相应措施来规范主播行为。"我们在规范内容上对主播有一些惩罚措施,通过对直播间信息的检索以及粉丝举报两种途径去发现违规内容,并予以警告,情节严重的我们会停播。"(M,喜马拉雅官方运营)。尽管如此,在平台以月流水和活跃主播数作为核心指标的量化考核体系中,主播和公会依然将关注点聚焦在经济效益上。"平台会按照直播内容对我们进行分类,我是唱歌主播,但是其实直播的内容很大程度上依赖于粉丝的喜好,只要粉丝喜欢,我们就是提供一种服务,至于是不是优质内容,无法评判,也不能带来什么好处。"(B,主播)。"我们公会本身的热门推荐位比较有限,首先要保障流水较高主播的流量,有一些新主播虽然直播内容不错,但是无法保障他的流量发放,可能渐渐就被淹没然后就放弃了。"(I,公会长)如何激发主播和公会在实现社会效益上的主动性,推动平台、公会、主播共同努力实现社会效益和经济效益的双赢,这依然是尚待解决的问题。

四、结论与建议

本研究基于行动者网络理论,剖析直播平台运营主体的协作机制。以喜马拉雅FM直播平台为例,分析直播平台、公会与主播如何建立协作网络,并进一步探索三个主体在协作中存在的冲突。研究发现,三个主体在协作网络中扮演着不同的角色,形成了相互促进又相互牵制的关系。其中平台作为核心行动者,主要任务在于协调各方利益、制定协作规则、提供收益和流量支持等。而公会作为联结平台与主播的桥梁,其任务在于主播的招募、遴选、培训与管理,协调主播与平台间的关系。而主播是吸纳粉丝、实现流量变现的关键行动者,是创收的直接主体。主播的打赏收益进入平台,平台通过建立收益再分配的机制,协调三方的利益,维系着协作网络的正常运行。

在协作过程中直播主体之间存在着冲突,影响着协作网络的稳定性,具体而言,主要体现为以下四个方面:稳定合作与灵活腾挪的关系预期冲突、收益分配的预期冲突、让渡收益与提高服务质量的冲突以及经济效益与社会效益的冲突。造成上述冲突的原因是多方面的,一是以短期收益为目标的粗放型经营。行业高速发展背后潜藏着较高的不确定性。用户在直播平台上呈现出逐兴趣而居的游牧特性,随着兴趣的转移用户不断加入或退出社群,主播所拥有的粉丝处于不断变动的状态。在这种情况下,尽可能在风口过去、用户热情消退之前收割流量,实现收益最大化成为直播运营的基本逻辑。二是恶性竞争导致行业的严重"内卷"。平台间的激烈竞争导致平台不断提升对公会的分成比例,公会间的激烈竞争导致公会加大对主播的让利,自身的运营费用一再压缩,导致优质的服务难以为继。三是政府与行业协会的监管协调作用未能得到充分发挥。目前网络直播领域存在法律与实践脱节的现实困境。行业协会内部未能形成良好的运行机制,会员之间缺乏信息公开与互动交流,参与治理工作的积极性较低[21]。基于上述分析,本研究认为网络直播运营主体须以价值共创为目标优化协作关系,与此同时切实发挥政府的监管职能和行业协会的协调规范功能。

(一)加强政府监管,打击恶性竞争

相关部门须加强监管,严厉打击恶性竞争。直播平台分成标准的制定除了针对市场竞争之外,还应有政府的监管。此外,针对过度追求经济效益而造成的无序行为,政府在采取硬性规制的同时还需要增加软性治理,通过大数据等技术手段对网络直播平台的内容、主播和用户行为进行监管,提高治理的智能化和精准化[22]。

(二)切实发挥行业协会的协调功能

行业协会代表本行业企业的共同利益,作为政府与企业之间的桥梁,向政府传达企业的共同诉求,同时协助政府制定和实施行业发展规划、产业政策、行政法规、有关法律。直播行业相关协会有责任和义务制定并执行行规行约和各类标准,协调本行业企业之间的经营行为。与此同时,行业协会要组织直播平台的行业峰会,积极搭建公会之间的交流平台,营造良性竞争的行业环境。

（三）优化考核指标，调整政策

平台是直播运营协作网络中的核心行动者，平台规则对于主播运营主体的协作关系有着重要的影响，优化协作网络的一个关键性策略就是调整平台政策。

具体来说，对主播的收益分成，不仅应有下限规定还须有上限规定，并严格执行，防止公会恶性竞争、过度让利，经营费用压缩而难以维系。

在资源分配上，应当根据不同等级公会的发展需求制定有针对性的支持政策，在巩固大公会的同时激发中小公会的积极性，保持平台活力。比如2021年7月快手针对直播公会所面临的困难，重新调整任务结构，一方面为公会量身打造任务，以公会自身情况为基础，分为三个阶段，每个阶段下发不同类型任务；另一方面下调任务难度，取消连月递增任务，设置任务保护期，上调返点比例，"减负"和"提收入"同时进行，助力公会实现利益最大化。新政策下，大型公会完成所选任务，即可实现稳中求发展；中型公会可依托平台曝光，在保证招募速度与主播开播活跃度的同时，获得超高比例收益；小型公会则可将更多精力放在招募主播和打造标杆主播上，不断引入外站高潜力优质主播，通过完成拉新任务和中高收入主播任务达到收益最大化[23]。

在价值引导上，平台除了制定流水与主播活跃度等量化考核标准之外，还应该制定价值标准，对于在社会效益和经济效益上均表现突出的优质公会与优质主播给予激励，鼓励公会推选优秀主播，平台对主播的直播内容与主页内容进行复核，双层审核通过后给予一定的流量等资源扶持。

推动平台用工关系的规范化，制定相应政策，保障主播权益，健全用工制度，建设维护主播权益的正当渠道，不断将灵活就业正规化,降低平台劳动的不稳定性,从而构建新型和谐的平台用工关系[24]。

(四)增强服务意识,畅通沟通渠道

平台运营人员代表平台与公会对接,他们的服务意识和服务能力影响着平台与公会的协作效率。为此,平台应加强对运营人员的培训和考核,引入公会评价机制,请公会对平台运营人员的服务质量进行打分,及时向平台反馈协作中存在的问题及建议。与此同时,平台的服务要均衡化,兼顾头部公会和中小公会,确保政策与资源有效触达每一个公会。

目前,直播公会之间服务能力差异较大,针对中小公会及新公会运营经验不足的问题,平台应积极为公会搭建内部交流平台,同时配合行业协会组织的行业峰会搭建外部沟通渠道,促进公会间的交流分享,帮助公会成长。

(五)优化主播的招募与培养模式

主播的能力和素质直接关系到协作网络的产出,尽管招募与培养主播是公会的主要职责,但是优化主播招募与培养的模式则需要公会与平台的协同。一是建立智能化的主播初筛系统,通过招募系统完成基础信息的填写与初步测试,并在实际工作中不断完善测评体系。初评过后再进入人工面试环节,从而降低人力成本。二是提供入门教学视频课程供主播学习,提升学习效率。三是平台与公会共同制定主播培养方案。平台给予新入驻的主播以资源支持,公会则需要为主播提供个性化的指导与服务。此外,平台、公会与主播需要共同探索更加多元化的盈利模式,在提升协作产出的同时也为主播的职业发展开拓更为广阔的空间。

本研究尚存在以下不足。首先,以喜马拉雅FM平台为例展开研究,聚焦于音频直播运营协作网络的考察,相关研究结论是否适用于视频直播尚未可知。其次，喜马拉雅FM直播以秀场直播为主，不包含带货类的营销直播，因此在直播类型上未能实现全覆盖。最后，本研究只选取了直播运营协作网络中的主要行动者，对于其他行动者，例如行业协会、以主播培训为业务的企业未能纳入进行深入考察。未来还可以拓展研究的范畴，考察视频直播等不同直播领域运营主体的协作机制，同时将更多的行动者纳入考察中，更为全面深入地探索直播运营主体的协作网络，促进主体间协作关系的优化。

注释

[1] 中国互联网络信息中心：《第48次中国互联网络发展状况统计报告》，2021年8月，来源：http://www.cnnic.net.cn/hlwfzyj/hlwxzbg/hlwtjbg/202109/P020210915523670981527.pdf. 2021年11月15日。

[2] 成也、王锐：《网络直播平台的治理机制——基于双边平台视角的案例研究》，《管理案例研究与评论》2017年第4期。

[3] 李梦琳：《论网络直播平台的监管机制——以看门人理论的新发展为视角》，《行政法学研究》2019年第4期。

[4] 贺爱英：《监管与引导：网络直播平台火热背后的"冷思考"》，《人民论坛》2020年第2期。

[5] 马宁、阮一婷：《网络直播文化的自律他律与发展探析》，《传媒》2021年第10期。

[6] 付业勤、罗艳菊、张仙锋：《我国网络直播的内涵特征、类型模式与规范发展》，《重庆邮电大学学报》(社会科学版)2017年第4期。

[7] 张永安、王学涛：《网络直播平台盈利模式、利润变化及驱动因素——基于欢聚时代的探索性案例研究》，《中国科技论坛》2017年第12期。

[8] 王贞瑾：《网络直播平台失范行为的产生与应对》，《传媒》2018年第5期。

[9] 陈纯柱、刘娟：《网络主播监管中的问题与制度构建》，《探索》

2017年第6期。

[10] 马宁、阮一婷:《网络直播文化的自律他律与发展探析》,《传媒》2021年第10期。

[11] 付业勤、罗艳菊、张仙锋:《我国网络直播的内涵特征、类型模式与规范发展》,《重庆邮电大学学报》(社会科学版)2017年第4期。

[12] Teurlings, J. (2013). Unblackboxing Production: What Media Studies can Learn from Actor-network Theory, In Teurlings, J. & de Valck, Marijke, Eds. *After the Break: Television Theory Today*. Amsterdam: Amsterdam University Press, pp.101 - 116.

[13] 郭俊立:《巴黎学派的行动者网络理论及其哲学意蕴评析》,《自然辩证法研究》2007年第2期。

[14] 屠羽、彭本红、鲁倩:《基于行动者网络理论的平台企业协同创新研究——以"饿了么"为例》,《科学学与科学技术管理》2018年第2期。

[15] 刘建国:《基于行动者网络理论的智能交通产业标准化战略研究》,《中国科技论坛》2014年第2期。

[16] 李丹:《网络直播Q公会主播激励机制优化研究》,湖南师范大学硕士学位论文,2020年。

[17] 赵高辉:《传统媒介组织"强制性通过点"地位的消解与重构——行动者网络理论视域下的媒介融合发展探析》,《现代传播(中国传媒大学学报)》2019年第5期。

[18] 刘岩、马廷魁:《行动者网络理论视角下公共危机的多主体协同传播——基于新冠肺炎疫情的分析》,《社会纵横》2020年第11期。

[19] 吴莹、卢雨霞、陈家建等:《跟随行动者重组社会——读拉图尔的〈重组社会:行动者网络理论〉》,《社会学研究》2008年第2期。

[20] 中国网信办:《关于印发〈关于加强网络直播规范管理工作的指导意见〉的通知》,2021年2月,来源:http://www.cac.gov.cn/2021-02/09/c_1614442843753738.htm. 2021年11月16日。

[21] 梅傲、侯之帅:《"直播+"时代电商直播的规范治理》,《电子政务》2021年第3期。

[22] 杨雅、肖安琪、石中甫等:《我国网络直播治理政策的平行模式

与多源流分析——基于政策工具视角的二维模型》,《传媒经济与管理研究》2020 年第 1 期。

[23] 上游新闻:《2021 快手娱乐直播公会行业峰会召开,三大利好助力公会发展》,2021 年 7 月,来源: https://baijiahao.baidu.com/s? id=1704505659243851458&wfr=spider&for=pc. 2021 年 11 月 15 日。

[24] 姚建华:《全球平台经济发展中的平台劳动:类型、挑战与治理》,《传媒经济与管理研究》2019 年,总第 4 辑。

Platform-Guild-Anchor: A Study on Collaboration among Online Live Streaming Operators Using Actor Network Theory

WU Wenxi, SUN Qiuyue, ZHONG Qiuyue

Abstract: Online live streaming is experiencing rapid development. The collaboration relationships among online live streaming operators have been challenged by the intense competition. Based on Actor Network Theory, the study conducted in-depth interviews with 13 members from Ximalaya Fm live steaming to investigate the roles of the platform, the guild and the anchor in the online live streaming collaboration network and explore the conflicts in the collaboration relationships. Results show that there were four aspects of conflicts in the collaboration network, which were the conflict between stable collaboration expectation and flexible collaboration expectation, the different requirements of the income-distribution, the conflict between income increase and service improvement and the conflict between social benefit and economic benefit. On this basis, this paper puts forward the possible ways to resolve the conflicts and improve the collaboration relationships.

Key words: Platform; Guild; Anchor; Online Live Streaming Operation; Collaboration Mechanism; Actor Network Theory

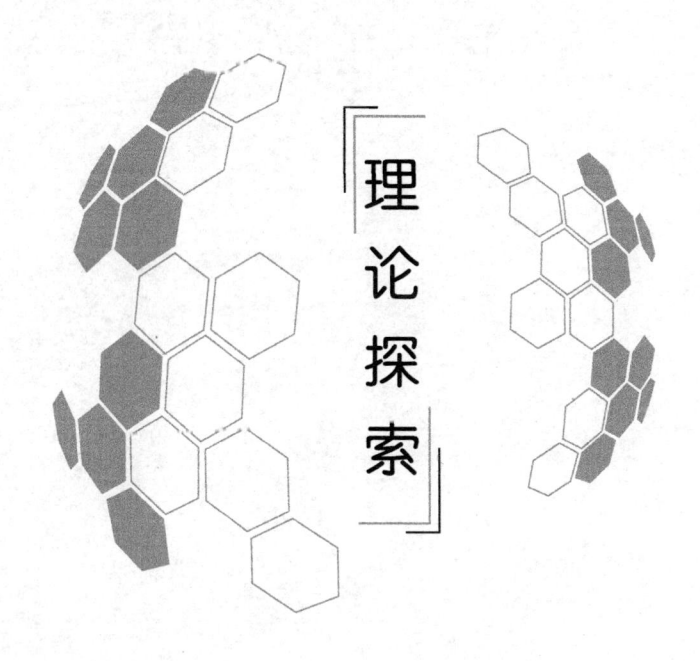

理论探索

从"行政干预"到"国家治理":新制度主义视域下传媒政策的演化路径研究

龚彦方

摘要 本文尝试通过新制度主义分析范式的复合视角分析传媒政策的制度化过程,用以阐释我国媒介体制中的"国家角色"的结构性特征与演化机理。研究发现财政政策、产业政策与监管政策构建了结构性的制度体系,其演化机制既承续传媒历史起源的特殊性,并与中国产业融合的大趋势保持与时俱进,具有创新性、开放性和连续性的重要特征,与此同时还将社会伦理的规范性原则纳入其中。总体而言,研究提示中国媒介体制区别于西方的重要特征,即中国传媒政策的演化路径经历了从"行政干预"到"国家治理"的变迁,国家角色不再以单一化的行政干预方式呈现,而是以国家、市场与社会的复合型关系,以国家治理的方式形塑当代中国媒介体制,避免了以工具性或市场利益遮蔽公共性的"单一目标取向",也避免了将政策过程转变为去政治化、追求技术性事务优先的"技治主义"。

关键词 传媒政策 新制度主义 行政干预 国家治理

作者简介 龚彦方,女,中山大学传播与设计学院副教授。研究方向:传媒经济、媒介创新、传媒数字化转型等。电子邮箱:gongyanf3@mail.sysu.edu.cn。

基金项目 国家社会科学基金重大项目"媒介体制与社会信任"(项目编号:19ZDA335)子课题五阶段性研究成果

一、问题的提出

在媒体发展历程中,"国家角色"一直扮演着形塑媒介体制的重要功能,它与其他维度,如市场结构维度、新闻专业文化或意识形态的维度以及媒体组织与政府的关系维度等共同组成了媒介的体制性结构。不同国家对于传媒的津贴制度和税惠政策、公共广播电视的管制政策、媒介所有权的政策规定等种种干预手段则对该国媒介的市场结构、专业化特征以及媒体与政府的互动关系均产生重要影响,但各国的国家干预形式存在着显著差异[1]。在这些干预过程中,各类具体的媒介政策实践或政策混合体则反映了"国家角色"在多方面进行直接或间接的制度化特征,因此,研究中国最近数十年来的传媒政策及其制度化过程,一是可以探察"国家角色"如何作用并形塑媒介体制;二是从新制度主义的视角理解在这些政策的形塑之下,中国媒介组织的发展具有怎样的历史独特性。

近年来有关我国的国家、地方或产业政策之于媒介体制的重要性越来越受到新闻传播学术界的重视。以往的研究表明中国传媒政策一般包括三个相互独立又相互关联的体系,即财政政策、产业政策和监管政策。中华人民共和国成立以来传媒政策形成了三个阶段范式,即"干预型""引导型"和"服务型"的政策范式,同政府职能转变、技术进步与产业发展密不可分[2]。其间,政治价值逐步弱化,经济价值日益彰显,文化价值不断拓展,放松资本准入,逐步建立以市场配置为主导的传媒发展机制;加快完善传媒产业市场准入与退出机制;政府对传媒规制的系统性将进一步强化;传媒产业在市场导向与政府规制、公共利益的多重互动中前行[3][4][5][6]。进入20世纪,政策推动已成为媒介融合发展的必要前提,在此背景下,媒介融合的主要资金来源依次为地方财政直接补贴、转移支付、绕道产业基金的间接补贴以及以广告经营为主的自筹等方式[7][8]。

上述研究成果从政治学或政治经济学角度揭示了国家或地方的财政与产业政策构成了中国传媒业发展的重要外部机制,形成了"国家—媒介—市场"的体系特征。但是对于各类政策之间的制度性差异以及为何、政策之间形成了何种互动与集合的关系则缺少足够的解析,尤其欠缺从制度形成与演化的角度理解和阐释"国家角色"如何形塑中国媒介体制。具体而言,本文聚集三个研究问题:1.从新制度主义视角剖析中国传媒政策如何对传媒的国家意识形态、市场结构和专业文化的价值观产生影响? 2.政策的选择与承续是否呈现理性选择的结果? 3.如何将非制度因素纳入政策制定过程? 本文的最终研究目标是在尝试回应这些问题的基础上试图构建"国家角色"通过政策集合体形塑中国媒介体制的基本框架。

英国学者德斯·弗里德曼(Des Freedman)的《传媒政策的政治学》一书为美国和英国的传媒政策研究提供了一个批判性的视角,他将媒体定义为政府塑造媒体结构和实践的方式,并将媒体政策定义为指导这些结构和实践的原则,因此作者认为媒体政策是在众多政治、经济和技术力量的帮助下,通过深思熟虑的政治干预形成的。这是一个动态的过程,侧重于不同行动者之间的相互作用、工作的体制结构以及追求的目标[9]。自19世纪中期以来,西方的媒介体制经历了两大旨趣相异却又相互纠缠的范式:经济自由主义范式和国家干预主义范式。前者强调由市场机制主导传媒资源分配;后者主张由国家发布积极的传媒政策。这两种范式都有其自身难以解决的机制缺陷和政治风险。此后,历经多元主义、法团主义、共和主义等种种"主义话语"的探索,20世纪90年代以来,西方社会开始寻找一个超越经济自由主义和国家干预主义、面向"市场—国家—社会—媒体"合作治理结构的新范式,但仍然未找到适合的路径[10]。具体而言,最近百年来美国和欧洲的传播与媒体政策发展可分为三个典型阶段:(1)第二次世界大战之前各国是以电报、电话和无线等新兴技术为核心的新兴传播产业政策范式,其间公共资助体系尤其成为欧洲国家对以影视为主导的文化创意产业的一系列重要的公共政策,并通过市场和文化的双轨措施,欧洲开发出产业的区域整合与互惠模式,创造出一个维护欧洲文化多样性并对美国文化强权产生抗衡能力的政策模式和产业辅助体系。(2)"二战"之后至20世纪90年代是以社会政治为主的公共服务媒体政策范式,此时的公共服务广播发展达到顶峰,尤其是20世纪八九十年代以来许多国家政府选择打破通信领域的垄断,推动传统媒体与通信产业的媒介融合。(3)21世纪以来,欧盟政策目标关注创意和文化产业的经济潜力,强调视听媒体作为实现文化目标的先决条件在欧洲经济增长方面的潜力[11][12][13];与此同时欧洲国家采取更加鲜明的传媒监管政策,目的在于防范市场过度集中带来的观点多样性受损的问题以及过度竞争带来的低俗化问题,并保护民众接触传媒的平等权利等,例如2013年,英国保守党、工党、自由民主党三党领导人达成协议,一致同意制定《报刊自律皇家特许状(草案)》,成立新的媒体监管机构替代现行的报刊自律组织"报刊投诉委员会(PCC)",并通过修正相关法律,赋予新的监管机构合法地位和权力[14]。

二、以新制度主义的复合视角构建研究框架

新制度主义的分析视角不同于市场主义或国家主义的单一视角。国家主义强调国家的自主性与国家能力,过分考虑国家而将市场置于次要位置,市场主义反之。新制度主义则克服

二者的偏向性,将"制度及其形成、演化过程"作为核心研究对象和因变量,从单一视角转为国家、市场、文化、习俗之间的相互制衡与合作的系统性视角,尤其重视除了政治、经济之外的非制度化因素对制度形成的影响,从某种意义上讲,是国家主义或市场主义的拓展与修正[15]。就方法学而言,本文认为新制度主义是一类较少采用宏观理论演绎,而是基于国家的特殊历史和制度安排,从中观甚至微观事实出发进行的归纳型的研究方法,因此可以为勾勒中国传媒政策的制度化路径提供一种动态的、具有发展观的阐释性视角。

学术界公认至少有三种不同的"新制度主义"分析途径,即历史制度主义、理性选择制度主义和社会学制度主义。"历史制度主义"将某一政体的制度组织或政治经济结构看作构造集体行为和产生差异性结果的主要因素,将政治结果看成对系统中各种主要需求的反映、呼应与必然后果,从广义上说,该研究路径将制度界定为嵌入政体或政治经济组织结构中的正式或非正式的程序、规则、规范和惯例,在分析政体制度时强调"结构主义",但并非像早期结构功能主义那样去强调"功能",而是通过追寻事件发生的历史轨迹强调政治生活中路径依赖和制度变迁的特殊性,并试图通过放大历史视角来找出影响事件进程的"结构性因果关系"和"历史性因果关系"[16][17]。

"理性选择制度主义"从新制度经济学那里受到启发,强调产权、寻租和交易成本对于制度运作与发展的重要性,利益是制度存活的目标和核心,相关行动者的合意是制度形成过程的原则,算计是其手段,"从交换中获益"得以进行,从而引导行动者做出某种算计,并带来潜在更好的社会结果,因此,制度的承续显而易见是竞争与选择的结果[18][19][20]。

一般来讲,制度解释建立在组织结构的基础之上,文化解释建立在将文化理解为共享的态度和价值的基础之上,前者表现为直接观察到的条例、法规、程序等,后者则表现为道德、习俗或文艺等直接或间接的非正式规则,"社会学派制度主义"认为制度与文化不可截然分隔,而是相互投射并影响的;文化也可能是一种"制度形式",不仅与情感、价值和态度相关联,并且可能为行动提供模板或象征。因此,社会学意义上的制度不仅包括正式规则、程序、规范,而且包括文化、习俗和传统为人的行动提供的"意义框架"的象征系统、认知模式和道德模板[21][22]。

因此,简而言之,新制度主义分析具备历史视角,重视历史的独特性与路径依赖;同时也重视产权、交易成本和理性对于制度运作与发展的重要性;并且,新制度主义分析还认为制度存续的原因是它与社会学中各种文化、习俗相关联并构建出具有"意义框架"的合法性系统。

对应前述三个研究问题,本文拟采用新制度主义的复杂分析视角构建媒介体制中"国家角色"的分析框架:(1)基于我国传媒业发展的特殊背景,从历史制度主义视角分析"财政政策"是如何形塑媒体的国家意识形态以及形成了哪些相应的制度路径。(2)从产权与交易成的理性制度主义视角分析产业政策的演变是通过哪些理性选择的方式推动传媒业市场结构发展。(3)从社会学制度主义视角分析传媒监管如何将其他非刚性的制度因素纳入制度体系,从而形塑中国媒介专业文化的价值观特征。

三、财政政策:舆论竞争场域的外生性制度优势

财政政策从财务角度而言是一种重要的政府性质的无偿转移性支出,包括财政直接拨款和其他相关的财政补贴、转移支付。财政政策不仅令领取补偿者直接获益,还有可能间接影

响消费市场相对价格和资产价值的变动,长期来看具有改变资源配置结构、供给结构、需求结构的作用[23][24][25][26]。

梳理中国传媒财政政策的发展脉络,大致经历了财政补贴、市场改制、政府财政与社会资本混合的三个阶段。

第一个阶段是从中华人民共和国成立以来到20世纪80年代的计划经济时代,我国媒体建制是事业单位,各级党报、党刊和电视台均享受国家的财政直接拨款、税收减免,或通过各级党政机关和事业单位等的定向征订进行财政转移支付。

第二个阶段是20世纪80年代末期[27]至21世纪初,财政直接拨款政策随着国家从计划经济向市场经济改革的推进逐渐被削弱和减少,与此同时基层的传媒机构产生了初始的市场化改革实践,自办发行与广告经营渐替代财政补贴成为传媒机构的主要生存之法[28],中国传媒的机构属性开始凸显其"二元性"特征[29],即传媒首先作为党和国家政策的宣传工具,承担着维护社会稳定和国家安全的政治功能;其次传媒在不改变其政治属性和功能的前提下进行一系列市场经济改革,追求利润成为传媒组织生存和发展的重要基础和导向。这种二元性使得中国传媒机构既具有事业单位的行政特质,又在顺应市场经济大环境发展的前提下,被动地或自发衍生出许多符合市场经济特征的企业特征。这个时期里财政政策依然持续,但规模缩减,同时国家和地方主管机构鼓励传媒机构在不改变其政治属性和功能的前提下进行一系列企业改制的尝试,传媒组织开始不仅生产具备宣传导向的严肃内容,还趋向于提供迎合受众的生活娱乐消费需求的内容产品[30]。为了扩大经营规模和盈利,地方党政媒体开办了子报子刊,但从创办之初不属于财政政策的补贴范围。例如南方都市报自1997年创办起即成为全国第一家"自办发行"的附属于党媒系统的市场化的媒体组织。

第三个阶段是21世纪以来,随着历史条件的变化,以及随着国家对主流媒体角色在政治功能认知上的强化和巩固,国家和地方政府开始陆续对党媒作出了财政直接补贴的政策调整,与此同时将以往强制性订阅转变为"协调式征订"和"切实保障订阅经费"[31]。与此同时,广东省、上海市、湖南、甘肃等地的政府部门均给予当地党媒以现金支持以推动各层级的主流媒体的融合转型,受助机构也包括一些传媒上市公司[32];最近数年还出现了由地方政府牵头进行的社会资本的间接性投入,即吸引社会资本成立产业基金来扶持党媒[33]。

综上所述,从历史制度主义视角分析中国传媒的财政政策,传媒的财政政策从上述三个阶段来看尽管形式多样,实施主体包括国家和地方行政机构,但一直维持两个基本点:一是就干预的程度而言,国家和地方政策对传媒的财政政策比其他行业更直接,受益者身份均为国家和地方的各级党政媒体,且随着网络和国际舆论环境的复杂化、多元化,财政政策也变得越来越积极和多样化,既保留传统的财政补贴,也创新性地使用市场化的产业基金。二是就干预的后果而言,通过积极的财政干预赋予了主流媒体机构的政治意识形态属性以超越其他属性的首要地位,也建立了媒体组织与政府机构之间的体制性联系;与此同时这种特殊的政治经济结构是党政媒体与其他市场化媒体在组织实践上形成多种差异的主要原因,即形成了党政媒体在当下舆论竞争场域的外生性制度优势。

四、产业政策:基于市场竞争性的理性选择

产业政策从历史实践来看是国家提升新兴产业发展竞争力的最重要的制度性机制。一般指有关产业的国家法令和特定政策;或是当市场调节发生障碍时政府采取的补救措施;或是政府针对国家经济发展特点制定的产业赶超政策,即工业后

发国家为赶超工业先进国家而采取的政策总和。从政策目标、政策客体和功能性来看主要分为三类:"功能性产业政策"对市场机制的缺陷起弥补作用,通常指的是政府通过提供人力资源培训和 R＆D 补贴来推动产业结构的升级与演化;"水平性产业政策"政府通过产业政策开放市场、放松经济管制、打通相关产业的接入壁垒,为研发投资和产业间相关主体的融合提供激励性政策。"选择性产业政策"通过提供奖励和补贴来提升特定部门或特定企业优势,提升产业结构的演进效率。功能性产业政策和水平性产业政策注重市场机制在资源配置中的基础性作用,选择性产业政策更加强调政府在资源配置中的作用[34][35][36]。

中国传媒产业有其特殊性,我国传媒业在 1949 年后的相当长时间内被定位和归属为事业单位,并不属于产业,也不具备市场和产业属性。20 世纪 80 年代以来启动的市场化改革业对我国传媒行业发展产生巨大影响,梳理各类产业政策大致呈现以下四个重要特征:

第一,通过"功能性产业政策"促使传媒机构从事业单位向企业单位转制以增加传媒的市场经济属性。例如 1985 年国家统计局首次将广播电视事业列入第三产业进行统计;2001 年 8 月中共中央办公厅、国务院办公厅发布《关于深化新闻出版广播影视业改革的若干意见》,首次提出文化体制改革要以发展为主题,以结构调整为主线,以集团化建设为重点和突破口,组建包括中国广电集团、中国出版集团在内的 70 多家文化集团。

第二,通过"水平性政策"将市场化转型初期的传媒业逐步纳入新兴的产业融合领域。例如 2001 年 3 月全国人大首次提出"三网融合"的产业政策,打破各个产业部门边界,促进电信、电视和互联网融合发展。之后,中央全面深化改革领导小组、国务院、国家发改委、新闻出版总局、国家广电部、财政部、工信部等国家机关和部委相继发出了诸多传媒产业政策，例如2009年首次提出积极发展移动多媒体广播电视、网络广播影视、手机广播电视等新兴文化业态，推动文化产业升级。2013年，国家机关和部委继续提出将网络广播电视台提升到与电台电视台发展同等重要地位，推动台台资源互动和深层融合。2014年，国务院首先次将金融、科技、贸易等更多的行业纳入与文化经济融合发展的框架中。同年8月，中央全面深化改革领导小组提出推动传统媒体和新兴媒体在内容、渠道、平台、经营、管理等方面深度融合，推动各省建成数家大型新型媒体集团；与此同时，2015年，国务院首先明确将媒体融合纳入"互联网+"的国家大战略[37]。

第三，通过"选择性产业政策"以提升新兴传媒产业的市场效率，例如2012年国务院提出要实施一批重大项目，加快发展文化创意、数字出版、移动多媒体、动漫游戏等新兴文化产业。2018年11月，中央全面深化改革委员会提出要深化县级媒体的机构、人事、财政、薪酬等多方面改革。并为了提升转型效率，2018年12月，国务院办公厅颁布一系列涉及文化产业领域财政税收、投资融资、资产管理、土地处置、收入分配、社会保障、人员安置、工商管理等多方面的支持性政策[38]。

第四，通过"竞争性政策"创新性地引入社会资本。2003年，相关部门首次提出党报、党刊、电台、电视台、国有发行集团、广播电视传输网络公司等重要新闻传媒经营部分剥离转制为企业，在确保国家绝对控股的前提下允许吸收社会资本。在2005年还进一步允许非公有资本进入出版物印刷、可录类光盘生产等文化行业和领域，还可参股出版物的印刷与发行以及新闻出版单位的广告与发行领域，并参与广播电台和电视台的音乐、科技、体育、娱乐方面的节目制作，电影制作发行放映，可以建设和经营有线电视接入网,参与有线电视接收端数字化改造,这些政策直接推动了中国影视业、互联网传媒业的发展。2012年,新闻出版总署发布相关实施细则鼓励国有出版传媒企业吸收民间资本,鼓励民间资本申请国家文化产业发展专项资金,降低传媒业的进入壁垒,给传媒业融资民间资本创造条件,直接推动传媒机构改制上市的进程[39]。

综上所述,以理性选择的新制度主义角度而言,国家各个职能机构以符合市场竞争性的理性选择的方式,为传媒业的市场化转型和媒介融合改革提供了一系列的产业政策集合,尤其是为传媒组织的媒介创新构建了第二类外生性制度体系,且相比财政政策来讲,具有创新性、开放性和连续性的重要特征。另外,从产业融合的外部协同效应来看,这些政策从最初的为传媒业增加市场经济属性,演化至以提升其市场竞争力为目标,推动传媒机构参与产业融合过程中的利益与资源再分配,既与相关产业如互联网业、电信业、文化产业等,也与其他非相关产业如金融业、房地产业等发生了利益关联,尤其是引入社会资本时,所带来的行业关联则更具多样性,提升了媒体组织在更大范围的产业融合中的实际竞争力。从传媒组织的企业效率来看,组织自身形成了财政补贴、经营利润与资本融资三者共存的资本结构,获得了远比单一财政补贴或广告经营更多的收益,促使传媒组织进行内部改革并初步具备了现代企业治理结构。

五、监管政策:回应"伦理规范"的意义框架

一般来讲,监管政策指政府运用财政、税收、信贷、价格等经济杠杆和立法手段遏制某些不良的市场竞争恶象,通过维持公平、公正、公开的市场秩序来保护市场或行业参与者的合法

权益,并依此促进行业的发展。但对于不同的产业,监管政策往往还带着该产业明显的产业属性特点和政策调控的侧重点。

新闻传播机构的监管与其他行业有着显著差异。传媒业的监管体系除了常规性的市场监管之外,还包含内容监管和资质监管。从历年的监管条例来看,内容监管是其最重要的监管手段,包括监管传统媒体信息内容导向、审查内容真实性等;对新媒体的监管则与传统媒体保持同一个标准和同一条底线,监督、管理和抵制互联网上的虚假信息、黄色信息、低俗信息等。资质监管则监督传媒机构业务经营的许可资格,例如是否符合新闻出版资质、互联网新闻信息服务许可资质等。

内容监管范畴从信息内容的文化特点、商业类型到技术手段,监管行业覆盖广播电视、新闻出版业及新媒体行业,例如国家广播电视总局2009年7月重申"限制方言令",指出除地方戏曲片外,电视剧应以普通话为主,一般情况下不得使用方言和非标准的普通话,重大革命和历史题材电视剧、少儿题材电视剧及宣传教育专题电视片等一律使用普通话,电视剧中出现的领袖人物语言要使用普通话等;2010年指出电视综艺节目严禁伪造嘉宾身份,不得以婚恋的名义对参与者进行羞辱或人身攻击,不得展示和炒作拜金主义等不健康、不正确的婚恋观,不得现场直播,对引起社会广泛争议的婚恋类电视节目造假、低俗等问题在嘉宾关、内容关、主持关、播出关上都做出严格规定[40]。

多部委还将有关证券市场的新闻内容也纳入监管范围,2011年1月,新闻出版总署与中国证券监督管理委员会联合要求审慎报道可能影响投资者预期和市场稳定运行的新闻题材,并首次提出证券期货监管部门应当建立针对证券期货信息类产品的日常监测机制,同时建立证券期货互联网新闻信息内容管理责任制度[41]。此外,提升卫视某些类型节目的监管强度,例如严格控制影视明星参与综艺娱乐、真人秀等节目播出量和播出时段,原则上黄金时段不再播出引进境外模式的节目[42]。进一步地,监管手法从单一性的行政监管到与法制监管并行,《未成年人节目管理规定》自2019年4月30日起施行,指出未成年人节目不得宣扬童星效应或者包装、炒作明星子女;细化对未成年人节目制作、传播的规范细则,要求广播电视节目集成播放机构应当通过设立未成年人专门频率频道等,完善未成年人保护专员与未成年人节目评估委员会机制等[43]。近年来算法技术被引入信息分发与传播渠道,2021年8月中宣部与其他四个部委联合发文指出健全基于大数据的评价方式,加强网络算法研究和引导,开展网络算法推荐综合治理,不给错误内容提供传播渠道[44]。

传媒业的市场监管与其他产业一样,包括规范市场准入和合同,监管产品价格、竞争手段、税收义务等。例如2017年规范行业组织、出台电视剧成本配置比例指导意见,引导制作企业合理安排电视剧投入成本结构,优化片酬分配机制,并随即对演员片酬作了详细的规定。2018年6月,中宣部与相关部委联合印发通知要求加强对影视行业天价片酬、"阴阳合同"、偷逃税等问题的治理,控制不合理片酬[45]。

从业资质与信息发布的资质监管也进入传媒监管体系。在传统媒体时代,媒体事业被纳入国家行政和事业体系,平面媒介与电视媒介的边界清晰,但是这一情形在市场经济和网络场域中发生巨大变化,"媒介资质"的定义必须重新进行修订与调整,例如2009年重点修订了"记者的定义"、"采访权利"的维护和保障、"记者职业规范要求"等,2018年12月明确规定金融信息服务提供者从事互联网新闻信息服务、法定特许或者应予以备案的金融业务应当取得相应资质,并接受有关主管部门的监督管理等,2019年11月明确网络音视频信息服务提供者应当依法取得法律、行政法规规定的相关资质、应当建立健全用户注册、信息发布审核、信息安全管理等制度等[46]。

以社会学派制度主义的视角而言,上述监管体系的条例尽管庞杂繁细,但实际上涉及除了政治和市场经济因素之外的各类文化传统、道德规范、社会/商业伦理及舆论素养等。新闻出版业属于外部效应较强的行业,即是说这个行业的内容产品能迅速产生信息反馈和非企及的社会性后果,这是因为传媒产品具有一种本源性功能,即可以通过议题设置宣传生产者认为有价值和有利的信息来引导读者,在潜移默化中影响读者对事物价值的判断和决定。也正因为如此,传媒产品在公共空间中所表达出来共享的态度、表现方式、价值观均等成为监管对象,以确保现实中的内容载体与国家框架中的象征系统、认知模式和道德模板维持对应关系。由此可见,监管体系的内在逻辑并非基于政治原则或市场理性,而是基于各种社会伦理法则,为媒介行动提供"意义框架",并通过评估、监督与纠错,使得传媒机构在产业经济框架下的市场化过程中内化这些与信息内容相关联的伦理规范,从而尽可能规避市场效率对伦理价值产生的挤出效应。

六、传媒政策的制度路径:从国家干预到国家治理

本文采用新制度主义的复合分析视角,尝试勾勒与阐释我国传媒政策体系的演化路径,以历史制度主义视角分析则发现中国传媒的财政政策始终维持两个基本点:一是国家对传媒的财政政策比社会其他行业领域更直接,从财政补贴的常规性制度演化为党政媒体在舆论竞争场域具备外生优势的特殊制度;二是通过积极的财政干预赋予了媒体机构的政治属性以超越其他属性的首要地位。本文以理性选择的新制度主义角度分

析发现国家各个职能机构以符合市场竞争性的理性选择的方式,为增加传媒业的市场经济属性和产业竞争力提供了一系列的具有创新性、开放性和连续性产业政策集合,不仅推动传媒产业传媒机构参与产业融合过程中的利益与资源再分配,也使得传媒机构自身形成财政补贴、经营利润与资本融资三者共存的现代企业治理结构。本文以社会学派制度主义的视角分析发现监管政策体系的内在逻辑并非基于政治原则或市场理性,而是基于伦理法则的评估与衡量,并以此为媒介行动提供了具备"意义框架"的象征系统和道德模板。

因此,财政政策、产业政策与监管政策并非各自为政,而是形成了目标和对象区分但功能之间相辅相成的系统性制度框架。其演化机制既承续中国传媒发展中的历史特殊性,也与中国产业融合的大趋势保持与时俱进,与此同时还将各种社会伦理规范的原则纳入其中,尤其是监管体系一直贯穿始终,其政策颁布时间与监管内容和产业政策的推进呈现着协同与呼应,避免了以工具性或市场利益遮蔽公共性的"单一目标取向",同时也避免了将政策过程转变为去政治化、追求技术性事务优先的"技治主义"[47]。

本文还进一步认为,区别于西方国家的媒介体制中强调国家单方面的行政干预或经济自由主义的范式,这套联结着国家、传媒、市场与社会不同场域的、制度化的政策体系在某种程度上初步具备了现代化国家治理体系的特征。

国内外学者认为"国家治理"与国家理论不同,后者认为国家对社会或行业的单方面"强干预",国家与社会之间有可能形成对立的"零和博弈"。所谓"国家治理"指的是国家通过制定和执行系统性规则或制度以及提供服务而与社会实现"双赢"。国家治理的核心问题之一是如何处理政府、市场与社会的关系;国家治理的核心理念是体现了现代国家的新型执政模式,即以国家、社会与市场的新型复合型关系概念替代单一的国家概念；此外，国家治理不仅仅具有意识形态的政治意义，还是建立在系列的规范性框架之上的目标状态，即是说运用一系列的制度与规则解决现实问题，在此过程中政府、市场与社会进行合理分工与协作，最终实现现代性治理的系列目标[48][49][50]。从上述意义而言，财政政策、产业政策和监管政策以及相应的法治化制度意味着在媒体体制的形成与演化过程中，国家角色并非以行政干预的单一手法，而是从政治、经济与社会的各个方面作用于中国传媒业，朝着传播核心价值观与主流道德规范的国家目标发展。

随着中国经济社会的发展，社会的价值观念也发生了重大变化，很多在传统社会里认为是私域的事务也进入公共事务的视野和国家治理的范畴，互联网舆论生态创造了更大范围的多样性与更不可预知的不确定性。作为一种制度安排，市场经济在很大程度上解决了传媒资源配置效率的根本性问题，但是中国传媒市场经济发育不全以及市场失灵问题仍然交织在一起，如果政府反而放手不管，市场的外部性问题可能就会转换为社会性、群体性问题，例如如何维护原创性内容的版权以及如何监管内容资质而杜绝假新闻的漫延，若仅依靠市场能动性是不能解决这些市场外部性问题的。

但从另一方面来讲，在当下的社会环境中，政府对于市场化过程应该介入哪些事务以及不应该介入哪些事务做出正确判断变得十分困难，例如媒介融合的技术为传媒业的市场创新带来了更多可能，而三网融合打破传统的通讯产业垄断边界使得这些可能成为现实，利益各方在博弈的竞合中前行，传媒进行互联网平台化、互联网平台反向进行媒介化的双重转换过程势必带来混业经营的市场状态，但创新也意味着试错，这些传媒业态的全新体验对现行监管规制提出了多重挑战[51][52][53]。

有些问题属于传媒业市场发展不健全,例如传媒组织的激励机制与媒介融合改革,就更应该继续促进市场化和数字化的双重改革,让市场配置资源的作用发挥出来。

国外学者通过实证研究发现,大多数发展中国家都同时存在"太多"国家和"太少"国家的问题,即是说要么管得太多、要么放任不管,解决之道不仅在于减少国家在微观经济事务的干预,还在于增强实施政策、履行日常行政职能的能力。国家干预或国家治理均不是意味着约束,而是保护传媒业的多样性、创新性与可持续发展。从本质上说,治理是建立在政治原则、市场原则、公共利益和社会认同之上的合作,其权力向度是多元的、相互的,而并非单一性的或自上而下的[54][55]。毫无疑问,国家角色如何作用于媒介体制并没有全球化的统一路径,它更是一个基于国家、市场和社会以及文化的不同而有的各自选择。

注释

[1] [美] 丹尼尔·C.哈林,[意] 保罗·曼奇尼:《比较媒体体制:媒介与政治的三种模式》,陈娟、展江等译,北京:中国人民大学出版社,2012年,第30—36页。

[2] 卞地诗、李兆友:《我国新时期传媒政策范式转移研究》,《社会科学战线》2012年第11期。

[3] 金世斌、巩孺萍:《新时期我国传媒政策的演进与展望》,《传媒观察》2012年第3期。

[4] 蔡雯、黄金:《规制变革:媒介融合发展的必要前提——对世界多国媒介管理现状的比较与思考》,《国际新闻界》2007年第3期。

[5] 严三九:《中国传统媒体与新兴媒体内容融合发展研究》,《新闻与传播研究》2017年第3期。

[6] 张亮宇、朱春阳:《当前传媒产业规制体系变革与中国面向的问题反思》,《新闻大学》2013年第3期。

[7] 龚彦方:《转型改制期中国传媒业现状分析》,《学术研究》2011年第6期。

[8] 刘颂杰、张馨梦:《报业经营制度的"再行政化——"2005年以来报业集团财政补贴的研究》,《中国新闻业年度观察(2017)》,北京:人民日报出版社,第72—87页。

[9] Rayburn, S.(2010).Book Review: The Politics of Media Policy. *Policy Perspectives*. 17(1).

[10] 董天策、陈映:《西方传媒政策的范式迁移与重建:一个思想史的考察》,《西南民族大学学报》(人文社科版)2013年第11期。

[11] 罗青、Andre Lang:《建立市场辅导机制下的"文化保护主义"体系——欧盟影视公共资助模式的思考》,《现代传播(中国传媒大学学报)》2007年第2期。

[12] Cuilenburg, J. V. & Mcquail, D. (2003). Media Policy Paradigm Shifts Towards a New Communications Policy Paradigm. *European Journal of Communication*. 18(2).

[13] Erickson, M. & Dewey, P. (2011). EU: Media Policy and/as Cultural Policy: Economic and Cultural Tensions in MEDIA 2007. *International Journal of Cultural Policy*. 17(5).

[14] 周丽娜:《英国〈报刊自律皇家特许状〉与媒体监管政策》,《青年记者》2013年第13期。

[15] 李汶纪:《新制度主义理论与产业政策分析框架探讨》,《社会科学研究》2003年第1期。

[16] [美]彼得·豪尔、罗斯玛丽·泰勒、何俊智:《政治科学与三个新制度主义》,《经济社会体制比较》2003年第5期。

[17] 何俊志:《结构、历史与行为——历史制度主义的分析范式》,《国外社会科学》2002年第5期。

[18] [美]道格拉斯·诺思:《理解经济变迁过程》,钟正生、邢华等译,北京:中国人民大学出版社,2003年,第55—57页。

[19] [美]约拉姆·巴泽尔:《产权的经济分析》,费方域、段毅才译,上海:上海人民出版社,2008年,第7—9页。

[20] 聂辉华:《新制度经济学中不完全契约理论的分歧与融合——以威廉姆森和哈特为代表的两种进路》,《中国人民大学学报》2005年第1期。

[21] Soysal, Y. N. (1995). Limits of Citizenship: Migrants and Postnational Membership in Europe. *International Migration Review*. 30(2).

[22] Fligstein, N. & McAdam, D. (2012). A Political-Cultural Approach to the Problem of Strategic Action. *In Rethinking Power in Organizations, Institutions, and Markets*. Bingley: Emerald Group Publishing Limited, pp. 287–316.

[23] 张颖熙、柳欣:《刺激国内消费需求增长的财政政策效应分析》,《财经科学》2007年第9期。

[24] 黄亭亭、杨伟:《衰退时期的财政政策效应:政府投资转向与民间投资成长》,《金融研究》2010年第3期。

[25] 黄赜琳:《中国经济周期特征与财政政策效应——一个基于三部门RBC模型的实证分析》,《经济研究》2005年第6期。

[26] 靳春平:《财政政策效应的空间差异性与地区经济增长》,《管理世界》2007年第7期。

[27] 1985年,国家统计局首次将广播电视事业列入第三产业进行统计。

[28] 例如1981年《广州日报》与市财政脱钩,1990年该报社成为国内第一家副省级城市党报,脱离传统的邮局征订模式改为自办发行,1993年成立了发行公司。

[29] 1987年12月,在广州召开的珠江经济广播电台广播理论研讨会上,与会代表提出了电台、电视台不断扩大有偿服务,逐步缩小无偿服务节目服务范围,首次提出了传媒"二元性"的基本观点。

[30] 周鸿铎:《传媒经济"三论说"》,北京:社会科学文献出版社,2006年,第35—89页。

[31] 黄春光、郑平:《东凤召开党报党刊征订发行会议确保完成〈南方日报〉等征订任务》,《南方日报》2011年11月8日,第AC01版。雷贤

辉:《云浮召开 2021 年度党报党刊发行工作会议确保完成征订任务》,《南方日报》2020 年 11 月 25 日,第 A12 版。

[32] 例如从广东省财政厅公示的 2015 年推动媒体融合发展扶持资金分配方案的公示中可知,广东省委省政府当年拿出 0.5 亿元,分别给予南方报业集团、羊城晚报报业集团、广东电视台等媒体机构 2400 万元、1000 万元、700 万元不等,并详细列出资助的项目名称(见《关于 2015 年推动媒体融合发展扶持资金分配方案的公示》,广东省财政厅政府网站 2015 年 11 月 9 日,http://czt.gd.gov.cn/tzgg/content/post_174269.html)。上海新丽传媒的招股书显示,2014 年至 2016 年公司合计获得的政府补助高达 1.29 亿元(https://baijiahao.baidu.com/s?id=1572048102615843&wfr=spider&for=pc)。据新华文轩出版传媒股份有限公司称该公司及子公司自 2018 年 5 月至 2019 年 5 月共获得政府补助人民币 1.011 亿元(http://finance.eastmoney.com/a/201905141122240852.html)。据中南传媒(601098.SH)公布 2020 年度公司及所属公司收到政府资金支持文化产业发展的补助资金累计为 4973.12 万元(https://baijiahao.baidu.com/s?id=16893034636551823028&wfr=spider&for=pc)。读者传媒(603999.SH)公布,公司及下属子公司 2020 年全年累计获得中共中央宣传部、国家出版基金规划管理办公室及甘肃省委宣传部、甘肃省财政厅等中央及地方各类政府补助资金总计 1015.15 万元(https://baijiahao.baidu.com/s?id=1692652405421218154&wfr=spider&for=pc)。

[33] 郭家轩、唐柳雯:《广东首支媒体融合投资基金揭牌》,《南方日报》2016 年 3 月 28 日,第 A1 版。

[34] 彭伟辉、宋光辉:《实施功能性产业政策还是选择性产业政策?——基于产业升级视角》,《经济体制改革》2019 年第 5 期。

[35] 黄先海、陈勇:《论功能性产业政策——从 WTO "绿箱" 政策看我国的产业政策取向》,《浙江社会科学》2003 年第 2 期。

[36] 邱兆林:《中国产业政策的特征及转型分析》,《现代经济探讨》2015 年第 7 期。

[37] 见 2001 年 3 月,全国人大九届四次会议发布的《国民经济和社会发展第十个五年计划纲要》、2009 年 7 月国务院发布的《文化产业振兴

规划》、2013年1月国家广播电视总局发布的《广电总局关于促进主流媒体发展网络广播电视台的意见》、2014年3月国务院发布的《关于推进文化创意和设计服务与相关产业融合发展的若干意见》、2014年8月中央全面深化改革领导小组发布的《关于推动传统媒体和新兴媒体融合的指导意见》、2015年7月《关于积极推进"互联网+"行动的指导意见》。

[38] 见2012年2月中共中央办公厅、国务院办公厅发布的《国家"十二五"时期文化改革发展规划纲要》，2018年11月中央全面深化改革委员会发布的《关于加强县级融媒体中心建设的意见》，2018年12月国务院办公厅发布的《文化体制改革中经营性文化事业单位转制为企业的规定》与《进一步支持文化企业发展的规定》。

[39] 见2003年12月国务院发布的《文化体制改革试点中支持文化产业发展的规定》与《文化体制改革试点中经营性文化事业单位转制为企业的规定》、2005年4月国务院发布的《关于非公有资本进入文化产业的若干决定》、2012年6月新闻出版总署发布的《关于支持民间资本参与出版经营活动的实施细则》。

[40] 见国家广播电视总局2010年6月发布的《关于进一步规范婚恋交友类电视节目的管理通知》、《关于加强情感故事类电视节目管理的通知》。

[41] 见2011年1月新闻出版总署与中国证券监督管理委员会发布的《关于加强报刊传播证券期货信息管理工作的若干规定》。

[42] 见2017年8月国家广播电视总局发布的《关于把电视上星综合频道办成讲导向、有文化的传播平台的通知》。

[43] 见2019年4月国家广播电视总局发布的第3号令《未成年人节目管理规定》，2021年3月国家广播电视总局发布的《中华人民共和国广播电视法（征求意见稿）》。

[44] 见2021年8月中宣部、文化和旅游部、广播电视总局、中国文联、中国作协等五部门联合印发的《关于加强新时代文艺评论工作的指导意见》。

[45] 见国家广播电视总局2017年9月发布的《关于支持电视剧繁荣发展若干政策的通知》，2017年9月中国广播电影电视社会组织联合

会等行业协会组织联合发布的《关于电视剧网络剧制作成本配置比例的意见》,2018年6月中中宣部、文化和旅游部、国家税务总局、国家广播电视总局、国家电影局等联合印发的《治理影视行业天价片酬"阴阳合同"偷逃税等问题的通知》。

[46] 见2009年10月15日正式施行的《新闻记者证管理办法》,见2018年12月国家互联网信息办公室发布的《金融信息服务管理规定》,2019年11月国家互联网信息办公室、文化和旅游部、国家广播电视总局联合发布的《网络音视频信息服务管理规定》。

[47] 肖滨、费久浩:《政策过程中的技治主义:整体性危机及其发生机制》,《中国行政管理》2017年第3期。

[48] 薛澜、张帆、武沐瑶:《国家治理体系与治理能力研究:回顾与前瞻》,《公共管理学报》2015年第3期。

[49] 刘海潮:《当代中国国家治理体系建构的内在逻辑诠释——基于政府与市场、社会关系的分析》,《新视野》2014年第3期。

[50] 蓝志勇、魏明:《现代国家治理体系:顶层设计,实践经验与复杂性》,《公共管理学报》2014年第1期。

[51] 李丹林:《媒介融合时代传媒管制问题的思考——基于"公共利益"原则的分析》,《现代传播(中国传媒大学学报)》2012年第5期。

[52] 石长顺、石婧:《"三网融合"下的传媒新业态与监管》,《现代传播(中国传媒大学学报)》2010年第8期。

[53] 姚德权:《中国新闻出版业监管体制模式选择》,《现代传播(中国传媒大学学报)》2006年第3期。

[54] 刘海潮:《当代中国国家治理体系建构的内在逻辑诠释——基于政府与市场、社会关系的分析》,《新视野》2014年第3期。

[55] 薛澜、张帆、武沐瑶:《国家治理体系与治理能力研究:回顾与前瞻》,《公共管理学报》2015年第3期。

From Administrative Intervention to National Governance: Study on Evolution Path of Media Policy by Perspectives of New Institutionalism

GONG Yianfang

Abstract: This paper analyzes the institutionalization of media policy by perspectives of new institutionalism, to explain the structural characteristics and evolution mechanism of "State Role" in China's media system. It is found that the fiscal policy, industrial policy, and regulatory policy in Chinese media have constructed a set of structural institutional system, and its evolution mechanism not only inherits the particularity of the media's history in China, but also keeps pace with the general trend of industrial convergence employing some significant features of innovation, openness, and continuity, but also integrates the normative principles of social ethics. This study suggests that the evolution path of China's media policy, different from the west, has experienced a switch from "administrative intervention" to "national governance", that is, the role of the state is no longer presented in a single way of administration intervention, but in the way of national governance with a compound relationship between the state, market, and society to construct the modern media system.

Key words: Media Policy; New Institutionalism; Administrative Intervention; National Governance

承继与延展：大众生产组织形式分析
——以百度百科为例

丁汉青　郝美青

摘　要　本文从大众生产机制与科层制的内在联系出发，考察国内典型的大众生产案例"百度百科"的词条生产，反思那些认为大众生产机制能够挑战甚至替代科层制的乐观观点。研究发现，在等级和权力、专门化部门、规则约束、技术素质要求、理性规范等五个层面上，百度百科对科层制既有所承继，又有所延展。总体来看，在互联网时代，大众生产的独异性特质已走向前台，体现普适性特质的科层制则隐身为大众生产的背景架构。百科类大众生产中独异性特质与普适性特质间的显隐对比强度又会受到平台定位、生产者文化理念等的影响。我们与其将大众生产视为科层制的挑战，倒不如视其为科层组织使命在互联网时代的延伸。

关键词　大众生产　科层制　百度百科

作者简介　丁汉青，女，北京师范大学新闻传播学院教授，博导。研究方向：媒介生产与媒介社会化。电子邮箱：dinghanqingdhq@qq.com。郝美青，女，北京师范大学新闻传播学院硕士研究生。

基金课题　国家社科基金后期资助重点项目"机制与效能：大众生产场域研究"（项目号：21FXWA003）

大众生产(peer production)这一概念由哈佛大学法学院教授尤查·本科勒(Yochai Benkler)在2002年提出后,引起了众多学者的关注与乐观响应。虽然2011年丹尼尔·克雷斯(Daniel Kreiss)等学者在《大众生产的局限:马克斯·韦伯对网络社会的启示》一文中揭示了大众生产相较科层制仍存在局限性,但总体来看,以本科勒为代表的一批学者在谈及大众生产时,仍普遍倾向于为它赋予一层技术乌托邦的光环,如认为大众生产是与市场机制、科层制相并列的第三种生产机制[1];认为数字化的"大众生产"能够带来生产和消费的一体化,并有利于培养一个强大的公共领域,使经济、政治和文化走向民主化[2],等等。

本文以百度百科为例,从科层制的五个维度入手,分析大众生产对科层制既有承继又有延展的现实,以此反思大众生产与科层制间的关系。

一、百度百科大众生产对科层制的承继

马克斯·韦伯(Max Weber)在《经济与社会》一书中专门讨论了科层制,学者们根据韦伯的分析,分别从公共行政管理(如莱因哈特·本迪克斯[3]、施路赫特[4]等)、现代组织管理等视角(如彼德·布劳等[5]、陈向澜[6]等)总结了科层制的特点。综合学者们对科层制特点的总结可以看出,被普遍认可的科层制特征包括:等级原则和权力规定;通过分工形成各个专门化部门;组织和人员的活动受到规则约束;对成员有技术素质要求;以排除个人感情的理性规范为标准。百度百科在一定程度上承继了这五个特征。

(一) 百度百科中的等级和权力

科层制的等级制原则是指一个上下级固定有序的体系,每个职位有相应的权力规定,每个职员受到高一级职员的监督和控制,上级对下级具有权威性[7]。百度百科中也存在这种等级和权力。

首先,百度百科中的等级制度和权力关系体现在编辑者不同的积分等级、头衔、编辑权限上。虽然在想象中,每个大众生产者都应是平等的,但在实际的词条生产中,因生产经验和能力不同,大众生产者们在平台上所获得的生产权限并不相同,存在等级和权力关系。百度百科编辑者的"经验值"积分对应相应的"百科头衔",标注在每个编辑者的个人主页上,以显示编辑等级。编辑等级则与编辑所拥有的技术性操作权限、评审、质量监督等权力挂钩。积分多、等级高、头衔多的编辑者虽然不直接发号施令,但可以通过赢得其他编辑者的信任、尊重来影响其他编辑者的行为,从而获取一定的地位和权威。

其次,百度百科中的等级关系制度体现在词条生产的"后区[8]",尤其在各个团队和群组中,等级制度更明显。图1为百度百科中常见的团队架构形式。在这种团队架构中,上级在处理争议性词条、抽检词条质量上,有决策和监管的权力,对下级具有权威性。百度百科官方工作人员在各团队和群组中常担任群主和管理员,被编辑者们称为"官方",他们是这个等级体系中位置最高的管理者,拥有审核词条、制定编辑规则和指南、考核抽检、处理敏感和争议问题以及在有严重违规的情况下做出封号处理等权力。百度官方工作人员在副手管理员的辅佐下,管理着众多大小圈主、组长;普遍编辑者则受圈主、组长的管辖。

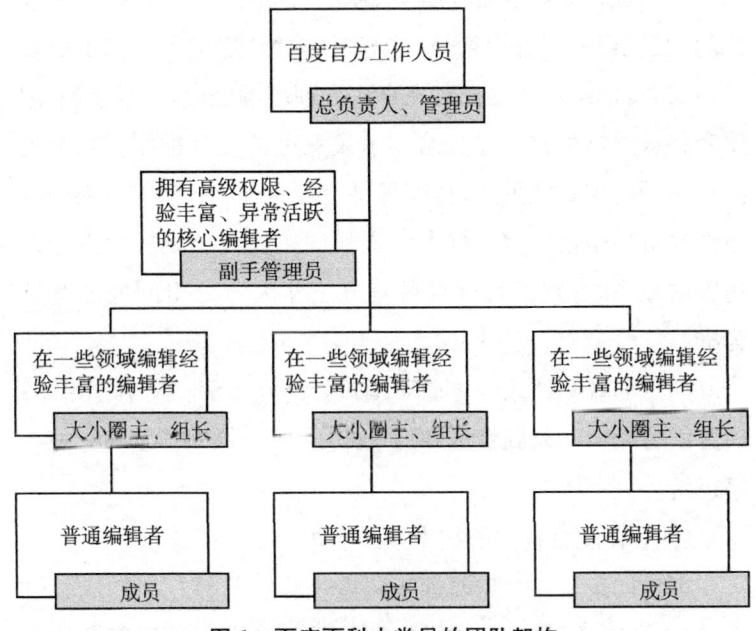

图 1　百度百科中常见的团队架构

(二) 百度百科中的分工

百度百科各团队和群组在词条生产上承担不同的职能,负责不同的领域。更新词条内容、评审词条、在词条浏览者和编辑者之间协调沟通、为词条分类等工作均由专门团队负责。加入团队的编辑者需要接受团队的专门训练,经过专门训练的人员在词条生产的某些环节上或在某种类型的词条上参与编写,这些环节和类型的工作越来越高度专业化,进一步促进了团队和群组的专业化。团队或群组形式的分工有助于提高编辑效率,为管理者最常使用管理权限的场域。

(三) 百度百科中的规则约束

百度百科的规则体系主要有三类。一是各类稳定的、长期的编写细则和规范要求。编辑者参照这些规则写出具有相同格式的标准化词条。二是凝结成编辑们共同意识的几条"强规则",如保证词条内容真实客观、使用可靠参考资料、拒绝商业代编、避免违法有害信息等,这些"强规则"规定了最基本的责任与义务,把编辑活动控制在合法合理范围之内,一旦违规,编辑者将被严格处置。三是协调争议意见的处理准则。当出现几种不同的编辑意见时,百度百科一般通过比较参考资料的权威性来解决争议。当依据参考资料的权威性仍无法做出令人信服的裁决时,则以百度百科官方工作人员给出的处理意见为准。

稳定的规则体系一方面对编辑者起到提示和指引作用,另一方面对编辑者起到警示和约束作用,可以保障词条编写的有序运转。

(四)百度百科中的技术素质要求

编辑词条是一个需要逐步积累经验和掌握技能的成长过程,如果没有学习过这些技能,即使是拥有良好知识背景的人也无法在百度百科上顺利生产词条。因此百度百科对编辑者也有技术素质方面的要求。

百度百科编辑者达到所要求技术素质的途径主要有两种:一是内驱力主导下的自我提升。即为了达到一定的技术素质要求,编辑者常自觉地在实践中不断摸索和尝试,提升自己的编辑能力。二是平台驱动下的激励。百度百科所采取的促使成员达到所要求技术素质的措施包括:(1)为培养成员的编辑技术,百度百科设置了"导师计划",由有经验者指导新人快速掌握编写规则、提高编写能力。(2)为保证词条编写质量,百度百科会开展抽检,检验词条版本和词条任务完成情况是否合格。(3)对某些编辑资格或奖励设定相应的条件和标准。

要求成员有基本的技术素质既为编写词条设置了一定的门槛,也使那些努力达到技术素质要求的编辑者因拥有这些资格和成绩而获得了成就感,从而产生对百度百科的认同感、忠诚度和集体意识,促使他们更加努力地为百度百科贡献力量。

(五)百度百科中的理性规范

百度百科排除个人感情的理性规范主要体现在三方面。一是百度百科的管理者在审核词条、协调争议、实施奖惩时,需要表现出"对事不对人"的工作特点,被期待以词条质量和规则要求为考量标准,而非以编辑者的资质、亲疏关系等先验性的、私人情感因素为考量标准。二是百度百科的编辑者在编辑词条、处理反馈问题时,需要保持中立、客观、理性的态度,不能依个人喜好添加赞美、修饰性用语,更不能根据主观臆断去更改或删除内容。三是编辑者与管理者之间、编辑者与编辑者之间,总体表现为一种无感情色彩的工作关系,而非日常人际交往关系。于编辑者来说,他们联系管理者的目的常是让管理者帮忙解锁[9]、删除[10]、打捞[11]、加速[12]或覆盖词条等;于管理者来说,他们是否为编辑者提供帮助,取决于编辑者的请求是否合理。编辑者和编辑者之间,如果没有词条编写方面的需求,很少有人主动去联络他人,互相对彼此的真实身份、线下生活保持一定的边界感。

二、百度百科大众生产对科层制的延展

诞生于网络时代的百度百科生产虽在一定程度上保留了科层制色彩,但又以其自由、平等、开放的特质延展了科制层。

(一)削减层级与打通层级

百度百科中,最复杂的团队架构也不超过五个层级,相比传统科层制金字塔式的繁多层级,百度百科团队的层级数量其实很少。另外,有的团队是编辑者自发组建的,不受百度百科官方的直接管理,如果有官方人员参与进来,他们也只在其中起辅助作用而非实施管理。还有一些规模较小的团队,层级更

少,甚至没有明显的层级。

　　百度百科每个层级之间都有相互沟通的渠道。一是每个百科账号均有收发消息的通讯功能,编辑者可以通过自己的百科账号联系其他编辑者或管理者。二是团队中各层级的人同在一个QQ群中,编辑者随时可以通过群聊或私聊方式与其他人沟通,不受层级障碍的束缚。三是若词条版本未通过评审,编辑者可在未通过版本中查看评审者的ID,通过"请教Ta"功能直接和评审沟通修改意见。四是任何人可在百度贴吧、词条评论区中发布"讨论帖",这些讨论帖人人可见,有可能得到管理员或编辑者的直接回复。这些渠道打通了各个层级之间交流的屏障,使大众生产者不必通过层层上报就可直接与相关人员取得联系。

　　层级少与层级之间沟通链条短有利于降低沟通成本,使大众生产者能够快速有效地沟通,无须承受职位高低造成的上级对下级的压迫感,一定程度上保障了大众生产的平等性。

（二）分解权力与开放权限

　　百度百科中存在管理、监督等权力,但这些权力并未完全集中在百度百科公司或者个别人手中,而是通过多种方式将这些权力予以分解。百度百科分解权力主要有三种方式:一是词条编辑权部分让渡给技术手段、词条浏览者、经验丰富的编辑者。如引入技术手段来审核词条,由机器判定词条是否通过;给浏览者评判和监督词条的权力,以及时发现词条中的错误或空缺,提升词条质量;让经验丰富的编辑者评审、抽检词条,使权力回归到大众生产者手中,等等。二是管理权部分让渡给编辑者。百度百科的团队架构中设置副手角色,副手常由拥有高级编辑权限的编辑者担任,可代行百度官方工作人员的部分管理权力,体现出大众生产的自组织性。三是将培养新人、策划活动、制定规则、考核抽检等职能权限分解至各细分团队。团队在承担细分工作的同时,行使各种职能权力。

百度百科权限的开放性体现在权限的可获得与权限的动态调整上。虽然编辑者的权限有等级划分,但任何一种权限都可通过自己的编辑活动获得,而非由上级安排和授予。编辑者可以通过积累编辑量、编辑难度大的复杂词条、参与任务等途径提升等级,获得权限。另外,圈主、组长等处于动态调整中,如果获取了这些权限的编辑者无法达到后续考核要求,则会被取消权限。

（三）自主分工

百度百科中存在职能分工,不过这种职能分工并不由管理者指派,而是由编辑者自行选择。编辑者可同时担任多项分工,灵活地对环境做出反应,不断尝试和发现各种可能性,通过各种反馈机制和持续的动态调整,最终在适合的场景中稳定下来,呈现出"分工"的状态。

这种自主分工主要体现在:一是生产内容。大众生产的主动权掌握在生产者手中,每位编辑者依据个人专业知识、兴趣爱好和生产能力,在自由尝试之后形成较为固定的生产内容。二是生产情境。大众生产者在受到特定内容、事件或人物的吸引时,才会从日常生活中抽出精力进行生产。当他们经常性地被某类情境触发和吸引后,会习惯性地形成对该类情境的注意,这类情境就成为他们的生产常规。三是生产身份。一方面,大众生产者可叠加多重身份、灵活承担多项角色;另一方面,他们在长期的生产实践中,最终会适应固定的几种身份。

虽然百度百科大众生产和科层制都表现出了分工,但科层制的分工是管理者根据成员资质安排的,一般分工确立后,成员难以自主调适;而百度百科的分工是编辑者自由选择的结果,编辑者通过自主分工在一些领域、团队、编辑环节中稳定下来,且编辑者仍可随时尝试其他类型的工种。

（四）自发形成规则体系

"自组织"是指一种几乎没有计划、控制和自下而上的自发行为,当所有成员的行为遵循一定的规律,那么他们的自组织行为就在他们的相互作用下产生了[13]。百度百科大众生产就是一种自组织行为,百度百科的规则并非由管理者制定,而是由大众生产者在互动中逐渐建构起来,然后由官方工作人员和编辑者以文字的形式书写下来,编辑成具体的规则条目。

编辑者对规则的遵守,很大程度上出于自发而非强制。百度百科的规则旨在让编辑者对词条质量和公共知识的传播负责,而不是为了让编辑者对上级和组织负责。对于词条编辑者来说,百度百科所能做出的最严重的惩罚是封禁百科账号,这显然不能对所有编辑者形成实质性威慑。百度百科编辑者愿意遵守规则很大程度上并不在于对外部惩罚的忌惮,而在于维护词条质量、传播公共知识、接受公众监督等自我要求。

（五）平台认证与观众赋值

在科层制组织中,成员凭自己的专业知识、技术能力获得工作机会。组织在吸收新成员时,就是根据自己所需要的职位,寻找具有这方面专业技术的人员[14]。而百度百科则允许注册者先获取编辑者身份,然后再在平台上培养编辑资质。

科层制中,职员的资质认证依赖教育机构完成,而大众生产则允许那些被教育机构证书认证排除在外的人通过个人展示,获得专家或观众的赋值[15]。百度百科对任何人都不以学历、社会背景论优劣,只凭编辑词条的质量和数量来评判编辑者的技术素质,并用等级、头衔、权限、财富值、荣誉、奖励和证书等,构成了自己的一套资格认证体系。

（六）维护情感交流

虽然百度百科在一定程度上承继了科层制追求理性、排除个人偏见的情感取向,但也非常注重以友好、幽默、活泼、平等的表达方式维护情感交流。

首先，在称谓、用语等外在表现形式上，百度百科比科层制更加平易近人、注重平等。百度百科的编辑者之间互称"科友"，改变了"同事"一词的中立取向，凸显编辑者之间的共事具有"友谊"的性质。百度百科将编辑者编辑的词条数量称之为"贡献值"，并且将"贡献统计"转化为"已帮助人数"，而不是使用"业绩""绩效"和没有感情色彩的数字，以此表达对编辑者无私奉献传递知识的赞美之情。

其次，在"后区"交流中，一方面，编辑者之间整体以一种比较"客气""对事不对人"的方式相处，表现出组织生活中正式交往的一面；另一方面，编辑者也会就线下的日常生活话题展开交流，主动展露个人性格、展示个人的现实生活，表现出非正式的人际交往的一面。而且，编辑者的非正式交往和正式交往通常没有明显的界线。

更重要的是，百度官方工作人员与编辑者之间虽然存在客观上的管理关系，但总体而言，百度官方工作人员更倾向于采用交流、合作的姿态，而非命令、指派的姿态来和编辑者商讨词条编辑事项。百度百科管理者主要负责开展奖励活动、协调分歧意见、引导团队氛围，即使在实施惩罚时，也主要强调其目的在于维护公平公正的编辑环境、保护词条质量和内容等，而非强调遵守纪律、服从命令。其行为看起来更像是为知识正义代言而非为官方威势代言。

三、结论与讨论

在等级和权力、专门化部门、规则约束、技术素质要求、理性规范五个层面上，百度百科对科层制既有所承继，又有所延展，体现出普适性与独异性相混合的气质。

百度百科大众生产对科层制有所承继的主要原因在于大众生产自组织模式的局限性随生产规模扩大而逐渐显露，百度百科作为商业公司的一部分，需要既安全又高效地完成规模扩张，科层制在达成此目标上具有得天独厚的优势。具体来看，百度百科的科层制色彩主要受到外部发展变化与内部结构的影响。

（一）外部发展变化

一是规模扩大。百度百科于 2006 年 4 月上线，到 2020 年底，已有 2000 多万个词条、1 亿多次编辑以及 700 多万人参与编写，成为全球最大的中文百科全书。庞大的规模，以及由此庞大规模带来的人员、群体、涉及范围的复杂性，本身就促成了科层化。

二是我国通过法律法规逐步加强网络监管，对互联网平台和用户的行为形成约束。从 Web 1.0 到 Web 3.0，国家不断提高对互联网发展的重视程度，网络管理日臻完善，"互联网不是法外之地"成为网民共识，用户在接受国家法律约束的同时，也逐渐接受互联网平台的约束。

（二）内部结构条件

一是百度百科编写人员流动快、词条版本迭代快。最初的那些编辑者奠定了词条编写的大致风格，无意中生成了一些默认规则。当新的编辑者进入百度百科时，会面临不熟悉平台的编写作风、与其他编辑者还未建立起非正式关系等困难，这时就有必要建立一套正式的操作规则和程序，以减少试错。当正式的规则程序被建立起来后，适应这套规则的人员不断地验证并扩充编写规则，词条生产过程便具有了规则约束特征。

二是相对简单的协调模式已无法调和词条生产的所有问题。大众生产依赖参与者共同协作，但编辑者并不是每次都能成功达成一致，如果所有编辑者都按自由意志编辑词条，那么意见争夺容易对大众生产的协作造成破坏性影响。与单纯依赖编辑者们的自由协商相比,有监督有规范的直接控制显然更直接有效。在监督和规范的正式控制之下训练出来的编辑者,能熟练掌握词条编辑的技术,成为有经验的编辑者或管理员,科层等级制随之而来。

三是编辑者对权力的诉求。杰弗里·费尔德(Jeffrey Feld)认为"组织的科层化正如人们把原有不稳定的权力关系转变为稳定的法理关系一样"[16]。在一个词条中占据主导地位的强者,希望维护自己编写的那版词条,保持自己的影响力。强者和弱者间不对等的依附关系产生了权力,强者希望以规则制度的方式把权力关系稳定下来,弱者极力通过为有控制权的人制定各种详尽的规则制度来规范和束缚他们的权力,这样一来,编辑者对权力的诉求促使权力制度化。权力制度化又使法理性权威和非人际决策取代了人际政治和权力游戏,从而减弱了权力带来的负面影响。

四是商业资本为了在市场竞争中占据优势,通过科层制展开控制,使资本的权力制度化。百度百科是网络科技公司百度创建的社区服务类产品,本质上属于以盈利为目的的商业公司,为了在市场竞争中保持优势,百度百科积极主动地对编辑者和词条编写施加影响,资本的权力有效地融进了词条编辑者的组织关系中,通过科层管理的手段将百度公司的权力在大众生产组织中制度化。

同时,百度百科对科层制有所延展的原因主要在于,互联网所具有的去中心化、去中介化、平等开放等特质成为实践词条生产活动的基模。

大众生产诞生于互联网时代,从一开始就以扁平化、去中心化的面貌出现,其所携带的平等开放的互联网基因必然会挑战科层制中潜藏着的"对自由、个人主义以及自发性和自由社会所珍爱的价值观"的威胁[17],从而在承继科层制的同时,又对科层制有所延展。这突出表现在大众生产无偿、利他、公益的伦理价值、情感强度及观众赋值等方面上。

总体来看,百度百科大众生产的独异性特质已在互联网时代走向前台,体现普适性的科层制则隐身为大众生产的背景架构。我们与其将大众生产视为科层制的挑战,倒不如视其为科层组织使命的延伸。百科类大众生产中独异性特质与普适性特质间的显隐对比强度又会受到平台定位、生产者文化理念等的影响。可以期待,在其他百科类大众生产平台(如维基)上,独异性特质与科层特质间的显隐对比强度有可能异于百度百科。

注释

[1] Benkler, Y. (2002). Coase's Penguin, or Linux and the Nature of the Firm. *The Yale Law Journal.* 112(3).

[2] Given, J. (2007). The Wealth of Networks: How Social Production Transforms Markets and Freedom. *Information Economics and Policy.* 19(2).

[3] [美]莱因哈特·本迪克斯:《马克斯·韦伯思想肖像》,刘北成等译,上海:上海人民出版社,2007年,第346页。

[4] [德]施路赫特:《理性化与官僚化:对韦伯之研究与诠释》,顾忠华译,桂林:广西师范大学出版社,2004年,第70页。

[5] [美]彼德·布劳、马歇尔·梅耶:《现代社会中的科层制》,马戎、时宪明、邱泽奇译,上海:学林出版社,2001年,第17页。

[6] 陈向澜:《理性与管理:论韦伯的管理哲学及其影响》,长春:吉林人民出版社,2006年,第124页。

[7] [美]彼德·布劳、马歇尔·梅耶:《现代社会中的科层制》,马戎、时宪明、邱泽奇译,上海:学林出版社,2001年,第17页。

[8] 黄顺铭、李红涛:《在线集体记忆的协作性书写——中文维基百

科"南京大屠杀"条目(2004—2014)的个案研究》,《新闻与传播研究》2015年第1期。

[9]百度百科编辑者常用术语,指词条版本处于不可编辑的锁定状态时,联系管理员帮忙将词条设置为可编辑的状态。

[10]百度百科编辑者常用术语,指词条版本未被通过时,联系管理员帮忙重新通过。

[11]百度百科编辑者常用术语,指词条版本提交后,联系管理员帮忙尽快通过已提交版本。

[12]百度百科编辑者常用术语,指当下词条版本存在较多问题,需要将词条内容恢复到之前的某一版本。

[13]刘洪、姚立:《管理复杂适应组织的策略》,《系统辩证学学报》2004年第2期。

[14]陈向澜:《理性与管理:论韦伯的管理哲学及其影响》,长春:吉林人民出版社,2006年,第124页。

[15] Kreiss, Finn, M. & Turner, F. (2011). The Limits of Peer Production: Some Reminders from Max Weber for the Network Society. *New Media & Society*. 13(2).

[16][美]彼德·布劳、马歇尔·梅耶:《现代社会中的科层制》,马戎、时宪明、邱泽奇译,上海:学林出版社,2001年,第34页。

[17][美]彼德·布劳、马歇尔·梅耶:《现代社会中的科层制》,马戎、时宪明、邱泽奇译,上海:学林出版社,2001年,第2页。

Nheritance and Extension: Analysis of Peer Production Organization form Taking Baidu Baike as an Example

DING Hanqing, HAO Meiqing

Abstract: Based on the internal connection between the peer production and bureaucracy, this study analyses Baidu

Baike, a typical domestic peer production case, and reflects on the optimistic view that peer production can challenge or even replace bureaucracy. It is found that Baidu Baike not only inherits but also extends the bureaucratic system at the five levels of hierarchy and power, specialized departments, rule constraints, technical quality requirements and rational norms. Peer production with unique and heterogeneous nature has come to the front of network society, and bureaucracy has become the background framework of peer production. The recessive and dominant contrast strength between peer production and bureaucratic system of encyclopedia platform will be affected by platform positioning, producer cultural concept and so on. We regard peer production as an extension of the mission of bureaucratic organizations in network society rather than a challenge of bureaucracy.

Key words: Peer Production; Bureaucracy; Baidu Baike

公共价值视角下的饭圈乱象治理研究
——基于政民公共价值共识度的实证分析

李凤萍　文常莹

摘　要　以饭圈为代表的互联网社区治理是当下互联网环境治理的重点环节之一。本文从公共价值角度出发,以 31 篇"清朗·'饭圈'乱象整治"相关微博下的 545 条热门评论内容为研究对象,运用内容分析法、一致性分析法对公民评论所表达的价值偏好内容进行了编码与分析,得出了公民价值偏好的分布和结构,并研究了关于此次专项治理行动的公共价值共识程度。研究结果显示,公民价值偏好受报道角度的影响,其分布具有明显的差异,各价值偏好之间关系紧密,政府建构价值与公民价值偏好之间未能达成一致。

关键词　一致性分析　公共价值　饭圈治理　互联网治理

互联网技术与平台的发展推动了我国粉丝群体活动范围与规模的拓展。与此同时,"饭圈"粉丝互撕谩骂、挑动对立、侮辱诽谤、造谣攻击、恶意营销等不良现象与行为也引起了社会的广泛关注。2021 年 6 月 15 日,中央网信办宣布启动"清朗·'饭圈'乱象整治"专项行动[1],并指出此次专项治理行动

作者简介　李凤萍,女,云南大学新闻学院副教授,博士。研究方向:传媒经济、国际传播。电子邮箱:805859950@qq.com。文常莹,女,云南大学新闻学院硕士研究生。

将规范明星及其背后机构、官方粉丝团的网上行为,创造一个氛围良好的互联网环境。2021年8月27日网信办发布《关于进一步加强"饭圈"乱象治理的通知》,明确取消明星艺人榜单,严禁呈现互撕信息等具体措施与要求。"饭圈乱象专项整治行动"以及"清朗行动"等话题也多次登上微博热搜榜,成为公众高度关注的热点事件。公众对于此次专项行动持有怎样的看法?该行动是否回应了公众对网络环境的需要?目前还未有相关研究针对以上问题做出回答。以公共价值为基础的政府绩效治理理论认为,公民参与与政府项目的质量提升之间关系密切。公民不仅是政府绩效的"共同生产者""问题提出者",更是"评估者"[2]。面对网络社区中多主体、多圈层、多社区的复杂背景,公共价值理论为公共部门管理网络社区公共事务提供了一个思路与路径,即结合互联网社区管理中的公民需求以及价值偏好来确定与调整互联网治理方向,从而在回应互联网民众利益需要的同时凝聚群体共识,实现互联网的健康与和谐发展。目前,我国公共价值理论的本土化应用仍处于发展阶段,针对中国情境下的公共价值理论概念、内涵的理解,理论框架的调整与拓展等理论化分析成果较为丰富。但具体到我国社区治理、社会治理、国家治理等各领域的实证性研究还较为欠缺。因此,本文从网络公民参与的视角出发,识别我国民众关于互联网"饭圈"问题中的价值偏好结构与分布以及政民间公共价值的共识水平,从而为网络治理以及饭圈乱象治理行动的绩效改进提供依据。

一、文献综述

(一) 公共价值与公共价值识别研究

区别于强调"提升效率"的传统公共行政理论与突出"结果导向"的新公共服务理论,公共价值理论作为第三种范式关注的是多主体协商下的公共利益[3]。公共价值概念在早期更趋于静态,例如莫尔(Mark Moore)认为公共价值是公民对政府期望的集合[4],凯利(Gavin Kalley)等则主张公共价值通过政府的服务、法律规制和其他行为来创造[5]。随着公共价值理论内涵的不断丰富与扩展,公共价值被描述为一个动态的多维结构,它既反映了公民的集体价值偏好,同时也受政府服务与管理所调节。公共价值作为公共管理理论的重要组成部分,为理解与认识公共性、群体性事件中的价值矛盾与社会共意提供了更为系统和全面的分析角度。因此,公共价值理论除了指出政府在公共管理中的角色,也为如何在复杂社会中建构公共政策合法性、提升社会治理绩效提供了一个分析路径。目前,我国公共价值研究成果已包含西方公共价值理论的梳理与推介、公共价值管理范式的本土化改进、公共价值分类与测量等多方面[6]。此外,随着互联网技术以及大数据技术的发展,互联网治理、平台治理、虚拟社区治理等内容成为当下公共价值理论研究的重点。但此方向的研究仍以理论建构与探索为主,以具体网络舆情以及互联网治理行动为案例的实证性研究还较为欠缺。为了将公共价值这一非先验性概念落地,还需要依托本土化情境,从现实层面界定、识别和测量公共价值,从而为我国互联网治理绩效服务[7]。

(二)互联网社区治理与公共价值研究

尽管在互联网发展与治理初期以"去国家化"主张为主流管理思路,但随着互联网的发展,国家在互联网治理中的地位与作用越来越突出[8]。近年来,在我国互联网传播技术快速发展、互联网社区繁荣壮大的同时,互联网治理问题也较为突出。有学者指出当前治理互联网的关键问题是要建立多元治理模式[9],政府、平台和民众三大主体应共同参与互联网治理,从而解决单一主体导致的利益冲突、管控失灵、合法性不足等问题[10]。多主体共同治理的逻辑需要公众充分发挥监督作用，让网民参与到网络监管中来[11]。公共价值理论的核心在于集体偏好，这为网络治理实现多元价值间的动态平衡提供了实现路径[12]。目前已有学者从公共价值理论视角出发，对山西忻州"随手拍"等案例进行公众价值偏好识别[13]。马翔等以2016—2019年间中国发生的6类共159个公共网络舆情事件为研究对象，对政府与民众价值偏好的一致性进行了识别与分析[14]。但区别于其他类型的政务案例，因为亚文化群体行为与虚拟社区具有多主体、多文化、多层次等特征，以公共部门对饭圈为代表的亚文化网络社区治理的相关研究还较为不足。因此，针对饭圈乱象治理中效率检测、价值目标识别、公共资源分配效益等关键问题，还需要结合现实案例进行进一步的具体探讨。

二、数据来源和研究方法

（一）数据来源

饭圈影响力与规模的迅速壮大同互联网以及社交媒体的发展直接相关[15]。微博作为饭圈最重要的流量"战场"[16]，其专门为追星设置的粉丝数量、阅读数量、用户生产内容数量等功能吸引了大量的粉丝群体聚集。微博平台不仅是此次饭圈专项治理的重要对象，明星榜单、热门话题、粉丝社群、互动评论等更是此次治理的重要环节。《人民日报》等官方媒体不仅在其微博账号上及时对相关通告进行了转载，还对此次治理行动进行了追踪报道与评论。此外，一些自媒体账号也纷纷发布微博参与到饭圈治理问题的讨论中。这些微博集中了大量的公众讨论，形成了良好的互动态势。因此，本研究以2021年6月至2021年9月为时间段，以"饭圈"为关键词，对微博影响力排行前三的官方媒体账号《《人民日报》、《环球时报》、《中国新闻周刊》)和微博影响力排行前三的时评类自媒体账号(孤烟暮蝉、胡锡进、司马南)[17]进行搜索,共搜索出31篇与此次饭圈治理行动高度相关的微博内容,将这31篇微博下的公民评论内容作为本文的研究对象。初步搜索后为确保后续研究的准确性以及样本的代表性,按照以下原则对文本材料进行筛选和整理:(1)为充分反映公众对此次专项治理行动的直接感知与价值偏好的一致性,本文筛选出热度排行前20的评论[18]。(2)为充分反映公众的价值偏好,清理出不包含价值偏好信息的评论。经筛选,共有545条评论纳入分析范围。

(二)研究方法

本文主要采用社会网络分析中的内容分析路径,并引入一致性分析技术测量与识别公民价值偏好。当下,利用内容分析方法以及一致性分析技术构建受访者间的相互同意矩阵,探讨公众在文化和价值层面上给出的"标准答案"(Answer Key)[19],已是一种较为成熟的分析方法。例如已有学者通过内容分析、一致性分析等方法,分析"转型社会"中公众社会态度变化的状况和趋势[20],或在满足一致性基础上探讨多属性群体决策方法[21]。本文将从网络分析的视角对获取的数据进行内容和结构分析,并研究公众关于"饭圈专项治理"在公共价值上的共识程度及其形成机理,从而为以饭圈为代表的互联网社区治理绩效改进和公共价值治理提供依据。

研究设计分为以下几个步骤:首先,依循共识导向的公共价值(Public Values,PVs)研究路径,将乔根森(Torben Beck Jørgensen)等学者归纳出的公共价值类型及其各自的价值集作为本研究公民价值偏好识别和公共价值共识判定的理论依据[22],对545篇评论样本编码;其次,引入一致性分析技术获取公民价值偏好状况,在此基础上,从描述性统计和社会网络分析的视角对获取的数据进一步分析与总结。

三、数据编码与一致性分析

(一) 数据编码

以"公共价值影响公共行政或公共组织的哪一方面"为分类依据,公共价值可被分为七类,共 20 个价值集[23]。由于针对网络平台上的公民价值表达多集中在公民参与、公平或回应性等价值类型与价值集[24],因此,本文延续前人研究成果,将涉及公民价值的三类公共价值类型及其价值集作为公民价值偏好识别的编码依据(见表 1),对 31 篇微博文本下共 545 条热点评论进行结构性编码。编码步骤为,每一条评论内容中体现了表 1 中 Va1—Vc4(共 11 项价值集)中的某一价值内容则赋值为 1,未体现这一价值内容则为 0。同时,为了表征公民价值偏好与政府建构价值间的一致性,进而识别公共价值,本文对每一条评论中公民对政府试图建构价值的态度 Vq 进行了编码,当该评论与政府试图建构的价值持反对或消极态度时赋值为-1,当该评论持中立态度时为 0,当该评论持积极态度时为 1(具体参见表 2)。为了保持编码一致性,两位编码员进行了独立编码,编码一致率达 92%,超过了 90% 的信度标准,可以认为编码是可信的。

表 1 公共价值类型和价值集[25]

公共价值类型	价值集	
Va.与公共部门对社会贡献相关的价值	a1	共同价值、公共利益、社会凝聚力
	a2	利他主义、人的尊严
	a3	可持续性、对未来的关注
	a4	政治尊严、政权稳定性

(续表)

公共价值类型	价值集	
Vb. 与社会利益向公共决策转换相关的价值	b1	多数原则、民主、人民意志、共同选择
	b2	用户参与、地方治理、公民参与
	b3	保护少数群体、保护个人权利
Vc. 与公共行政和公民关系相关的价值	c1	用户导向、及时性、友好
	c2	对话、回应、用户民主、公民参与、公民发展
	c3	公平、合理性、公正、专业精神
	c4	合法性、保护个人权利、平等、法治、公正

表2 编码参照表[26]

编码项目	编码结果	编码意义
Va1—Vc4（共11项价值集）	0	该评论内容中未体现该价值内容
	1	该评论内容中体现了该价值内容
Vq1 公民态度1	1	该评论对政府试图建构的价值持积极态度
	0	该评论对政府试图建构的价值持中立态度
	−1	该评论对政府试图建构的价值持反对、消极态度

(二) 一致性分析

本文在对案例整体考察的同时,按照微博发布主体的差异进一步将31条微博按照发布主体归类为官方媒体类和自媒体类(见表3)。根据对31篇微博评论一一编码,形成了包含全案例、官方媒体类、自媒体类3个组别的公共价值矩阵,并运用社会网络分析软件 UCINET 6 中的一致性分析功能对各个矩阵因子特征值等指标进行分析,得到了公民价值偏好结果(见表4)。

矩阵提取的因子特征根能反映所有行动者答案中的共同文化价值规范,由表4可知,全案例公共价值矩阵中提取出的最大因子特征根为273.703,次因子特征根为53.789,两者的比值为5.088,符合强一致性分析结果,可以认为公众对此次饭圈专项治理行动中的价值偏好达成了共识。其中"标准答案"(Answer Key)反映了公众对此次饭圈专项治理行动形成的规范性价值内容,即公众更为关注此次治理行动的可持续性(Va3)和公平、合理性(Vc3)这两个方面的公共价值。官方媒体类微博评论中的公民价值偏好同样达成共识,其公民价值偏好集中在可持续性(Va3)和公平、合理性(Vc3)这两类公共价值。自媒体类微博评论在达成了公民价值偏好共识的基础上,更加关注政治尊严(Va4)和公平、合理性(Vc3)这两类公共价值。此外,"标准答案"也显示了公民对政府在此次饭圈治理行动中试图建构的价值的态度,三类微博评论中公民价值偏好与政府建构价值未达成一致。

表3 "饭圈专项治理"相关微博汇总[27]

类别	主题	媒体
官方媒体类	中央网信办专项整治5类饭圈乱象:从严处置饭圈职业黑粉	《人民日报》
	中央网信办将开展为期2个月的"饭圈"乱象整治专项行动	
	饭圈乱象专项整治行动:已处置4千多个违规账号	
	《人民日报》谈饭圈追星乱象,揭秘饭圈集资诱导套路	
	《人民日报》谈饭圈乱象治理:营造风清气正的网络空间	
	评互撕粉丝群被禁言:一点都不冤	
	中央网信办深入整治饭圈乱象十项措施:取消明星艺人榜,严禁呈现互撕信息	
	"取消明星艺人榜单""进一步加强演艺人员片酬规范管理",监管部门出手整治演艺圈乱象,引发热议	

（续表）

类别	主题	媒体
官方媒体类	微博严打水军刷榜刷量控评,集中处置恶意营销等带节奏账号	《环球时报》
	中央网信办要求取消明星艺人榜,严禁呈现饭圈粉丝互撕信息	
	中央纪委国家监委网站:流量明星"翻篇"了	
	中央宣传部印发通知,部署文娱领域综合治理工作	《中国新闻周刊》
	北京网信办整治饭圈乱象	
	饭圈乱象专项整治行动:已处置4千多个违规账号	
	各大互联网平台整治饭圈乱象	
	《人民日报》评明星粉丝群被禁言:一点都不冤	
	网信办要求加强饭圈乱象治理	
	网信办整治5类饭圈乱象	
	网易云音乐下线所有艺人榜单	
	未成年人如何理智追星	
	央视网评:唯流量的邪风该刹 刹了	
	娱乐圈将迎来什么变化	
	整治饭圈乱象,赵丽颖粉丝群被大规模禁言,赵丽颖工作室深夜发文	
	中央纪委国家监委网站:流量明星"翻篇"了	
	饭圈集资的隐蔽战线	
自媒体类	钧评:整顿"饭圈"关键要向背后灰色链条动真格!	孤烟暮蝉
	CNN:整治饭圈乱象是为了政治稳定	
	日媒管饭圈乱象统称"推活"	
	环时锐评:一个又一个明星跌倒,他们共同出了什么问题?	胡锡进

(续表)

类别	主题	媒体
自媒体类	"流量造星"的推手是资本大佬,整顿饭圈乱象忌舍本逐末	司马南
	流量明星龙套危害正戏,粉丝产业链幕后黑手是谁?	

表4 公民价值偏好一致性分析[28]

类型	最大因子特征根	次因子特征根	首、次因子特征根比值	"标准答案"(Answer Key)	与政府建构价值一致性
全案例	273.703	53.789	5.088	Va3、Vc3	分散
官方媒体	223.298	48.341	4.619	Va3、Vc3	分散
自媒体	56.041	10.111	5.542	Va4、Vc3	分散

四、研究结果

(一)公民价值偏好结构

在多元价值并存的复杂社会中,公共价值之间往往存在一定的关联。价值簇群是具有密切关联的一组价值内容,节点价值是与大量价值内容相关的特定价值内容,其逻辑接近社会网络分析法中关于小团体和核的表述[29]。尽管公民价值偏好的关系会随着时空情景、公共议题内容的差别而改变,但公共价值偏好的结构在短期内仍然是稳定的[30]。因此,通过对此次"饭圈"专项治理中的公民价值内容关系的分析,一定程度上可以反映我国公民对此议题的价值偏好结构与特征。由于本文选取案例是根据代表性选择而非随机抽样产生的,且数据本身属于定距分类变量而非连续变量。因此,本文使用斯皮尔曼等级相关系数检验所有31个微博案例的整体公民价值偏好内容的相关性,并得出相关系数矩阵(见表5)。根据相关系数矩阵,可以使用社会网络分析原理描述点线分布并分析价值结构,具体公民价值偏好网络图谱参见图1。

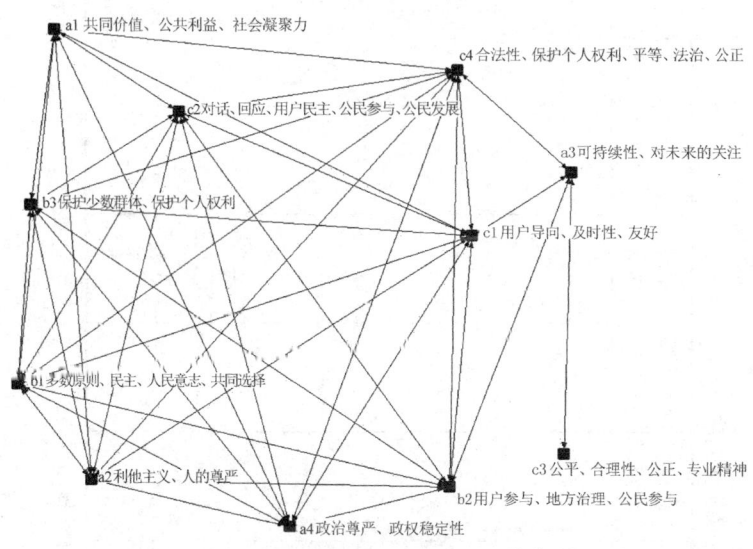

图1 公民价值偏好网络图谱[31]

由表5可知,共有26组变量是显著相关的,其中包括"利他性主义—多数原则"、"用户参与—可持续性"在内的19组变量关系在0.01水平上显著相关。这是因为,饭圈乱象的治理涉及多文化、多价值和多主体之间的复杂关系,因此,公共价值偏好之间的关系尤为复杂。此外,由图1可知,公民价值偏好结构的紧密程度相对较高,平均距离为1.019,基于距离之间的紧密度为0.991,进一步说明了公共价值偏好的内聚性较强,公共价值偏好之间的关系较为紧密。此外,多价值簇与多个小团体的形成则反映了在饭圈乱象治理这一问题上价值偏好之间的复杂作用,公共管理部门在进行饭圈治理时需注意多价值簇的组合作用,避免单要素管理以及"一刀切"。网络中,点度中心性最高的是保护少数群体,可以理解为保护个人和少数群体的合法权益是与众多价值内容相关联的节点价值。

表 5 公民价值偏好相关系数矩阵[32]

	公共利益	利他主义	可持续性	政治尊严	多数原则	用户参与	保护少数群体	用户导向	对话回应	公平合理	合法性
公共利益	1										
利他主义	0.046	1									
可持续性	−0.127**	−0.068	1								
政治尊严	0.068	0.064	−0.100*	1							
多数原则	0.116**	0.274**	−0.038	0.076	1						
用户参与	−0.133**	0.090*	0.381**	−0.161**	−0.045	1					
保护少数群体	0.047	0.573**	0.020	−0.044	0.104*	0.180**	1				
用户导向	0.094*	−0.086*	0.140**	−0.059	−0.019	−0.032	−0.008	1			
对话回应	0.260**	0.020	0.038	0.003	0.095*	−0.114**	0.151**	0175**	1		
公平合理	−0.087*	0.148**	0.055	0.022	0.041	0.290**	0.163**	−0.027	−0.012	1	
合法性	−0.080	0.012	0.242**	0.058**	0.028	0.315**	0.074	−0.007	0.010	0.157**	1

注：* 表示在 0.05 水平上（双侧）显著相关；** 表示在 0.01 水平上（双侧）显著相关。

（二）公民价值偏好与政民公共价值共识程度

总体来看,对于此次饭圈治理行动的公民价值偏好达成了共识。基于对3个矩阵的一致性分析得出的公民价值偏好内容可以发现,其具体分布有所不同。25篇官方媒体类微博评论中,公众更加关注专项治理行动的可持续性与合理性。而在6篇自媒体类微博评论中,公众的视线则更加集中在饭圈治理的政治尊严与合理性这两个方面。此外,不管是全案例还是分类考察,公众对于政府在此次治理行动中所建构的价值方向皆未达成共识。545个评论样本中,共有186条评论对本次专项治理行动的相关措施与规定表示支持和肯定。仅有38条评论明确反对或质疑本次治理行动。大部分评论对政府专项行动中构建的价值持中立态度,它们对饭圈治理的总体目标表示认可,但对治理行动的一些具体措施与行为提出了质疑和反对。而公民价值偏好未与政府建构价值达成一致的问题,在"楼中楼"的评论互动中也得到了较为明显的体现。持中立态度的评论内容往往会获得更多的点赞与评论。在这些评论下,再次汇集了大量持中立态度的评论内容。具体来看,这些持中立态度评论关注的问题焦点在于此次行动的可持续性与合理性,这与公民价值偏好分布高度一致。可以说,公民价值偏好一定程度上反映了此次治理行动中的不足,具有较好的参考价值,也为提高治理行动绩效提供了一些思路。

五、总结

本文从公共价值理论出发,分析了公民关于此次"饭圈专项治理"呈现出的公共价值偏好分布与结构,以及政民之间的公共价值共识程度。下面将进一步结合基于公共价值的其他政府绩效改进模型[33]提出本次饭圈治理行动绩效改进模型

(见图2),并对上述研究结果展开讨论。

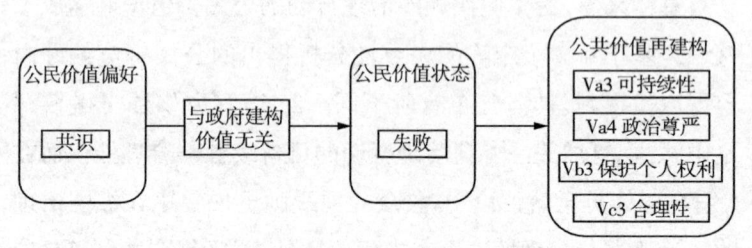

图 2　饭圈治理行动绩效改进模型[34]

首先,根据公民价值偏好一致性分析可知,此次专项治理行动中,公民价值偏好达成较好的共识。然而,公民价值偏好与政府建构价值之间方向并不一致,说明治理行动相关报道并未产生预期结果,即由于价值建构策略的失当,没有促成公共价值规范的形成。有关部门应在公民价值偏好的基础上改善价值建构的策略与要素,促进政府与民众间一致性公共价值的建构。根据公民价值偏好分布情况来看,可持续性(Va3)以及公平、合理性(Vc3)这两类公共价值始终是公众最为关注的问题之一。一方面反映出饭圈治理以及互联网治理是一个长期工作,专项治理工作结束后公共管理部门仍需要对饭圈存在的一些不合理行为进行持续的引导与监管。另一方面公众对于公共管理部门的治理力度与治理能力也提出了更高的要求,即不仅要对饭圈的表层乱象进行直接整治,更要对互联网服务商、技术平台、资本运营等"幕后"力量进行制约与规范[35]。饭圈的发展、粉丝文化影响力的扩大包括打榜、互撕等饭圈乱象的产生与互联网虚拟经济的发展息息相关[36]。具体而言,互联网技术的发展推动了粉丝文化、青少年文化等传统亚文化依附于大众文化在网络空间迅速扩展,使得粉丝文化已不再是传统意义上的"影子文化"[37],目前正逐渐向主流文化渗透[38]。低参与门槛、强情感投入、高社群联系等特点使得粉丝文化成为一种参与式文化,并创造出一种共享、积极、合作式互联网生活的想象[39]。然而,现实却是粉丝组织在互联网平台规则的引导以及传播技术的催化下呈现出规模化、结构化、功能化、制度化等变化趋势,具有明显的封闭性与圈层化特征。粉丝作为饭圈主体逐渐迷失在资本权力与技术规则的运行中。对此,公众在评论中呼吁公共部门需关注治理策略的可持续性与合理性,其关键问题是在保护粉丝个人合法权益的基础上对互联网平台、娱乐产业、网络资本等潜层权力和规则实施进一步清算与管控。参与式民主强调在尊重个人利益的基础上,发挥个人价值。而粉丝文化作为一种参与式文化,其正常运作需要粉丝个体充分参与到决策过程中,并将平等性作为社群活动的内在价值[40]。个体权益以及保护少数群体作为评论中总结出的中心性公共价值,在微博评论与通告报道中却没有获得公众与媒体的关注。此外,节点性公共价值并非显性价值要素,其获取与识别需要考虑各价值要素之间的复杂关系。结合此次饭圈治理行动中的公民价值偏好分布分析,26 组显著相关变量关系中既存在正向影响,也有负向影响,这进一步证明了互联网社区是一个多元、紧密、错综复杂地联系在一起的生态系统[41]。因此,通过对于饭圈治理行动的公共价值分析能更为准确地把握当前民众最为关心的问题,并将其作为公共价值建构的逻辑起点。

研究还发现媒体议程设置在一定程度上影响了公众价值的偏好。由于官方媒体在报道专项治理行动时多直接引用政府通告,或专注对饭圈治理行动的具体报道,其微博评论也主要围绕治理行动本身展开议论,治理行动的可持续性与合理性成为公民讨论的关键问题。然而,在自媒体方面,国外饭圈乱象的讨论以及他国针对我国此次治理行动的报道等内容为广大公众提供了一个跨文化视角,公民注意力也随之向我国制度优势以及他国娱乐圈乱象等话题转移,从而引发公众对于此次治理行动的政治尊严这一公共价值的关注。因此,我们要重视媒体在公共价值建构中的作用,并对饭圈治理中的跨文化属性作进一步讨论。偶像明星、选秀节目以及集资打榜等现象很大程度上受到韩国与日本流行文化的影响。媒介全球化进程中,流行文化尤其是偶像文化以易于接受的流行音乐与舞蹈为载体,向全球传播"普遍的"消费主义价值观[42]。在此背景下孕育而生的饭圈文化以及饭圈乱象具有一定的跨文化特征,其中包含着国外流行文化对我国大众文化的影响,以及海外消费主义价值观对我国主流价值观的冲击。因此,我国饭圈治理行动要充分重视媒介的议程设置作用。主流媒体协同公共管理部门进行宣传与引导工作时示范案例的选择需要更加谨慎,既要避免宣传不当导致的管理失信,又要充分引导公众对政府建构价值的理解与讨论。在案例选择上一方面可以参考公民公共价值偏好,选择能够引起社会共鸣、增强政民互信的管理案例。另一方面可引入跨国、跨文化价值视角,在充分体现我国政治优势以及制度优势的基础上,进一步完善饭圈治理行动的报道策略,引导公民价值态度与政府构建价值达成一致,从而提高政府与民众间的公共价值共识度。

注释

[1] 下文简称"饭圈专项治理"。

[2] Ho, A. & Coates, P. (2004).Citizen-initiated Performance Assessment: The Initial Iowa Experience. *Public Performance & Management Review*. 27(3).

[3] [美]戴维·H. 罗森布鲁姆:《实现行政绩效和公共价值的有机协同——〈政府绩效管理学〉序》,《中国行政管理》2015 年第 11 期。

[4] Moore, M. (1995). *Creating Public Value: Strategic Management in Government*. Cambridge: Harvard University Press.

[5] Kelly, G. & Muers, S. (2002). *Creating Public Value: An Analytical Framework for Public Service Reform*. Cabinet Office, UK Government.

[6] 施生旭、游忠湖:《国内公共价值研究的特征述评与趋势——基于 CSSCI(2000—2019 年)的文献计量》,《学习论坛》2020 年第 7 期。

[7] 王学军、王子琦:《政民互动、公共价值与政府绩效改进——基于北上广政务微博的实证分析报》,《公共管理学》2017 年第 3 期。

[8] 刘建伟:《国家"归来":自治失灵、安全化与互联网治理》,《世界经济与政治》2015 年第 7 期。

[9] 赵土林:《构建我国互联网多元治理模式——匡正互联网服务商参与网络治理的"四大乱象"》,《中国行政管理》2015 年第 1 期。

[10] Brown, I. & Marsden, C. T. (2013). *Regulating Code: Good Governance and Better Regulation the Information Age*. Cambridge: The MTT Press 2013, p. 3.

[11] 任贤良:《安全是互联网的有力保障和生命线》,《中国信息安全》2014 年第 9 期。

[12] 孙斐:《基于公共价值创造的网络治理绩效评价框架构建》,《武汉大学学报》(哲学社会科学版)2017 年第 6 期。

[13] 霍春龙、任媛媛:《网络时代公共价值实现的结构与机制:一项基于个案研究的探索》,《电子政务》2020 年第 11 期。

[14] 马翔、包国宪:《网络舆情事件中的公共价值偏好与政府回应绩效》,《公共管理学报》2020 年第 2 期。

[15] 胡岑岑:《从"追星族"到"饭圈"——我国粉丝组织的"变"与"不变"》,《中国青年研究》2020 年第 2 期。

[16] 童祁:《饭圈女孩的流量战争:数据劳动、情感消费与新自由主义》,《广州大学学报》(社会科学版)2020 年第 5 期。

[17] 该排名以新浪平台 2021 年 9 月 10 日颁布的 V 影响力榜为标准。

[18] 按照微博评论排名规则,微博评论根据评论的点赞量进行热度排序。

[19] Romney, A. K., Batchelder, W. H. & Weller, S. C. (1987). Recent Applications of Cultural Consensus Theory. *American Behavioral Scientist*. 31(2).

[20] 李路路、王鹏:《转型中国的社会态度变迁(2005—2015)》,《中国社会科学》2018 年第 3 期。

[21] 元继学、吴祈宗:《多属性群决策算法及一致性分析研究》,《数学的实践与认识》2004 年第 8 期。

[22] Jørgensen, T. B. & Bozeman, B. (2007). Public Oalues: An Inventory. *Administration & Society*. 39(7).

[23] Jørgensen, T. B. & Bozeman, B. (2007). Public oalues: An Inventory. *Administration & Society*. 39(7).

[24] 王学军、王子琦:《政民互动、公共价值与政府绩效改进——基于北上广政务微博的实证分析报》,《公共管理学》2017 年第 3 期。

[25] Jørgensen, T. B & Bozeman, B. (2007). Public Oalues: An Inventory. *Administration & Society*. 39(7).

[26] 王学军、王子琦:《政民互动、公共价值与政府绩效改进——基于北上广政务微博的实证分析报》,《公共管理学》2017 年第 3 期。

[27] 笔者自制。

[28] 笔者自制。

[29] Bozeman, B. & Sarewitz, D. (2011). Public Value Mapping and Science Policy Evaluation. *Minerva*. 49(1).

[30] 王学军、王子琦:《政民互动、公共价值与政府绩效改进——基于北上广政务微博的实证分析报》,《公共管理学》2017 年第 3 期。

[31] 笔者自绘。

[32] 笔者自制。

[33] 王学军、王子琦:《政民互动、公共价值与政府绩效改进——基于北上广政务微博的实证分析报》,《公共管理学》2017 年第 3 期。

[34] 笔者自绘。

[35] 赵玉林:《构建我国互联网多元治理模式——匡正互联网服务商参与网络治理的"四大乱象"》,《中国行政管理》2015 年第 1 期。

[36] 邢若南:《Web 2.0 时代粉丝文化现象研究》,《编辑学刊》2018 年第 4 期。

[37] Fiske, J. (1992). The Cultural Economy of Fandom, In L. A. Lewis(Ed.), *The Adoring Audience: Fan Culture and Popular Media* (1st ed.). London: Routledge Press.

[38] 笔者自绘。

[39] 孟威:《"饭圈"文化的成长与省思》,《人民论坛·学术前沿》2020 年第 19 期。

[40] [美] 罗伯特·达尔:《论政治平等》,谢岳译,上海:上海人民出版社,2010 年,第 3 页。

[41] 喻国明:《现阶段互联网治理应遵循的重要原则》,《新闻记者》2017 年第 8 期。

[42] 侯雨、徐鹏:《跨文化粉丝研究:学术史梳理与前瞻》,《中国青年研究》2019 年第 12 期。

Study on the Governance of Negative Phenomena in Fandom from the Perspective of Public Value: An Empirical Research Based on the Consensus Degree of Public Value between Government and People

LI Fengping, WEN Changying

Abstract: The governance of fandom is one of the key aspects of the current Internet environmental governance. From the perspective of public value, this paper takes 545 popular comments on 31 posts of Sina Microblog velated to QingLang Special Governance Action of Fandom as the research object, and uses content analysis method and consistency analysis method to encode and analyze the value preference content expressed by citizens' comments, obtains the distribution and structure of citizens' value preference, and studies the public value consensus degree of this special governance action. The results show that the value preference of citizens is significantly different from that of reporting strategies and themes, and there is a close relationship between each value preference, and the value orientation constructed by the government and the value orientation of citizens have not reached an agreement.

Key words: Consistency Analysis; Public Value; Fandom Governance; Internet Governance

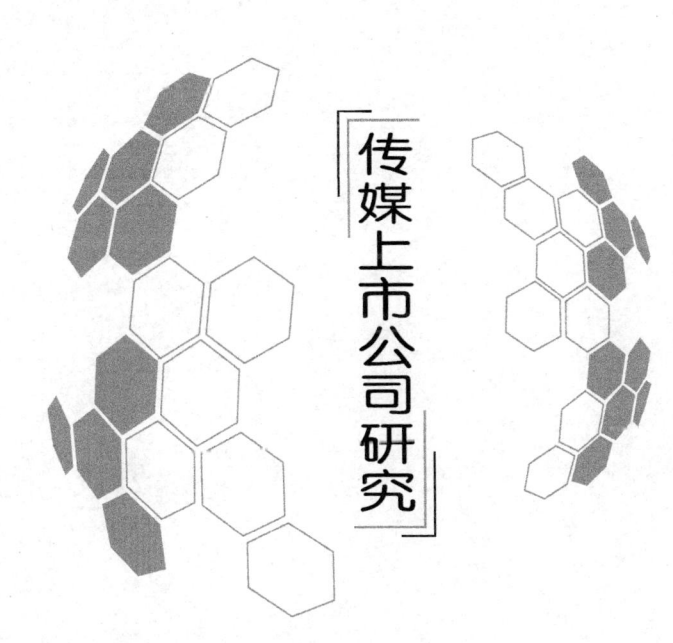

传媒上市公司研究

内部薪酬差距对传媒上市公司全要素生产率的影响
——基于企业性质和CEO权力的调节效应

邓向阳　张　皓

摘　要　本文考察了2013—2019年72家中国传媒上市公司的内部薪酬差距对公司全要素生产率的影响。实证研究结果显示，中国传媒上市公司的内部薪酬差距拉大与公司全要素生产率的增长呈正相关。国有传媒公司内部薪酬差距对全要素生产率的影响要强于非国有传媒公司；CEO权力较小的传媒公司内部薪酬差距对全要素生产率的影响要强于CEO权力较大的传媒公司。实证结果也显示，董事会规模、资产结构、公司规模、管理层持股等控制变量对传媒公司全要素生产率起正向作用，前十大股东持股比例对传媒公司全要素生产率起反向作用。本文运用变更解释变量计算方式的方法进行了稳健性检验，结果均保持稳定。

关键词　传媒上市公司　内部薪酬差距　全要素生产率　产权性质　CEO权力

作者简介　邓向阳，男，湖南大学新闻与传播学院教授，博士。研究方向：传媒经济学。电子邮箱：hudaxy@hnu.edu.cn。张皓，女，湖南大学新闻与传播学院硕士研究生。

基金项目　国家社会科学基金项目"要素扭曲对传媒产业供给质量的影响机制研究"（18BXW048）

引言

放权让利,打破"铁饭碗"和平均主义是中国企业改革初期的主导理念,将薪酬与业绩挂钩、拉大薪酬差距以调动生产积极性也成为中国企业薪酬制度改革的重点。但是,随着近几年来高管"天价薪酬"和收入差距所引发的公平性问题受到关注,企业内部薪酬差距的经济后果问题也逐渐引起争议。2008年以来,政府出台了一系列政策,在推动企业薪酬向市场化转轨的同时又约束国企高管薪酬,控制企业内部薪酬差距所带来的负面影响。因管理体制的特殊性,中国传媒行业薪酬改革一直滞后于其他行业,目前还处于改制的初期阶段。拉大薪酬差距的薪酬制度是否适用于传媒行业?内部薪酬差距的经济后果在不同产权性质,以及CEO权力大小不同的传媒公司之间是否有区别?基于这些问题,本文以中国传媒上市公司为研究对象,探讨内部薪酬差距对传媒上市公司所带来的影响。

依据国内外研究文献,主要有锦标赛理论与行为理论对内部薪酬差距的经济后果进行争论性解释。锦标赛理论认为在合作生产和任务相互依存的团队活动条件下,高薪酬差距能够提供强激励,激发企业高管与员工的工作积极性,强化了薪酬变动敏感型员工工作的努力程度与积极性,起到降低监控成本、优化企业内部的资源配置、显著提升企业经营管理绩效的作用[1]。行为理论从公平角度诠释了薪酬差距的经济影响,认为较小的薪酬差距能增强员工之间的合作,减少负面行为的产生,从而提高企业的绩效水平[2]。国外早期的研究结论多偏向于支持锦标赛理论,推测并证实了薪酬差距对企业绩效的正效应[3][4]。后期的研究多关注薪酬的横向差距,观点更偏向于支持行为理论,证实了薪酬差距对企业绩效的负效应[5][6]。还有许多研究跳出了单纯支持锦标赛或行为理论的争论,研究结论论证了内部薪酬与企业绩效之间更为复杂的关系,认为两者存在"U"型关系[7]或者倒"U"型关系[8]。虽然有少数文献认为薪酬差距与企业绩效之间不存在显著的相关性[9],但总体来说,大多数研究结论支持高管的薪酬差距会影响企业绩效。国内有关企业薪酬差距及其经济影响的研究结论或支持锦标赛理论[10][11][12],或支持行为理论[13][14],当然也有少数研究认为企业内部薪酬差距对企业绩效的影响并不是线性的,而是倒"U"型的[15][16]。为了进一步探讨内部薪酬对企业绩效的影响,还有许多研究探讨了技术密集度[17]、个人激励和独立工作[18]、公司管理效率[19]、薪酬扩散机制[20]、外部环境、薪酬强度和员工多元化[21]等变量的调节效应。

近年来,随着中国传媒产业的快速发展,国内有少数文献对传媒公司薪酬与公司绩效的关系进行探讨,但这些研究多讨论传媒公司的整体薪酬水平与公司绩效之间的关系,少讨论公司内部薪酬差距与公司绩效之间的关系,且研究结论多呈现出不稳定性或者不显著性[22][23]。研究结论呈现不显著性的一个重要原因可能是由于传媒企业存在特殊属性,企业绩效难以全面衡量传媒公司的成长性,也难以成为评价传媒高管和从业人员业绩的标准。近年来有关全要素生产率的研究成为热点,有许多研究开始讨论企业薪酬差距与全要素生产率增长之间的关系[24][25]。全要素生产率是指全部生产要素的投入量都不变时,生产量仍能增加的部分。全要素生产率并非所有要素的生产率,只能用来衡量除去有形生产要素以外的纯技术进步的生产率的增长。企业全要素生产率代表着企业技术的投入与产出水平,体现企业劳动力、土地和资本等有形要素投入之外的其他要素拉动企业产出的部分,因而能够更好地衡量企业的技术创新以及组织管理效率。企业全要素生产率能够克服传统经营业绩指标滞后性与片面性等缺点,能够有效衡量除劳动力与资本之外的要素投入的产出,从而能够更加准确地体现企业的生产经营效率[26]。企业全要素生产率的提升体现了企业资源的利用效率的提高,表明其非生产性投入对产出贡献较大,是企业重要的组织目标。因此用全要素生产率来替代传媒公司绩效,更能接近传媒产业的基本属性。

一、理论机理与研究假设

依据锦标赛理论,内部薪酬差距的加大有利于企业调动高管和员工的竞争意识,增强其工作积极性,从而促进企业全要素生产率的提升。内部薪酬差距的薪酬制度中,高管与员工的晋升过程可以被看作一场锦标赛,参与者最终所获得的内部薪酬差距就是奖励。内部薪酬差距的加大使得高管能够获取的薪酬逐步大于员工的薪酬,从而使得高管认为内部薪酬差距是股东或董事会对自身的肯定或奖励。因此,高管为保持内部薪酬差距的长期性,需要努力工作以及增强专业知识水平,从而能够起到提升企业应对风险的能力以及改善企业经营效率的作用。内部薪酬差距也是员工争取不断晋升的强烈诱因。普通员工是企业所有生产经营决策最终落实的执行者,对普通员工进行适当激励能够明显提升员工的工作积极性并提升生产效率。高管与员工之间薪酬差距不但缓解了委托代理问题下的高管风险规避倾向,而且给予员工同样的激励以使其有效执行管理层的决策,最终达到提升企业生产效率的效果。在中国传媒产业,传媒企业不同层级对应的收入差距较大,传媒从业人员努力程度更多被认为是内部薪酬差距的真实反映,所以内部薪酬差距能起到较好的激励作用。加大传媒上市公司高管与员工之间薪酬差距,能起到很好的激励效果,激励高管们更努力工作,从而促进全要素生产率的提升。

依据行为理论,公平是薪酬管理的永恒话题,薪酬的公平与否对于员工的满意度、激励和组织绩效都具有极为重要的意义。传媒公司内部不同层级人员之间设置薪酬差距理应是一种提升薪酬激励效果的正常现象,但是大部分员工不仅关注到自己的薪酬,还会与传媒公司内部其他员工薪酬进行比较,以判断薪酬设置是否公平。若认可薪酬激励的正面作用,传媒员工要想通过薪酬激励来实现全要素生产率的增长,需要设定一个较大的内部薪酬差距,剩余的奖金足以持续激励高管层和员工层增加投入。但是,薪酬差距过大,传媒公司高管和员工会因公平性的评价而导致工作积极性下降、创新能力减弱,从而抑制了传媒公司全要素生产率的增长。

据此,本文提出假设 H1:

H1:中国传媒上市公司内部管理层与普通员工之间薪酬差距的增加会显著提升全要素生产率。

依据锦标赛理论,加大传媒公司高管之间薪酬差距会促进高管为获取更多的奖金而提升工作的努力程度以及加强专业技能,从而激发他们趋向优化企业的资源配置、加强企业创新投入以及提升管理效率。由于高管的薪酬水平相对较高,过小的内部薪酬差距难以产生显著的影响[27],高管之间薪酬差距的持续加大更有可能优化企业的资源配置,提高高管的工作努力程度,从而促进企业全要素生产率的提升。依据行为理论,传媒公司董事会对高管薪酬的设定过程中,需参照一些相应职位水平人员的薪酬信息来决定本公司高管的薪酬水平[28]。每一个高层管理者在公司中都发挥着重要作用,同属高管团队成员,地位及作用相差不大,所以团队成员在薪酬上也应基本一致。当团队薪酬差距加大,较低薪酬的管理者会在内心产生强烈的不公平感与被剥削感,进而降低工作的积极性;同时,团队成员的友好合作关系也可能由于薪酬差距带来的差异被破坏，阻碍高管之间的信息交流与沟通，降低传媒公司的决策效率，从而抑制传媒公司的全要素生产率。

据此，本文提出假设 H2：

H2：中国传媒上市公司内部核心高管与非核心高管之间薪酬差距的增加会显著提升全要素生产率。

中国传媒产业内国有传媒上市公司和非国有传媒上市公司在管理体制方面存在诸多差异。第一，与非国有传媒公司相比，国有传媒公司的剩余索取权与经营权分离度更高，国有传媒上市公司的剩余索取权难以向经营者让渡，从而在一定程度上会降低其高管与员工的工作积极性和努力程度，抵消内部薪酬差距所带来的激励作用。若通过提高薪酬差距的方法来降低因剩余索取权和经营权而产生的代理成本，往往又会在一定程度上弱化其风险承担意愿，增强传媒公司高管的短视行为。第二，国有传媒上市公司往往实施统一的薪酬管理制度。统一的薪酬管制政策让国有传媒公司的薪酬制度难以根据传媒公司的经营业绩实现差异，从而对国有企业高管团队薪酬差距、高管员工薪酬差距和高管薪酬最大值具有抑制作用[29]。有研究结论认为，中国国有企业高管薪酬决定机制与公司治理结构，并没有在缓解高管薪酬增长过快和缩小薪酬差距方面发挥应有的作用[30]。第三，国有传媒企业经理人市场尚不完善。国有传媒公司的高管多是政府委派，其薪资水平与个人能力和传媒公司发展的相关性较弱。因此，国有传媒高管更多地会倾向于借助晋升带来的权力增加来获取更多的薪酬与在职消费等权力寻租利益。第四，国有传媒上市公司大多由事业性传媒改制而成，公司员工受传统薪酬制度的影响，拉大薪酬差距可能会因员工关注公平性而降低积极性，导致员工对传媒公司目标的冷漠和公司凝聚力下降。

据此,本文提出假设 H3a 与假设 H3b:

H3a:与国有传媒上市公司相比,非国有传媒上市公司中管理层与普通员工之间的薪酬差距对全要素生产率的影响更强。

H3b:与国有传媒上市公司相比,非国有传媒上市公司中核心高管与非核心高管之间的薪酬差距对全要素生产率的影响更强。

公司内部治理机制的欠缺会使高管能够借助其自身的权力与影响俘获董事会,操纵高管薪酬制度,并在其薪酬契约设计与执行的过程中进行干预[31]。在传媒上市公司高管团队中,CEO 往往有政府官员的任职经历或身份,比其他行业高管的权力更大。传媒公司高管的 CEO 权力增强可能会扭曲其薪酬契约的激励作用,阻碍内部薪酬差距对企业全要素生产率的促进作用。这造成提高传媒公司高管薪酬并不能成为缓解企业所有者与高管之间委托代理问题的有效工具,反而成为 CEO 通过俘获董事会以摄取私有收益的一种重要手段[32]。近年来频频曝光的"天价薪酬"以及薪酬与业绩不匹配的乱象也印证了这种现象。有研究认为,在中国企业改革过程中,伴随着政府权力的不断下放以及管理层权力日益凸显,外部治理机制的效率低下以及国有企业的所有者虚位现象,都是导致"内部人控制"局面产生的原因[33]。中国传媒产业的体制改革相对滞后,管理层权力问题更缺乏有效制约和规范,因此,传媒公司 CEO 可能会利用薪酬契约,实现自身的私有收益,而非提升企业的资源配置效率,从而削弱借内部薪酬差距促进企业全要素生产率提升的作用。

据此,本文提出假设 H4a 与假设 H4b:

H4a:与 CEO 权力较大的传媒上市公司相比,在 CEO 权力较小的传媒上市公司中,管理层与普通员工之间的薪酬差距对全要素生产率的影响更强。

H4b：与 CEO 权力较大的传媒上市公司相比，在 CEO 权力较小的传媒上市公司中，核心高管与非核心高管之间的薪酬差距对全要素生产率的影响更强。

二、研究设计

（一）样本选取与数据来源

根据中国证券监督管理委员会 2013 年一季度至 2019 年四季度上市公司行业分类结果，参考传媒蓝皮书对传媒产业的最新定义，本文选取了电信、广播电视和卫星传输服务(63)、互联网和相关服务(64)、新闻和出版业(85)、广播、电视、电影和影视录音制作业(86)、文化艺术业(87)和体育(88)等五个与传媒相关的行业大类下的上市公司作为研究样本。相关传媒上市公司披露的信息皆可以在国泰安、同花顺、Wind 等数据库获取，搜集其 2013—2019 年这 7 年间的年度数据作为研究内容，所有数据真实有效。

在上述五个行业大类传媒上市公司样本的选取过程中进行如下处理：为避免异常值的出现，剔除 ST 与 *ST 等特殊处理的上市公司；受限于部分传媒上市公司年报披露信息的缺失，剔除数据库中缺少相关信息的上市公司。经上述筛选，本文剔除数据缺失的样本，获取 72 家传媒上市公司数据。获取到相关数据后，本文对相关数据连续变量的 1% 和 99% 进行缩尾处理，以消除极端值的影响。

本文用 StataMP 16 统计软件进行数据处理与分析，采用 DEA-Malmquist 指数法测算传媒上市公司的全要素生产率，并进一步检验相关研究假设。

（二）变量定义

被解释变量为全要素生产率（TFP）。国内外相关学者主要采用 DEA-Malmquist 指数、LP 和 OP 等方法测算全要素生产率,本文采用 DEA-Malmquist 指数的方法,以各传媒上市公司的总收入为产出,以总资产和员工人数为投入,进一步估算企业全要素生产率。

解释变量有 2 个,即管理层与普通员工之间的薪酬差距($Paygap_{gy}$)和核心高管与非核心高管之间的薪酬差距($Paygap_{gg}$)。高管薪酬分为货币薪酬和股权激励薪酬两部分。受限于股权激励相关数据取得方式的限制,相关研究往往以货币薪酬衡量高管与员工的全部薪金报酬[34]。因此,本文参考杨竹清等的研究[35],将传媒上市公司管理层与普通员工之间的薪酬差距定义为:管理层平均薪酬与员工平均薪酬差值的自然对数(公式 1)。

$$Paygap_{gy} = \ln\left(\frac{领取报酬的董监高薪酬总额}{领取报酬董监高人数} - \frac{员工薪酬总额}{员工人数 - 领取报酬董监高人数}\right) \quad (1)$$

其中,"支付给职工以及为职工所支付的现金"减去"领取报酬的董监高薪酬总额"作为员工薪酬总额,管理层为董监高,指董事、监事、高管层。中国《公司法》规定,高管包括公司的高管、副高管、上市公司董事会秘书、财务负责人及公司章程规定的其他人员。为了更全面地研究高管内部薪酬差距,本文中的中国传媒上市公司高管还包括监事会和董事会成员。

核心高管与非核心高管之间的薪酬差距定义为:CEO 薪酬与其他管理者平均薪酬之差的自然对数(公式 2)。

$$Paygap_{gg} = \ln\left(CEO 薪酬 - \frac{领取报酬的董监高薪酬总额 - CEO 薪酬}{领取报酬董监高人数 - 1}\right)$$

(2)

调节变量为企业性质和CEO权力。根据中国传媒上市公司企业最终控制人性质判断,如果为国有股东控股,取值为1,否则为0,记作State。结合中国上市公司管理层的特点,并借鉴权小锋等的研究[36],通过对与CEO相关的8个指标加总后计算平均值作为CEO权力这一指标的数值,记作Power。

本文参考黎文靖等[37]文献的研究方法,选取以下控制变量:前十大股东持股比例(Top10)、经营业绩(Roa)、公司规模(Size)、资产负债率(Lev)、管理层持股比例(Mshare)、公司成长性(Growth)、资产结构(Tangibility)、存货周转率(Ito)、固定资产周转率(Fat)、董事会规模(Board)、人力投入回报率(Rop)、Ind/Year虚拟变量。以上所有变量定义见表1。

表1 变量定义表

变量类型	变量名称	变量符号	变量定义
被解释变量	企业全要素生产率	TFP	借鉴熊鑫(2019)的研究
解释变量	管理层与普通员工之间的薪酬差距	$Paygap_{gy}$	管理层平均薪酬与员工平均薪酬差额的自然对数
	核心高管与非核心高管之间的薪酬差距	$Paygap_{gg}$	CEO薪酬与其他管理者平均薪酬差额的自然对数
调节变量	企业性质	State	国有企业取1,否则取0
	CEO权力	Power	合成指标,为两职合一、股权制衡度、董事会规模、CEO职称、CEO任期、CEO学历、CEO是否持股、CEO是否在外兼职等8个虚拟变量的算术平均值
控制变量	前十大股东持股比例	Top 10	前10大股东持股数/总股数
	经营业绩	Roa	净利润/总资产
	公司规模	Size	传媒公司当年总资产取自然对数

（续表）

变量类型	变量名称	变量符号	变量定义
控制变量	资产负债率	Lev	负债账面价值/总资产账面价值
	管理层持股比例	Mshare	管理层持股数/总股数
	公司成长性	Growth	(本期营业收入－上期营业收入)/上期营业收入
	资产结构	Tangibility	(期末固定资产净额＋期末存货)/期末总资产
控制变量	存货周转率	Ito	销售成本/平均存货余额
	固定资产周转率	Fat	销售收入/固定资产净值
	董事会规模	Board	包括独立董事在内的董事会人数
	人力投入回报率	Rop	税前利润/薪酬总额，取自然对数
	行业虚拟变量	Ind	5个行业，设4个虚拟变量
	年度虚拟变量	Year	设6个虚拟变量

（三）模型构建

本文参考 Levinsohn 等[38]、鲁晓东等[39]、黎文靖等[40]、杨竹清等[41]相关研究方法，构建模型1(公式3)检验中国传媒上市公司管理层与普通员工之间薪酬差距对于全要素生产率的影响，以佐证本文提出的假设H1。

$$TFP_{i,t} = \alpha + \beta Paygap_{gyi,t} + \gamma Controls_{i,t} + Year + Ind + \varepsilon_{i,t} \tag{3}$$

其中，变量 $Paygap_{gyi,t}$ 代表 i 传媒上市公司 t 年的管理层与普通员工之间的薪酬差距，变量 $Controls_{i,t}$ 表示控制变量，而变量 $Year$ 与变量 Ind 则分别表示年度与行业变量。

构建模型2(公式4)检验中国传媒上市公司核心高管与非核心高管之间薪酬差距对于全要素生产率的影响，以佐证本文提出的假设H2。

$$TFP_{i,t} = \alpha + \beta Paygap_{ggi,t} + \gamma Controls_{i,t} + Year + Ind + \varepsilon_{i,t}$$
(4)

其中，变量 $Paygap_{ggi,t}$ 代表 i 传媒上市公司 t 年的核心高管与非核心高管之间的薪酬差距，变量 $Controls_{i,t}$ 表示控制变量，而变量 $Year$ 与变量 Ind 则分别表示年度与行业变量。

根据上面两个模型（公式 3 与公式 4），本文分别按照国有产权性质与非国有产权性质、CEO 权力较大与 CEO 权力较小进行分组检验，以检验企业性质与 CEO 权力的调节效应。

三、实证结果与分析

（一）描述性统计与相关性分析

结合表 2 的标准差、均值、中位数等数值关系分析可知，被解释变量 TFP 的差异较小，样本公司管理层与普通员工之间，以及核心高管与非核心高管之间的薪酬差距虽然存在一定差异，但是与其他行业相比，传媒公司内部薪酬差距相对较小。调节变量企业性质和 CEO 权力的差异较小，数值相对稳定。CEO 权力最大值为 0.875（接近 1），均值为 0.429，表明传媒公司 CEO 权力相对较大。控制变量中，前十大股东持股比例、经营业绩、资产负债率、管理层持股比例、存货周转率、固定资产周转率、人力投入回报率标准差较大，说明这些数据的差异性较大，尤其是存货周转率、人力投入回报率和固定资产周转率的标准差很大，这可能与传媒产业固定资产特点、文化产品属性和文化人才发展特点相关。本文将这些变量作为控制变量，有利于实证结果更接近传媒公司发展现状。

本文对变量之间的相关性进行检验，结果显示变量 TFP 与变量 $Paygap_{gy}$、变量 $Paygap_{gg}$ 的相关系数都呈显著性，H1a

和 H2a 得到初步验证。变量 TFP 与变量 State 的相关系数为正数，变量 TFP 与变量 Power 的相关系数为负数，且都在 5% 的水平上显著，H3a 和 H4b 初步得证。

表 2 变量描述性统计结果表

变量	均值	标准差	最小值	中位数	最大值
TFP	2.340	0.371	2.303	2.309	2.948
$Paygap_{gy}$	11.771	1.047	7.397	11.855	14.693
$Paygap_{gg}$	12.883	0.966	6.540	12.942	15.372
State	0.429	0.496	0.000	0.000	1.000
Power	0.432	0.176	0.000	0.375	0.875
Top 10	58.352	15.354	15.280	61.300	89.950
Roa	4.166	10.558	−65.516	5.555	43.155
Size	3.873	1.129	1.507	3.755	8.726
Lev	32.906	18.072	3.320	30.025	106.008
Mshare	13.594	19.162	0.000	0.627	67.203
Growth	0.388	1.974	−0.572	0.107	29.306
Tangibility	0.214	0.174	0.005	0.156	0.834
Ito	33.742	6294.233	0.166	6.175	992.450
Fat	0.388	53.806	0.325	5.999	646.468
Board	8.637	2.060	5.000	9.000	15.000
Rop	102.090	418.181	2586.390	58.850	2955.584

（二）传媒上市公司薪酬差距与全要素生产率的回归结果分析

表 3 显示了模型 1 和模型 2 的回归结果。模型 1 的回归结果显示，两列中的变量 $Paygap_{gy}$ 系数分别为 0.0367 与 0.0280，且均在 1% 的水平上显著，表明中国传媒上市公司全要素生产率和管理层与普通员工之间的薪酬差距存在显著的正

相关关系,说明管理层与普通员工之间的薪酬差距存在显著的竞争效应,即在管理层与员工之间的薪酬差距维度上,中国传媒上市公司内部薪酬差距的增加会显著促进全要素生产率的提升,假设 H1 得证。模型 2 中,两列中的变量 $Paygap_{gg}$ 系数分别为 0.0536 与 0.0807,且均在 1% 的水平上显著,表明中国传媒上市公司全要素生产率和内部之间的薪酬差距存在显著的正相关关系。上述结果说明核心高管与非核心高管之间的薪酬差距存在显著的竞争效应,即在核心高管与非核心高管之间薪酬差距的增加会显著促进全要素生产率的提升,假设 H2 得证。

表 3　传媒上市薪酬差距与全要素生产率的回归结果

变量	模型 1 TFP (1)	模型 1 TFP (2)	模型 2 TFP (1)	模型 2 TFP (2)
$Paygap_{gy}$	0.0367**	0.0280**		
	[0.0065]	[0.0054]		
$Paygap_{gg}$			0.0536**	0.0807**
			[0.0096]	[0.0126]
State		−0.00517		0.0164*
		[0.0057]		[0.0052]
Top 10		−0.000696*		−0.000696*
		[0.0002]		[0.0002]
Roa		0.000767		−0.000236
		[0.0005]		[0.0004]
Size		0.0115*		−0.00769
		[0.0033]		[0.0033]

(续表)

变量	模型 1 TFP		模型 2 TFP	
	(1)	(2)	(1)	(2)
Lev		−0.000083		−0.000193
		[0.0003]		[0.0001]
Mshare		−0.0000669		0.000376*
		[0.0001]		[0.0002]
Growth		0.0000678		0.00107
		[0.0003]		[0.0005]
Tangibility		0.0604**		−0.0121
		[0.0109]		[0.0137]
Ito		−0.0000889**		0.000452*
		[0.0000]		[0.0001]
Fat		−0.0000781		0.0000378
		[0.0000]		[0.0000]
Board		0.00765*		0.00686*
		[0.0024]		[0.0023]
Rop		−0.00000890		−0.00000503
		[0.0000]		[0.0000]
Cons	1.908***	1.935***	1.649***	1.293***
	[0.0765]	[0.0796]	[0.1238]	[0.1445]
N	361	361	361	361
Adj.R^2	0.2154	0.3017	0.4026	0.5478
AIC	−869.7	−914.0	−968.1	−1070.9
BIC	−865.8	−890.7	−964.2	−1047.6

注：*** 表示 $P<0.001$，** 表示 $P<0.01$，* 表示 $P<0.05$，括号内的数值为稳健标准误值。

模型1和模型2中的控制变量,即董事会规模的系数都大于0,且呈显著性,表明董事会规模的扩大会促进全要素生产率的提高,可能的解释是所选样本中的传媒上市公司的董事会内部设置机构合理,董事会规模与公司整体规模、内部资源和外部环境相适应,能够有效激励和调动董事会成员的积极性。模型1中公司规模变量和资产结构变量的系数大于0,且呈显著性,表明公司规模和资产结构的优化能显著带动传媒上市公司全要素生产率的提升。传媒上市公司规模的增加会显著促进全要素生产率,可能归因于近年来传媒上市公司集团化、产业化经营模式的确立带来的规模报酬递增效应。资产结构优化显著提升全要素生产率,表明中国传媒上市公司的经营性资产结构较为合理,能够显著提升企业的核心盈利能力和收益水平。模型2中的企业性质变量和管理层持股变量的系数大于0,且呈显著性,表明国有企业性质、管理层持股比例对传媒上市公司全要素生产率起正向作用。管理层持股实质上属于激励举措,持股后会刺激管理层更积极地提升传媒公司业绩,进而促进全要素生产率的提升,这实际上也验证了目前政府鼓励传媒上市公司引入股权激励政策的有效性。

模型1和模型2的变量Top 10的系数均为负,且呈显著性,表明前十大股东持股比例增加会抑制传媒上市公司全要素生产率的增长,这说明股权集中度过大不利于传媒上市公司全要素生产率的提升。经营业绩、资产负债率、公司成长性、固定资产周转率、人力投入回报率、行业虚拟变量和年度虚拟变量都没有通过显著性检验。存货周转率变量虽然通过了显著性检验,但是在模型1和模型2呈现的系数分别为负和正,这表明存货周转率对公司全要素生产率的影响并不稳定,难以验证。可能的解释是,传媒产业属于第三产业,轻固定资产,广告等服务性收入占很大比重,存货也主要是以电影、电视剧等无形产品为主,存货周转率等控制变量对公司全要素生产率的影响并不明显,或者不具有稳定性。

(三) 企业性质和 CEO 权力的调节效应

1. 企业性质的调节效应

由表 4 的模型 1 和模型 2 的回归结果来看,第(1)列和第(2)例的变量 $Paygap_{gg}$、第(4)列和第(5)列的变量 $Paygap_{gg}$ 的系数都为正并呈显著性,且两个变量的国有组系数都大于非国有组的系数;交乘项变量 $Paygap_{gg}$ * State 和 $Paygap_{gg}$ * State 的系数都为正,且在 0.1% 的水平上显著。结果表明国有产权性质在中国传媒上市公司内部薪酬差距对企业全要素生产率的影响中存在显著的正向调节效应,H3a 和 H3b 不能得证。回归结果显示,与国有传媒上市公司相比,非国有传媒上市公司中内部薪酬差距对全要素生产率的影响更弱。可能的解释是,国有传媒公司的薪酬改革相对滞后,薪酬差距的拉大在一定时期内能更有效地激励高管和员工。当前国有传媒公司改制还处于初期阶段,企业改制所释放的激励效应比非国有媒体更强,对传媒公司全要素生产率的正面影响更大。

2. CEO 权力的调节效应

由表 5 的回归结果可知,第(1)列和第(2)列的变量 $Paygap_{gy}$、第(4)列和第(5)列的变量 $Paygap_{gg}$ 的系数均为正,并通过显著性检验,两个变量的 CEO 权力较大组的系数都大于 CEO 权力较小组的系数;第(3)列中的交乘项变量 $Paygap_{gy}$ * Power 的系数为负数,在 5% 的水平上显著,第(6)列中的交乘项变量 $Paygap_{gg}$ * Power 的系数为负,且在 5% 的水平上显著,回归结果支持假设 H4at 和 H4b。从上述分析得出,CEO 权力的增加在中国传媒上市公司内部薪酬差距对全要素生产率的影响中存在显著的负向调节效应;与 CEO 权力较小的企业相比,CEO 权力较大的传媒公司内部薪酬差距对全要素生产率的作用会相对较弱。

表 4 企业性质调节效应的回归结果

变量	国有组(1) TFP	非国有组(2) TFP	交乘项(3) TFP	国有组(4) TFP	非国有组(5) TFP	交乘项(6) TFP
Paygap$_{gy}$	0.0370*** [0.0070]	0.0120*** [0.0031]	0.0108* [0.0053]			
Paygap$_{gg}$				0.132*** [0.0113]	0.0363* [0.0127]	0.0586*** [0.0054]
State			−0.380*** [0.0835]			−0.579*** [0.0776]
Paygap$_{gy}$ * State			0.0320*** [0.0071]			
Paygap$_{gg}$ * State						0.0464*** [0.0060]
Top 10	−0.00193*** [0.0005]	0.000403 [0.0002]	−0.000617* [0.0003]	−0.00139* [0.0004]	0.000279 [0.0002]	−0.000645** [0.0002]
Roa	0.00297 [0.0018]	0.000329 [0.0004]	0.000569 [0.0005]	0.000563 [0.0016]	−0.000180 [0.0002]	−0.000327 [0.0004]

(续表)

变量		国有组(1)	非国有组(2)	交乘项(3)	国有组(4)	非国有组(5)	交乘项(6)
					TFP		
Size		0.0124	0.0110**	0.0114*	−0.0151***	0.00116	−0.00983**
		[0.0079]	[0.0039]	[0.0044]	[0.0030]	[0.0028]	[0.0036]
Lev		0.00111	−0.000160	−0.000143	−0.000271	−0.000156	−0.000305
		[0.0008]	[0.0002]	[0.0003]	[0.0004]	[0.0001]	[0.0002]
Mshare		0.000388	−0.0002	−0.000057	−0.000583	0.0000229	0.000268
		[0.0019]	[0.0001]	[0.0002]	[0.0008]	[0.0001]	[0.0002]
Growth		−0.00230	−0.000605	0.000391	0.00113	−0.000167	0.000777
		[0.0334]	[0.0011]	[0.0019]	[0.0122]	[0.0006]	[0.0014]
Tangibility		−0.0274	0.0832***	0.0580*	−0.0264	0.0291*	−0.00858
		[0.0588]	[0.0190]	[0.0237]	[0.0321]	[0.0089]	[0.0188]
Ito		−0.000022	−0.00006*	−0.000082	0.00095***	0.000167	0.000412***
		[0.0001]	[0.0000]	[0.0000]	[0.0001]	[0.0001]	[0.0000]
Fat		0.000217	−0.00002	−0.000070	0.000223	0.000017	0.0000330
		[0.0015]	[0.0000]	[0.0001]	[0.0009]	[0.0000]	[0.0001]

(续表)

变量	国有组(1)	非国有组(2)	交乘项(3)	国有组(4)	非国有组(5)	交乘项(6)
			TFP			
Board	0.0118***	−0.00236	0.00717***	0.00658*	−0.000884	0.00459**
	[0.0033]	[0.0021]	[0.0020]	[0.0022]	[0.0012]	[0.0016]
Rop	−0.00006	−0.00000	−0.000006	−0.00001	0.0000001	−0.0000019
	[0.0000]	[0.0000]	[0.0000]	[0.0000]	[0.0000]	[0.0000]
Cons	1.826***	2.139***	2.136***	1.826***	2.139***	2.136***
	[0.0968]	[0.0415]	[0.0652]	[0.0968]	[0.0415]	[0.0652]
N	155	206	361	155	206	361
Adj.R²	0.3732	0.1923	0.3278	0.7412	0.4161	0.6074
AIC	−308.1	−758.9	−917.1	−452.6	−833.2	−1111.2
BIC	−268.6	−715.6	−858.8	−434.3	−813.2	−1052.9

注：***、**、*分别表示0.1%、1%、5%的显著水平,括号内的数值为稳健标准误值。

表 5 CEO权力调节效应的回归结果

变量	TFP					
	CEO权力较大组(1)	CEO权力较小组(2)	交乘项(3)	CEO权力较大组(4)	CEO权力较小组(5)	交乘项(6)
Paygap$_{gy}$	0.186***	0.00379	0.0317**			
	[0.0040]	[0.0042]	[0.0104]			
Paygap$_{gg}$				0.914***	0.0495***	0.102*
				[0.0056]	[0.0074]	[0.0302]
Power			0.103			0.631
			[0.2588]			[0.5701]
Paygap$_{gy}$ * Power			−0.00833*			
			[0.0219]			
Paygap$_{gg}$ * Power						−0.0487*
						[0.0438]
Top 10	−0.000448	0.000200	−0.000713**	−0.000411	0.000243	−0.000681*
	[0.0003]	[0.0003]	[0.0003]	[0.0003]	[0.0002]	[0.0002]

（续表）

变量	TFP					
	CEO权力较大组(1)	CEO权力较小组(2)	交乘项(3)	CEO权力较大组(4)	CEO权力较小组(5)	交乘项(6)
Roa	0.00110	−0.000224	0.000747	0.0000792	−0.0000708	−0.000186
	[0.0008]	[0.0005]	[0.0005]	[0.0001]	[0.0003]	[0.0003]
Size	0.00723	0.0123**	0.0108*	−0.0120*	−0.000328	−0.00518
	[0.0046]	[0.0048]	[0.0043]	[0.0027]	[0.0037]	[0.0033]
Lev	0.0000803	−0.000204	−0.0000624	−0.00000026	−0.000320**	−0.000255
	[0.0003]	[0.0003]	[0.0003]	[0.0001]	[0.0001]	[0.0001]
Mshare	−0.000280	−0.000314	−0.0000317	−0.000189*	−0.000132	0.000130
	[0.0002]	[0.0004]	[0.0002]	[0.0001]	[0.0002]	[0.0002]
Growth	−0.0000077	−0.00218	0.000161	−0.000550	0.0000462	0.000828
	[0.0018]	[0.0019]	[0.0019]	[0.0007]	[0.0008]	[0.0006]
Tangibility	0.0947**	0.0222	0.0580*	−0.0120	−0.0111	−0.00507
	[0.0289]	[0.0258]	[0.0243]	[0.0132]	[0.0106]	[0.0135]
Ito	−0.000122	−0.000061	−0.0000864	0.000830***	0.000122**	0.000462**
	[0.0001]	[0.0000]	[0.0000]	[0.0001]	[0.0000]	[0.0001]

(续表)

变量	TFP CEO权力较大组(1)	CEO权力较小组(2)	交乘项(3)	CEO权力较大组(4)	CEO权力较小组(5)	交乘项(6)
Fat	−0.0000400 [0.0001]	0.0000838 [0.0001]	−0.0000721 [0.0001]	−0.00000020 [0.0003]	0.0000380 [0.0001]	0.0000715 [0.0000]
Board	−0.000948 [0.0023]	−0.00255 [0.0023]	0.00726*** [0.0020]	0.00222 [0.0012]	0.000203 [0.0010]	0.00731* [0.0021]
Rop	−0.0000167 [0.0000]	0.0000095 [0.0000]	−0.0000087 [0.0000]	−0.0000102 [0.0000]	−0.0000059 [0.0000]	−0.0000059 [0.0000]
Cons	2.106*** [0.0550]	2.248*** [0.0528]	1.893*** [0.1228]	1.191*** [0.0695]	1.712*** [0.0868]	1.017*** [0.3721]
N	174	88	361	174	88	361
Adj.R²	0.2356	0.9159	0.2873	0.7005	0.5681	0.5496
AIC	−527.2	−463.9	−896.0	−697.7	−416.9	−1073.3
BIC	−486.2	−425.4	−837.7	−678.7	−402.0	−1050.0

注：***、**、*分别表示0.1%、1%、5%的显著水平，括号内的数值为稳健标准误差值。

(四) 稳健性检验

为了确认回归结果的稳定性，本文采取变更解释变量计算方式的办法进行测试。参考张正堂等[42]、杨竹清等[43]的研究方法，管理层与员工之间的薪酬差距用管理层的平均薪酬与普通员工平均薪酬的比值表示，核心高管与非核心高管之间的薪酬差距用管理层前三名的平均薪酬与其他管理者平均薪酬的比值表示。回归结果显示，变量 $Paygap_{gy}$ 的国有组和非国有组系数分别为 2.481 与 0.396，且分别在 0.1% 与 5% 的水平上显著，交乘项 $Paygap_{gy} * State$ 的系数为 0.5821，且在 5% 的水平上显著，变量 $Paygap_{gg}$ 的国有组和非国有组系数分别为 1.291 与 0.618，且均在 0.1% 的水平上显著，交乘项 $Paygap_{gg} * State$ 的系数为 0.490，且在 0.1% 的水平上显著。对 CEO 调节效应的回归结果显示，变量 $Paygap_{gy}$ 的 CEO 权力较大和 CEO 权力较小的系数分别为 1.341 与 0.597，且分别在 0.1% 与 1% 的水平上显著，交乘项变量 $Paygap1_{gy} * Power$ 的系数为 -0.890，且在 5% 的水平上显著，变量 $Paygap_{gg}$ 的系数分别为 0.915 与 0.566，且均在 0.1% 的水平上显著，交乘项变量 $Paygap_{gg} * Power$ 的系数为 -0.413，且在 5% 的水平上显著。以上所有结果都表明回归结果通过稳健性检验。

四、结论与讨论

本文用 StataMP 16 统计软件对 2013—2019 年间 72 家中国传媒上市公司的内部薪酬差距（管理层与普通员工之间的薪酬差距、核心高管与非核心高管之间的薪酬差距）对公司全要素生产率的影响进行实证研究。研究结果支持锦标赛理论，与黎文靖等[44]、杨竹清等[45]的研究结论一致。实证结果表明中国传媒上市公司的内部薪酬差距拉大与公司全要素生产率的增长呈正相关,在一定程度上反映了一定的内部薪酬差距有利于促进传媒上市公司管理层与普通从业人员、核心高管与非核心高管之间的竞争意识,提高工作积极性和公司员工的创新能力,从而推动全要素生产率的增长。实证结果也显示,董事会规模、资产结构、公司规模、管理层持股等控制变量对传媒公司全要素生产率起正向作用,前十大股东持股比例对传媒公司全要素生产率起反向作用。这可能归因于近年来传媒上市公司集团化、产业化经营模式的确立,规模报酬递增效应提升了传媒上市公司全要素生产率。管理层持股实质上属于激励举措,持股后会刺激管理层更积极地提升公司经营业绩,进而促进全要素生产率的提升,这实际上也验证了目前政府鼓励传媒上市公司引入股权激励政策的有效性。

对传媒公司产权性质调节效应的回归结果显示国有产权性质的传媒公司薪酬差距对全要素生产率的作用更大,结论虽背离了本文的假设,但也正体现了中国传媒产业发展的特殊性。中国传媒上市公司多以国有控股为主,体现了传媒业的政治属性,2014年以来国有传媒上市公司持续迎来政策利好,有可能会推动全要素生产率的增长。说明相较于非国有性质,中国传媒上市公司的国有控股属性对全要素生产率的提升有着更为显著的影响。

对CEO权力大小的回归结果显示,CEO权力越大的传媒公司,薪酬差距对全要素生产率的影响越小。这主要是因为当传媒上市公司的CEO拥有较大权力时,其对董事会及企业内外部的控制力度较大,易滋生权力寻租利益的行为动机。因而,扩大管理层与普通员工之间的薪酬差距以正向影响传媒上市公司全要素生产率的效用,会在CEO权力较大的情况下被削弱。

本文的实证结论有可能包含以下政策意义:第一,构建与劳动力市场相适应、与传媒公司功能性质相匹配、与传媒公司经营业绩和社会责任相挂钩、对标市场化薪酬体系的传媒行业薪酬制度。但同时也要注意传媒上市公司高管薪酬与传媒绩效的匹配度,严格实行高管薪酬与其绩效相挂钩的制度,并充分披露传媒上市公司高管的货币性薪酬信息以及包括职级福利、在职消费等方面的隐性薪酬信息。第二,鼓励国有传媒公司进一步推动薪酬制度改革,适当拉大国有传媒公司薪酬差距,同时完善非国有媒体传媒公司薪酬制度,注重非国有媒体传媒公司内部薪酬的公平性。第三,加强对传媒公司高管的管理,适当抑制 CEO 权力较大的传媒公司的内部薪酬差距。第四,完善传媒公司法人治理结构,扩大董事会规模,同时引入股权激励机制,完善管理层持股制度,更有效地实现薪酬激励作用。第五,优化传媒上市公司股权结构,适当提高非国有传媒上市公司的国有股比例。

注释

[1] Lazear, E. P. & Rosen, S. (1981). Rank-Order Tournaments as Optimum Labor Contracts. *Journal of Political Economy*. 8(9).

[2] Bloom, M.(1999). The Performance Effects of Pay Dispersion on Individuals and Organizations. *Academy of Management Journal*. 42(1).

[3] Brian, G. M., Main, C. A. & O'Reilly Ⅲ, J. W. (1993). Top Executive Pay: Tournament or Teamwork? *Journal of Labor Economics*. 11(4).

[4] Henderson, A. D. & Fredrickson, J. W.(2001). Top Management Team Coordination Needs and the CEO Pay Gap: A Competitive Test of Economic and Behavioral Views. *Academy of Management Journal*.44(1).

[5] Mason, A., Carpenter, W. M. & Sanders, G. (2002). Top

Management Team Compensation: The Missing Link between CEO Pay and Firm Performance? *Strategic Management Journal.* 23(4).

[6] Bloom, M. & Michel, J. G. (2002). The Relationships among Organizational Context, Pay Dispersion, and Managerial Turnover. *The Academy of Management Journal.* 45(1).

[7] Henderson, A. D. & Fredrickson, J. W. (2001). Top Management Team Coordination Needs and the CEO Pay Gap: A Competitive Test of Economic and Behavioral Views. *Academy of Management Journal.* 44(1).

[8] Feng, J., Chen, Y. & Liu, X. (2017). Team Dynamics in Pay Dispersion and Team Performance: A Longitudinal Field Study. *Academy of Management Annual Meeting.*

[9] Conyon, M. J., Peck, S. I. & Sadler, G. V.(2001). Corporate Tournaments and Executive Compensation: Evidence from the U. K. *Strategic Management Journal.* 22(8).

[10] 林浚清、黄祖辉、孙永祥：《高管团队内薪酬差距、公司绩效和治理结构》，《经济研究》2003 年第 4 期。

[11] 俞震、冯巧根：《薪酬差距：对公司盈余管理与经营绩效的影响》，《学海》2010 年第 1 期。

[12] 刘春、孙亮：《薪酬差距与企业绩效：来自国企上市公司的经验证据》，《南开管理评论》2010 年第 13 期。

[13] 张正堂、李欣：《高层管理团队核心成员薪酬差距与企业绩效的关系》，《经济管理》2007 年第 2 期。

[14] 巫强：《薪酬差距、企业绩效与晋升机制：高管薪酬锦标赛的再检验》，《世界经济文汇》2011 年第 5 期。

[15] 赵睿：《高管—员工薪酬差距与企业绩效：基于中国制造业上市公司面板数据的实证研究》，《经济管理》2012 年第 5 期。

[16] 石永拴、杨红芬：《高管团队内外部薪酬差距对公司未来绩效影响的实证研究》，《经济经纬》2013 年第 1 期。

[17] Siegel, P. A. & Hambrick, D. C. (2005). Pay Disparities

within Top Management Groups: Evidence of Harmful Effects on Performance of High-Technology Firms. *Organization Science*. 16(3).

[18] Shaw, J. D., Gupta, N. & Delery, J. E. (2002). Pay Dispersion and Workforce Performance: Moderating Effects of Incentives and Interdependence. *Strategic Management Journal*. 23(16).

[19] Lee, K. W., Lev, B. & Yeo, G. H. (2008). Executive Pay Dispersion, Corporate Governance, and Firm Performance. *Review of Quantitative Finance and Accounting*. 30(3).

[20] DeVaro, J. (2008). Internal Promotion Competitions in Firms. *The RAND Journal of Economics*. 37(3).

[21] 贺伟、蒿坡:《薪酬分配差异一定会降低员工情感承诺吗:薪酬水平、绩效薪酬强度和员工多元化的调节作用》,《南开管理评论》2014年第4期。

[22] 姚德权、李倩:《传媒上市公司高管薪酬激励与经营绩效实证研究》,《现代传播(中国传媒大学学报)》2011年第12期。

[23] 兰松敏、戴建华:《高管薪酬与公司绩效——基于传媒行业上市公司的实证》,《财会通讯》2015年第4期。

[24] 黎文靖、胡玉明:《国企内部薪酬差距激励了谁?》,《经济研究》2012年第12期。

[25] 盛明泉、汪顺、商玉萍:《金融资产配置与实体企业全要素生产率:"产融相长"还是"脱实向虚"》,《财贸研究》2018年第10期。

[26] Krugman, P. (2008). The Myth of Asia's Miracle. *Foreign Affairs*. 73(6).

[27] Irlenbusch, B. & Ruchala, G. K. (2007). Relative Rewards within Team-based Compensation. *Labour Economics*. 15(2).

[28] O'Reilly, K. (2010). Combining Sanitation and Women's Participation in Water Supply: An Example from Rajasthan. *Development in Practice*. 20(1).

[29] 林琳、潘琰:《国有上市公司内部薪酬差距的十年演变及激励效应跟踪》,《经济体制改革》2019年第1期。

[30] 方芳、李实:《中国企业高管薪酬差距研究》,《中国社会科学》2015年第8期。

[31] Bebchuk, L., Fried, J. M. & Walker, I. (2002) Managerial Power and Rent Extraction in the Design of Executive Compensation. *The University of Chicago Law Review*. 69(3).

[32] 林琳、潘琰:《国有上市公司内部薪酬差距的十年演变及激励效应跟踪》,《经济体制改革》2019年第1期。

[33] 权小锋、吴世农、文芳:《管理层权力、私有收益与薪酬操纵》,《经济研究》2010年第11期。

[34] 方军雄:《高管超额薪酬与公司治理决策》,《管理世界》2012年第11期。

[35] 杨竹清、陆松开:《企业内部薪酬差距、股权激励与全要素生产率》,《商业研究》2018年第2期。

[36] 林琳、潘琰:《国有上市公司内部薪酬差距的十年演变及激励效应跟踪》,《经济体制改革》2019年第1期。

[37] 黎文靖、胡玉明:《国企内部薪酬差距激励了谁?》,《经济研究》2012年第12期。

[38] Levinsohn, J. & Petrin, A. (2003). Estimating Production Functions Using Inputs to Control for Unobservables. *The Review of Economic Studies*. 70(2).

[39] 鲁晓东、连玉君:《中国工业企业全要素生产率估计:1999—2007》,《经济学(季刊)》2012年第11期。

[40] 黎文靖、胡玉明:《国企内部薪酬差距激励了谁?》,《经济研究》2012年第12期。

[41] 杨竹清、陆松开:《企业内部薪酬差距、股权激励与全要素生产率》,《商业研究》2018年第2期。

[42] 张正堂、李欣:《高层管理团队核心成员薪酬差距与企业绩效的关系》,《经济管理》2007年第2期。

[43] 杨竹清、陆松开:《企业内部薪酬差距、股权激励与全要素生产率》,《商业研究》2018年第2期。

[44] 黎文靖、胡玉明:《国企内部薪酬差距激励了谁?》,《经济研究》2012年第12期。

[45] 杨竹清、陆松开:《企业内部薪酬差距、股权激励与全要素生产率》,《商业研究》2018年第2期。

The Impact of Internal Pay Gap on Total Factor Productivity of Listed Media Companies: Based on the Moderating Effect of Corporate Nature and CEO Power

DENG Xiangyang, ZHANG Hao

Abstract: This paper examined the impact of the internal pay gap of 72 Chinese listed media companies from 2013 to 2019 on the companies' total factor productivity. The empirical research results showed that the widening of the internal pay gap of Chinese listed media companies was positively correlated with the growth of the company's total factor productivity. The internal pay gap in state-owned media companies had a stronger impact on total factor productivity than non-state-owned media companies; the internal pay gap in media companies with smaller CEO power had a stronger impact on total factor productivity than media companies with greater CEO power. The empirical results also showed that the control variables such as board size, asset structure, company size, and management's shareholding had a positive effect on the total factor productivity of media companies, while the shareholding ratio of the top ten shareholders had a negative effect on the total factor productivity of media companies. In this paper, the method of changing the calculation method of explanatory variables was used to conduct the robustness test, and the results remained stable.

Key words: Listed Media Companies; Internal Pay Gap; Total Factor Productivity; Nature of Property Rights; CEO Power

我国出版传媒上市企业政府补助的效果评价研究

李龙飞

摘　要　自2015年提出关于推动传统出版和新兴出版融合发展的指导意见,地方政府纷纷强化对出版传媒上市企业的补贴,然而目前对于政府补贴的历时性演变及其经济和社会效益评价缺乏动态跟踪。通过对2015—2019年我国出版传媒上市企业政府补助数据进行分析,发现三个显著特点:政府补助总额大,名目繁多,但补助降幅较强;覆盖面广,但区域差异悬殊;国有企业获政府补助连续性好,但经营表现不佳。此外,多元线性回归表明受政府补助的出版传媒上市企业存在经济效益和社会效益失衡的问题,媒体关注有助于积极调节企业社会责任履行。因此,政府补助要践行精细化治理逻辑,出版传媒企业应当加强公司内部治理,畅通政府补助的媒体监督反馈信号,真正发挥政府补助政策促进人民精神美好生活的红利效应。

关键词　效果评价　政府补助　出版传媒企业　实证研究

作者简介　李龙飞,男,上海交通大学媒体与传播学院博士研究生。研究方向:媒介效果、传媒经济学。电子邮箱:longfei_sjtu@163.com。

一、研究缘起

处理好政府和市场的关系是经济体制改革的主线,也是新时代实现更好更快发展的关键[1]。在中国特色社会主义市场经济中,市场在资源配置中起着决定性作用,政府也要发挥其宏观调控职能,保障公平竞争,弥补市场失灵。为了更好地发挥政府的作用,政府补助作为政府弥补市场失灵、扶持重点行业、重点地区的重要财政手段,在优化经济结构、稳定市场经济等方面起着重要作用。作为文化产业重要组成部分的出版传媒业兼具经济属性和意识形态属性,因而政府补助实质上具有双重含义,不仅需要促进出版传媒业经济的快速发展,也要引导其内容符合价值导向,实现健康发展。

出版传媒业作为文化产业的重要组成部分,和居民日常生活息息相关。根据国家新闻出版署公布的数据,2019年中国出版传媒产业实现净资产收入12156.2亿元,同比增长3.0%。与此同时,出版传媒产业的快速发展离不开政府补助,出版传媒上市企业获政府补助6876.2万元,同比增长20.6%[2]。然而,近年来出版传媒企业在"盈利为王"导向下的社会责任失范现象频现。需要追问的是,这是普遍现象还是个案?在出版融合的背景下,我国出版传媒上市企业政府补助现状到底如何?政府补助是否有效促进企业的经济绩效和社会责任履行,真正发挥了宏观调控的价值导向作用?现有传媒经济管理领域的研究者对出版传媒上市企业政府补贴的探讨还付之阙如,这与出版传媒业快速发展的现实状况不相匹配。因此本研究聚焦于我国出版传媒上市企业政府补助情况和效果评价,研究发现有助于我们更好地把握出版传媒业的政府补助动态地图,发挥财政手段促进出版业发展的正向效应。

二、出版传媒上市企业政府补助的理论与实践依据

（一）出版传媒行业兼具文化与经济属性

公共财税政策是我国文化产业发展战略的重要组成部分，出版传媒业属于文化创意产业，主要生产报刊、图书等精神文化产品。出版传媒企业不同于普通商品生产的企业，源于其兼具经济属性和文化的意识形态属性[3]。正确的意识形态属性是保证文化产业健康发展的根本前提，这就要求出版传媒企业不仅要遵循价值生产规律，也要按照文化生产规律进行经营与生产。从市场角度看，作为准公共品，出版传媒产业提供的文化产品具有广泛的正外部性，但困难之处在于文化消费的需求和偏好又难以掌握[4]。通过合理的政府补贴行为，用宏观调控弥补市场失灵，有效衔接出版传媒商品的供给与消费，激励出版传媒企业更好地进行内容生产，同时牢牢掌握意识形态领域的主动权，满足人民群众的精神文化需求。

（二）激励出版传媒企业强化创新能力培养

出版业转企改制较早，是响应文化体制改革时代要求的先锋。在如今融合出版的背景下，技术创新对出版传媒企业提出了更高的要求，比如面向受众群体的 VR 和 AR 技术开发。但出版技术创新和内容创新均具有高风险、高成本的显著特点，其创新风险除源自技术和内容本身，还与相对灵活的企业内部组织和变动不居的市场需求息息相关。政府补助作为政府财政支出的一个重要方面，是政府介入企业活动的特殊表现，政府根据信号传递机制向出版传媒企业释放出鼓励创新、支持创新、奖励创新的信号，能够从政策层面引导出版行业的发展动向。比如 2021 年年初苏州市《关于落实文化产业倍增计划的扶持政策》明确提出对重大文化项目建设、原创内容生产、创新

人才引进等实施差异化政府补贴[5]。

（三）政府通过宏观调控实施政府意志的需要

地方政府有动机通过制定产业发展政策，比如通过税收优惠和补贴政策改善某些产业的收益状况，以促使社会经济资源向某些产业集中，或者从某些产业撤出[6]。政府补贴不仅能反映政府的行为动机，也能反映政府与企业间存在的关系。此外，如果本地企业不能够达成地方政府希望的既定目标，那么地方政府实施补贴加以"利益诱导"就成为一种可以依赖的方式[7]。

目前各个省的大型出版企业大多是省国有文化企业龙头，其经营状况影响整个出版产业链的发展与走向。政府对龙头出版企业往往实施高额补贴，对于稳定出版市场、发挥龙头企业的带动辐射效应具有重要作用。如长江传媒是湖北长江出版集团有限公司的控股子公司，是一家在上交所上市的出版传媒企业，2015—2019年共获政府补助2.46亿元，拥有出版、印制、发行、版权贸易全流程业务，逐步向数字阅读、在线教育、动漫影视、文化创意、健康产业、投资金融等领域拓展，对省内出版传媒的发展动向具有引领作用。

三、我国出版传媒上市企业政府补助的现状与问题

为了解我国出版传媒上市企业获政府补助现状，参照以往研究中同时考虑数据可得性和真实性选择的标准[8]，本研究通过Wind金融资讯终端和巨潮网披露的以出版为主业的上市企业财报，选择2015—2019年沪深股市中证监会行业分类中的新闻出版业作为数据来源，特别关注出版传媒上市公司财务报表附注中计入营业外收入的政府补助项目。此外，将CSMAR数据库中上市公司政府补助作为校正和核验数据源，以保证本研究数据的真实、可靠和全面。

表1显示,截至2019年年末,在沪深股市上市的出版传媒上市企业共计23家,主营业务以出版和发行为主;从上市时间看,随着2004年国务院批准成立了中国出版集团公司,出版业由此迈出了从事业性质向企业性质转变的关键一步,出版企业也开始加速改组和上市步伐;从企业名称上看,醒目地标识主营为"出版"业务的公司名称仅5家,大多以"传媒"来囊括出版业务,显示了上市企业出版融合的多业务交叉态势;从所属地域看,以北京、山东的出版传媒上市企业居多,其中北京4家、山东3家。

表1 中国出版传媒上市企业基本情况

企业简称	上市日期	主营产品类型	地域
新华传媒	1994/2/4	出版、大卖场、发行投递、连锁超市、书报刊零售	上海
博瑞传播	1995/11/15	出版发行投递、广告代理、商业印刷、新闻纸经销	四川省
华媒控股	1996/8/30	出版、广告代理	浙江省
长江传媒	1996/10/3	出版、商业印刷、印刷品及印刷器材	湖北省
中原传媒	1997/3/31	出版	河南省
华闻集团	1997/7/29	出版、广告代理	海南省
城市传媒	2000/3/9	出版、影视制作发行、专业咨询服务	山东省
中文传媒	2002/3/4	出版、商业印刷	江西省
时代出版	2002/9/5	出版、影视制作发行	安徽省
出版传媒	2007/12/21	出版、国内贸易、商业印刷	辽宁省
皖新传媒	2010/1/18	出版、其他物流、书报刊零售、影视制作发行	安徽省
中南传媒	2010/10/28	出版	湖南省
凤凰传媒	2011/11/30	出版	江苏省

(续表)

企业简称	上市日期	主营产品类型	地域
中文在线	2015/1/21	出版	北京
读者传媒	2015/12/10	出版	甘肃省
南方传媒	2016/2/15	出版、印刷用纸	广东省
新华文轩	2016/8/8	出版	四川省
中国科传	2017/1/18	出版	北京
新经典	2017/4/25	出版、书报刊零售、影视制作发行	天津
中国出版	2017/8/21	出版、商业印刷、纸品	北京
世纪天鸿	2017/9/26	出版、教育培训服务	山东省
山东出版	2017/11/22	出版、进出口贸易、商业印刷	山东省
中信出版	2019/7/5	出版、平面媒体	北京

(一)政府补助总额大,但补助降幅较强

如表2所示,总体而言,从2015年到2019年的5年间,出版传媒上市企业共获得政府补助274903.61万元,其中2016年出版传媒上市企业获得政府补助额超过12亿元,政府补助总额巨大。此外,尽管2016年相较于2015年出版上市企业获政府补助总额陡增10.5%,但随后的增幅均为负值,补助额均值也呈递减趋势,释放出一个明显的信号:政府对出版传媒上市企业开始有选择性但补贴强度依旧较高的支持。

此外,如图1所示,把出版传媒业放到整个文化传媒板块可以透视其在政府政策扶持中所处的位置。纵观整个文化传媒行业上市企业政府补助情况,出版传媒业23家上市企业政府补助总额不及广播电影电视业23家上市企业,但远高于文化艺术业。2015—2019年出版传媒业的政府补助涨跌幅与广播电影电视业基本同步,从2016年开始,出版传媒业的政府补助呈现出"断崖式"降幅,表明出版传媒业受到文化传媒行业发展的整体环境影响较大。

表 2　2015—2019 年出版传媒上市企业政府补助整体情况

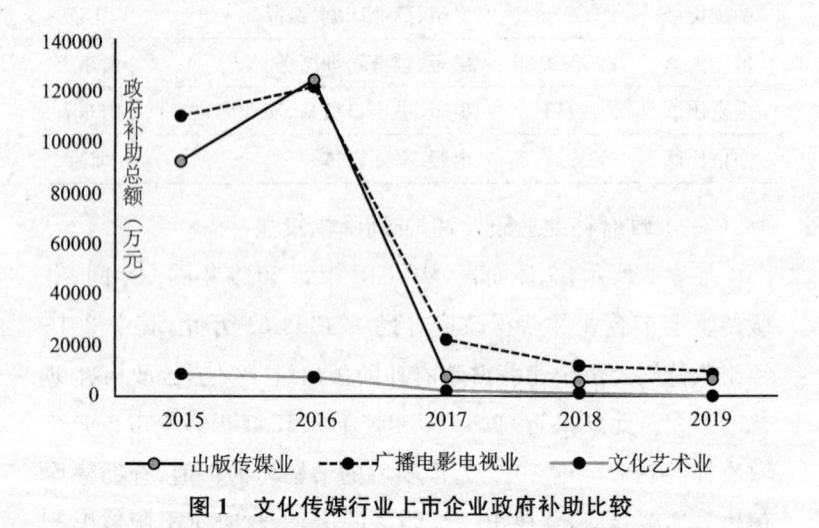

年度	总额（万元）	增幅（%）	披露补助公司数量	上市公司数量	补助比例	补助额均值（万元）
2015	110268.65	—	15	15	100%	7351.24
2016	121851.63	10.50%	17	17	100%	7167.74
2017	22295.31	−81.70%	18	22	81.82%	1238.63
2018	11488.70	−48.47%	15	22	68.18%	765.91
2019	8999.32	−21.67%	14	23	60.87%	642.81

图 1　文化传媒行业上市企业政府补助比较

（二）政府补助覆盖面广，但区域差异悬殊

统计发现，从覆盖的出版传媒上市企业比例来看，尽管政府补助覆盖的比例从 2015 年的 100% 下降到 2019 年的 60.87%，但仍有超过一半的出版传媒企业受到政府补助，受惠覆盖面较广。如表 3 所示，就政府补助总额而言，出版传媒上市公司政府补助存在较大的区域差异，截至 2019 年年末，中部地区 6 家出版上市公司 5 年内共获得超 15 亿元政府补助，其次是东部地区 14 家出版上市企业共获得超 9 亿元政府补助，而西部地区的 3 家出版上市企业获得超 2 亿元补助。此外，从企业平均可获政府补助额来看,五年内中部地区遥遥领先,西部地区其次,东部地区稍逊,这与东部地区的出版传媒企业在获政府补助上存在的竞争机制密不可分,中西部则相对缺乏动态灵活的竞争环境。因此,可以看出,总体而言中部地区出版上市企业无论是补助总额还是补助均值均处于领先位置,政策倾斜力度十分明显;东部地区补助因存在更多的竞争机制而呈现出补助总额大、补助均值小的特点;西部地区的经济相对弱势,而政府补助总额也显现出偏低的特征,区域差异悬殊。

表3　2015—2019出版传媒上市企业分区域政府补助情况

区域	出版上市公司数量（个）	政府补助总额（万元）	政府补助均值（万元）
东部	14	94262.29	6733.021
中部	6	154902.98	25817.16
西部	3	25738.33	8579.443

（三）国有企业获政府补助连续性好,但经营表现欠佳

我国出版传媒企业目前已基本形成行政省及大型出版发行集团式分布,垄断格局较为稳定。统计发现,2015—2019年持续获得政府补助的出版企业基本均为地方国有企业。对于出版传媒上市企业而言,政府补助需计入当期损益,并能对其经营绩效产生重要影响。

如表4所示,在2015年获得政府补助的15家出版传媒上市企业中,有10家连续5年(2015—2019年)均持续性获得政府补助,占比66.67%,说明出版传媒上市企业获得政府补助的连续性强。此外,按区域细分,地方政府对中部地区出版传媒企业巨头补贴强度最大,中文传媒年均获得江西省各级政府补助达6958.93万元,经济更为发达的上海和浙江对所属区域的新华传媒和华媒控股两家上市出版企业的政府补助强度较弱,

年均补贴 123.48 万元和 339.09 万元,西部地区的博瑞传播和读者传媒接受的年均政府补助额基本相当。但受到地方政府青睐而获得连续性补助的出版上市企业并没有取得相应的净利润绩效,在 23 家出版传媒上市企业中,排名前五的是中南传媒、中文传媒、山东出版、凤凰出版和皖新传媒,博瑞传播甚至在 2018 年和 2019 年连续出现了净亏损。

表 4　2015—2019 年出版传媒上市企业连续 5 年获政府补贴情况

企业名称	连续 5 年获政府补助均值(万元)	净利润均值(万元)	净利润排名	地域	企业性质
中文传媒	6958.93	145052.21	2	江西	地方国有
时代出版	5352.21	33277.29	12	安徽	地方国有
长江传媒	4921.37	62488.87	8	湖北	地方国有
中原传媒	4567.45	72979.09	7	河南	地方国有
城市传媒	1880.11	31415.59	13	山东	地方国有
华闻集团	1762.74	−44808.22	23	海南	非国有
博瑞传播	1490.31	−12646.16	21	四川	地方国有
读者传媒	1401.24	7043.40	18	甘肃	地方国有
华媒控股	339.09	20472.56	14	浙江	地方国有
新华传媒	123.48	3637.37	19	上海	地方国有

(四)政府补助名目繁多,与收益相关补贴占比高

政府补贴是政府对企业经营和发展的一种方向性引导。在 2017 年修改的相关准则中,调整了政府补助的确认、列报、摊销及会计处理等,不再将其统一计入"营业外收入"科目,而是在"营业收入"科目下新增"其他收益"科目,反映在账目上的企业营业利润项目总额发生变化[9]。由此,政府补助对于企业经营影响愈加明显,企业对政府补助也愈加敏感。由于国家层面大力推出文化产业振兴政策,各地方政府职能部门如工信

局、科技局、经贸局等都出台了多种产业规划及企业发展规划，给出版传媒业发展注入了大量资金。

出版传媒方面的政府补助名目繁多，主要分为与收益相关补助和与资产相关补助，前者主要包括文化产业发展专项资金，扶持补助金，上市、技术创新、荣誉称号、营收等奖励金，后者主要涵盖房屋拆迁、公共文化设施建设等。笔者经统计发现，2017年到2019年出版传媒上市企业获得的与收益相关的政府补助是资产相关补助的3.61倍。例如位于河南省的中原传媒从事出版、发行、印刷及印刷物资供应、媒体、数字教育，2019年政府补贴共有12项，共计获得1177.2万政府补助，包括河南省信息化发展专项资金、城市文化综合体、房屋搬迁补偿费、经营发展补助、价格补贴等。善于研究政策的企业，就会根据政府制订的补贴计划进行相应的申请，甚至出现用一份材料申请多个部门的补贴[10]。

四、出版传媒上市企业政府补助的效果评价

（一）数据来源及说明

政府补贴产生的经济效果和社会效果表现形式多种多样，如增加了企业资本、促进经济增长、增加就业机会等。学者在研究政府补助效果时，一般考察其经济效益和社会效益[11][12]。经济绩效指的是企业对资源利用的效率和净产出，大部分学者使用的指标是净资产收益率（ROE）。因此，为研究政府补贴对企业经济绩效的影响，采用出版传媒上市企业当期净资产收益率（ROE）作为经济绩效的代理变量，数据来源于公司公开披露的财务报表。社会效益指标（CSR）指的是出版传媒上市企业使用政府补助对利益相关者责任、环境责任和社会责任履行程度的综合考量。参照以往数据源选择[13]，本研究使用和

讯网上市公司社会责任(CSR)报告数据。作为国内首家上市公司社会责任专业评测产品,其数据可信度高、覆盖面广,研究中采用较多。

解释变量为出版传媒上市企业政府补助(Subsidy)。为获取更多有代表性的样本数据,选择2000—2019年在沪深A股上市的出版传媒上市企业。政府补贴数据来源于Wind数据库中计入营业外收入的政府补助,包括税收返还、政府奖励和直接的财政拨款等。为消除政府补助因企业规模差异悬殊而无可比性的影响,将政府补助与企业规模比值作为当年政府补助强度。

此外,本研究同样关心媒体的注意力是否能够显著调节企业获取政府补助后的经济绩效和社会责任履行。根据信号传递理论,媒体对于公司的经营与社会责任履行起着监督作用,媒体关注作为媒介监督的代理变量能够调节企业信息披露行为[14]。因此,将媒体关注(Media)与政府补助(Subsidy)生成的交互项纳入模型进一步检验。媒体关注数据手工整理自Wind公司财经新闻库,包括重要的网络媒体和报刊媒体财经新闻,研究者逐条阅读并以年份合计,取自然对数作为媒体关注的衡量指标。

为消除其他一些因素对出版传媒上市企业政府补助效果的影响,将研发投入(RD)、企业年龄(Age)、企业性质(Property)、企业资产负债率(Debts)、市场竞争强度(HHI)五个变量作为控制变量纳入回归模型。其中,研发投入为出版传媒企业研发投入资金,取对数值计算;企业年龄取自公司上市年限;企业性质分为国有企业(取值为1)和非国有企业(取值为0);企业资产负债率取自资本结构中的资产负债情况。以上四个指标的数据均来源于Wind数据库,考虑到每年出版传媒市场的竞争环境存在差异,参照既有研究成果[15],利用单个公司主营业务收入计算其所占行业市场份额，采用 CSMAR 数据库中的赫芬达尔指数反映当年出版传媒行业的市场竞争强度（HHI）。排除 ST 公司样本及以上重要指标所在年份的缺失值，总计获得 93 个观测值。

（二）描述性分析和相关分析

如表 5 所示的描述性分析，其中企业社会责任（CSR）均值为 23.94，企业净资产收益率（ROE）均值为 7.09，政府补贴强度（Subsidy）均值为 0.01。通过将各自均值与中位数的比较可知，政府补贴强度较大，但出版传媒上市企业盈利能力较强，社会责任履行偏弱。未取对数的媒体关注（Media）的均值为 8，极差为 367，说明不同出版上市企业的媒体关注度差异悬殊。进一步的相关分析如表 6 所示，媒体关注与企业社会责任履行正相关（$\beta=0.277, P<0.001$），与企业研发投入正相关（$\beta=0.241, P<0.01$），这说明媒体的注意力机制具有积极的监督效果。

表 5 变量的描述性分析

变量名	观测值	均值	标准误	最小值	最大值
CSR	93	23.94	14.78	−2.70	72.79
ROE	93	7.09	15.57	−106.10	27.42
Subsidy	93	0.01	0.01	3.96e−06	0.06
RD	93	7.29	1.68	3.75	11.47
Media	93	3.92	1.13	0.69	5.91
Debts	93	33.95	14.67	8.96	72.76
Age	93	19.09	12.03	3.00	53.00
Property	93	0.79	0.41	0.00	1.00
HHI	93	0.10	0.04	0.07	0.31

表 6 变量的相关性分析

	CSR	ROE	Subsidy	RD	Media	Debts	Age	Property	HHI
CSR	1								
ROE	0.348***	1							
	(0.001)								
Subsidy	−0.116	0.205**	1						
	(0.266)	(0.049)							
RD	0.094	−0.173*	−0.140	1					
	(0.372)	(0.098)	(0.179)						
Media	0.277***	0.151	0.0530	0.241**	1				
	(0.007)	(0.149)	(0.612)	(0.020)					
Debts	−0.262**	−0.262**	−0.023	−0.065	−0.372***	1			
	(0.011)	(0.011)	(0.826)	(0.536)	(0.000)				

（续表）

	CSR	ROE	Subsidy	RD	Media	Debts	Age	Property	HHI
Age	0.109	−0.203*	−0.291***	0.392***	−0.00400	−0.259**	1		
	(0.300)	(0.051)	(0.005)	(0.000)	(0.972)	(0.012)			
Property	−0.210**	0.052	−0.189*	0.111	−0.114	0.029	0.093	1	
	(0.043)	(0.619)	(0.069)	(0.291)	(0.277)	(0.785)	(0.373)		
HHI	−0.100	−0.095	0.229**	−0.108	−0.171	0.265**	0.064	0.061	1
	(0.342)	(0.366)	(0.027)	(0.304)	(0.101)	(0.010)	(0.542)	(0.559)	

注：*** 表示 $P<0.001$，** 表示 $P<0.01$，* 表示 $P<0.05$

此外,政府补助与企业经济绩效正向显著相关($\beta=0.205$, $P<0.01$),但与企业社会责任履行负相关($\beta=-0.116$, $P>0.05$),其中国有企业社会责任履行偏弱($\beta=-0.21$, $P>0.01$),这说明出版传媒企业政府补助的经济和社会效益存在失衡问题,是否具有统计学意义上的显著关系还需进行实证回归检验。

(三)实证结果

首先,本研究使用多元线性回归分析考察出版传媒上市企业政府补助对企业经济绩效和社会责任履行的净影响。如表7中模型1和模型3结果显示,出版传媒上市企业政府补助强度正向显著影响企业的经济绩效($\beta=308.553$, $P<0.01$),但政府补助负向显著影响企业的社会责任履行($\beta=-306.307$, $P<0.01$)。这意味着,政府对出版企业的补助能够显著影响企业利润表现,促进企业的经营生产,但是政府对出版企业给予一定的补贴并没有有效促进当期出版企业积极履行社会责任。

进一步分析,政府补助对于国有企业性质的出版传媒上市公司而言更能促进其经济绩效的提升($\beta=8.427$, $P<0.01$),但阻碍其履行企业社会责任($\beta=-10.666$, $P<0.001$)。那么,如何能够引导出版传媒企业将社会责任履行放在首位,兼顾社会效益与经济效益?研究发现,出版传媒上市企业的经济绩效和社会责任履行是双向显著的促进关系($\beta=0.418$, $P<0.001$; $\beta=0.395$, $P<0.001$),而非二元对立关系。这表明出版传媒上市企业积极履行社会责任并不意味着有限资源的无谓消耗,反而能通过创造良好的外部环境正向促进其经济效益的增加。

其次,本研究感兴趣的是,媒体关注作为信号传递是否能够调节出版传媒企业行为,从而使得政府补助更好地服务于提升企业经济绩效和履行社会责任?如模型2和模型4所示,回归方程模型建构了媒体关注与政府补助的交互项 Subsidy *

Media 变量,结果表明媒体关注并不能显著正向调节政府补助对出版传媒企业净资产收益率的影响($\beta=124.923, P>0.05$),但是媒体关注正向显著影响企业社会责任履行($\beta=4.27, P<0.01$),且媒体关注负向调节政府补助对社会责任履行的负向影响。也就是说,出版传媒企业获得的政府补助并没有换来正向的社会责任履行($\beta=-306.307, P<0.01$),但是媒体关注能够影响企业行为,强化企业社会责任履行($\beta=4.27, P<0.01$),减弱政府补助对企业社会责任履行的负面效应($\beta=-193.682, P<0.01$)。作为一种非正式监督机制,媒体监督能够通过声誉和市场等传导机制间接影响企业行为,意味着畅通媒体监督的信号机制能够发挥拉斯韦尔所说的媒介的环境监测作用。

表7 出版传媒上市企业政府补助对经济绩效和社会效益影响的回归分析

变量	净资产收益率(ROE)		社会责任履行(CSR)	
	模型(1)	模型(2)	模型(3)	模型(4)
Subsidy	308.553**	−150.875	−306.307**	413.738
	(137.053)	(381.056)	(133.112)	(357.055)
Media		−1.458		4.270**
		(1.864)		(1.702)
Subsidy * Media		124.923		−193.682**
		(96.687)		(89.668)
Debts	−0.210*	−0.191	−0.145	−0.103
	(0.109)	(0.117)	(0.107)	(0.112)
Age	−0.243*	−0.229	0.067	0.088
	(0.141)	(0.145)	(0.139)	(0.138)
Property	8.427**	9.734**	−10.666***	−11.715***
	(3.586)	(3.742)	(3.408)	(3.439)
HHI	−25.778	−35.125	21.026	35.579
	(35.379)	(36.189)	(34.437)	(34.121)

(续表)

变量	净资产收益率(ROE)		社会责任履行(CSR)	
	模型(1)	模型(2)	模型(3)	模型(4)
RD	−1.389	−1.557	1.243	1.047
	(0.924)	(0.977)	(0.900)	(0.929)
CSR	0.418***	0.443***		
	(0.102)	(0.106)		
ROE			0.395***	0.395***
			(0.096)	(0.094)
常数	12.482	17.501	24.464***	7.083
	(8.969)	(11.187)	(8.412)	(10.683)
观测值	93	93	93	93
判定系数(R^2)	0.320	0.333	0.286	0.341

注：*** 表示 $P<0.001$，** 表示 $P<0.01$，* 表示 $P<0.05$

五、进一步完善出版传媒上市企业政府补助的路径探讨

尽管"十三五"时期，我国出版传媒上市企业政府补助总量大，但降幅尤为明显。区域补助差异较大，中部地区出版企业受惠覆盖面广；政府补助名目繁多，甚至存在交叉补贴的现象；出版传媒上市企业政府补助的效果存在社会责任履行与经济绩效失衡的问题，尤其是国有出版企业。因此，本研究拟基于实证研究结果，针对政府补助涉及的不同主体提出建议和策略，以进一步完善政府补助政策的治理效益。

（一）遵循政府补助的精细化治理逻辑

从词源上理解，精细化是一种以最大限度地减少管理所占用的资源和成本为主要目标的管理方式。通过对战略和目标进行分解、细化和落实，以管理责任的明确和落实来实现目标。

20世纪80年代,随着新公共管理运动的兴起,学者开始把企业管理中精细化管理的理念和思想引入政府管理,强调政府治理的规范性、专业性和技术性[16]。政府对出版传媒行业的补助亟待强化供给侧结构改革,施行精细化治理逻辑。

具体而言,一是需要持续强化对出版传媒企业的政府补助,以"连续性合理补助"取代"断层式过度补助"。本研究发现,政府对出版传媒上市企业的补助波动性较大,导致出版企业容易形成补助路径依赖和政策迎合不良现象,"连续性合理补助"强调政府根据出版传媒企业实际经营情况和战略发展目标进行持续性投入、监督、评估,建立规范化和专业性的政府补助机制,摆脱粗放式政府补助模式。二是将政府补助的技术治理运用于实际宏观调控中,引入政府补助良性竞争机制。针对区域补助差异悬殊和名目繁多的问题,尽管目前大多数出版传媒上市企业都是地方国有企业,尤其是中部地区出版企业受到政府的大额补助,仍然需要引入政府补助的竞争和监督机制,引导出版传媒企业进行技术创新和内容创新,明晰补助类别,发挥政府补助的正面促进效应。例如深圳市从顶层设计上统筹安排,设立财政性专项资金,采用资助、奖励、贷款贴息等多元化扶持手段,按照不同的引导目的,涵盖促进自主创新、加强创意引领、培育产业主体、鼓励内容原创、推动集聚发展、拓展国内外市场、构建产业服务平台、完善金融支持体系等,给予不同程度不同比例的政府补助,促进文化产业类资金精细化使用与管理[17]。

(二)加强公司治理,坚持社会效益优先,经济效益和社会效益协同

中共中央办公厅、国务院办公厅印发的《关于推动国有文化企业把社会效益放在首位、实现社会效益和经济效益相统一的指导意见》明确提出,文化企业提供精神产品、传播思想信

息、担负文化传承使命,必须始终坚持把社会效益放在首位,实现社会效益和经济效益相统一。尽管业内不少声音认为作为出版企业,内容的"盈利模式"是出版企业媒体融合的"生命线"[18],内容的生产和变现涉及文化产品的双重属性,然而出版企业在管理运营模式方面存在的非市场化特征不利于文化企业真正转型为市场竞争主体,在缺乏持续的经济效益支持下,可能最终会削弱社会效益目标的实现[19]。

值得注意的是,本研究回归结果显示,要提升出版传媒企业的经济绩效,除了通过政府补助手段外,企业自身积极履行社会责任同样能够提质增效。但是政府补助并未有效发挥促使企业履行社会责任的正面效应。此外,时间序列数据分析显示,获得政府连续性补助的国有企业,其经济绩效也表现不佳,国有文化资本运行效率还不够高,内部经营管理问题比较多。政府补助对出版传媒企业经营影响往往会产生"账面效应"和"能力效应",前者依靠政府补助弥补亏空,增强账面盈利性;后者则通过政府资金优化企业生产、人员福利、社会环境、渠道拓展、技术革新等方面,切实提升出版企业竞争力。因此,传媒企业亟待加强公司内部治理,不得擅自改变支出用途,应将政府补助用于实处,加强创新能力培养,实现社会效益与经济效益协同。如中原出版传媒集团作为河南省最大的国有文化产业集团,点多、线长、面广,下属有五级子(分)公司共204家,通过强化公司治理,建章立制构建现代企业治理体系,实现良好的财务资产管理,建立内部权力运行监督制度,架构了企业治理体系和监督网络体系的"四梁八柱",激发出版传媒企业新动能[20]。

(三)畅通政府补助的媒体监督反馈信号

研究发现,媒体关注对企业社会责任履行具有显著的正向作用,而且能够积极调节获得政府补助的出版传媒企业的社会责任履行行为。媒体关注是一种社会注意力,主要通过行政介入、声誉机制等发挥监督作用。一方面,媒体通过市场压力机制发挥公司治理作用,媒体尤其喜欢披露公司或公司高管的失当行为与违规事件,这容易引起读者和社会的关注,也更能够引发外部投资者的共鸣[21]。媒体的报道特性使其参与并逐步加强其在公司治理中的作用。另一方面,媒体监督也能制约政府越权行为,当下各省的出版传媒上市企业大多是地方政府作为实际控制人,作为市场主体的企业在经营过程中面临着政府过度干预的风险,不利于营造出版传媒市场的公平、公开与公正环境。因此,畅通政府补助的媒体监督反馈信号,有助于发挥媒介的社会监测功能,将政府、市场与社会的需求进行有效连接。

六、结语

随着文化产业发展转型升级,出版传媒业的发展事关人民精神生活的质量。然而当前出版传媒上市企业政府补助还存在补助方式不合理、区域差异悬殊以及社会经济效益不匹配等问题。因此,科学精准地利用政府补助促进出版传媒企业的可持续发展,需要实现三方的合力:政府补助要遵循精细化治理逻辑;企业要强化公司内部治理,尤其是处理好经济效益和社会效益的关系;媒体要发挥政府补助监督反馈的作用,畅通政府、市场和社会关切的信号。本文勾勒了近五年来我国出版传媒上市企业的政府补助地图,并对其社会和经济效益评价予以实证检验,弥补了现有学术界对出版传媒企业政府补助关注的不足,也为现实出版传媒行业治理实践提供了一定的方法路径。

注释

[1] 刘儒、王换:《中国经济体制改革历史演进的内生性逻辑与基本经验——以政府与市场的关系为主线》,《西安交通大学学报》(社会科学版)2018年第6期。

[2] 国家新闻出版署:《2019年新闻出版产业分析报告(摘要)》,2020年11月,来源:http://www.nppa.gov.cn/nppa/contents/280/75186.shtml.2021年7月3日。

[3] 黄健:《出版产业论》,南宁:广西人民出版社,2005年,第21页。

[4] 吴赟:《文化与经济的博弈》,北京:中国社会科学出版社,2009年,第96页。

[5] 苏州文化广电局:《关于落实文化产业倍增计划的扶持政策》,2021年1月,来源:http://wglj.suzhou.gov.cn/szwhgdhlyj/xzzflc/202101/8438ec3e48e74bfeb4d208b958c9df63.shtml.2021年7月3日。

[6] 唐清泉、罗党论:《政府补贴动机及其效果的实证研究——来自中国上市公司的经验证据》,《金融研究》2007年第6期。

[7] 王凤翔、陈柳钦:《地方政府为本地竞争性企业提供财政补贴的理性思考》,《经济界》2005年第6期。

[8] 陆琦林:《我国上市公司政府补助现状与分布》,《地方财政研究》2017年第10期。

[9] 邴怡捷、张奕妍:《政府补贴强度对文化传媒上市企业经营效果的实证分析》,《财会研究》2020年第8期。

[10] 新京报:《文化类公司获政府补贴6年增4倍》,2014年9月,来源:https://www.chinaxwcb.com/info/36298.2021年7月15日。

[11] 曾繁荣、吴蓓蓓:《政府补助的社会与经济绩效研究》,《财会通讯》2018年第24期。

[12] 唐清泉、罗党论:《政府补贴动机及其效果的实证研究——来自中国上市公司的经验证据》,《金融研究》2007年第6期。

[13] 王凯丽:《企业社会责任与盈余质量——来自财务重述的证据》,《中南财经政法大学研究生学报》2018年第3期。

[14] 章羽红、李小光:《媒体关注度、报道态度与年报披露及时

性——基于传媒上市公司经验证据的实证研究》,《山东社会科学》2020年第4期。

[15] 叶建木、盛雅婷、李夏露:《股权激励、行业竞争与税负粘性》,《武汉理工大学学报》(信息与管理工程版)2021年第2期。

[16] 雷晓康、张田:《数字化治理:公众参与社会治理精细化的政策路径研究》,《理论学刊》2021年第3期。

[17] 深圳市人民政府:《深圳市人民政府印发关于文化产业发展专项资金资助办法的通知》,2020年2月,来源:http://www.sz.gov.cn/zfgb/2020/gb1135/content/post_6725771.html.2021年11月11日。

[18] 李永强:《出版企业媒体融合的内容建设挑战及应对策略》,《中国出版传媒商报》2019年5月24日,第4版。

[19] 王政君:《出版企业经营管理中若干具体问题的思考》,《中国新闻出版广电报》2020年5月12日,第4版。

[20]《推动企业治理体系和治理能力现代化水平持续提升》,《中国新闻出版广电报》2019年12月31日,第4版。

[21] 李建标、张斌、李朝阳:《媒体监督与公司治理:一个理论模型》,《郑州大学学报》(哲学社会科学版)2010年第3期。

Research on the Effect Evaluation of Government Subsidies of Listed Publishing and Media Enterprises in China

LI Longfei

Abstract: As the cultural industries has gradually become a pillar industry of the national economy in China, the government has strengthened the subsidies to the listed publishing and media enterprises. However, there is a lack of dynamic tracking of the diachronic trend of government subsidies and the evaluation of economic and social benefits. Through the diachronic analysis of the government subsidy data of China's listed publishing and media enterprises from 2015 to 2019, the research finds that the total amount of government subsidy is large and various, but the subsidy has a strong decline. Coverage is wide, but regional differences are great. State-owned enterprises have good continuity of government subsidies, but poor business performance. Multiple linear regression shows that the economic and social benefits of listed publishing and media enterprises subsidized by the government are unbalanced, but media attention helps to actively regulate CSR performance. Therefore, the government subsidy should practice the logic of fine governance. Publishing and media enterprises should strengthen the internal governance of the company and strengthen the unimpeded media supervision feedback signal of the government subsidy, so as to give full play to the dividend effect of the government subsidy policy to promote people's spiritual better life.

Key words: Effect Evaluation; Government Subsidy; Publishing and Media Enterprises; Empirical Research

2020年中国新闻出版上市公司绩效数据报告

朱静雯　姚俊羽　羊晚成

摘　要　本文采用价值规模、市场表现、盈利能力、运营能力、成长能力、偿债能力6个二级指标和22个三级指标,运用基于突变理论和熵权法的评价模型,对2020年度30家新闻出版上市公司财务绩效数据进行分析,从中国新闻出版行业概观、绩效数据排行榜、绩效指标分析和龙头上市公司能力分析四个方面阐述我国新闻出版上市公司现状,以期为相关研究和实践提供参考。

关键词　新闻出版　上市公司　绩效数据　中国

一、中国新闻出版行业概观

（一）2020年新闻出版行业发展特点

1.智能共享是突围方向,融合出版获显著成效

2020年,突如其来的新冠疫情引发新闻出版业深刻变革。

作者简介　朱静雯,女,武汉大学信息管理学院教授,博士生导师,武汉大学大数据研究院传媒大数据研究中心主任。研究方向:媒介经营与管理、传媒企业战略管理。电子邮箱:jwzhu2002@aliyun.com。姚俊羽,女,武汉大学信息管理学院硕士研究生。羊晚成,男,浙江万里学院物流与电子商务学院讲师,博士。研究方向:媒介经营与管理。电子邮箱:812007805@qq.com。

实体书店停摆，网店物流停滞，疫情给新闻出版行业带来沉重打击的同时，也助推人们文化消费需求和习惯的重塑，加快产业数字化进程。疫情期间，居家读书、线上授课、直播带货、视频学术会议迅猛发展，挤压传统出版市场，倒逼传统出版业加快转型升级，传统出版与数字出版从"相加"走向"相乘"，融合发展之路步伐更加稳健，全产业链转型升级迈上新台阶。在市场需求、新冠疫情的双重压力下，出版业的生产运营模式正在发生根本性变革。数字化、信息化趋势不可逆转，开放存取、知识共享与数字化、智能化相结合或将成为出版业的突围方向。

浙数文化以科技与内容为抓手，推动浙报融媒体科技的发展，着力开发和完善"天目云""天枢"等多个技术平台，打通融媒体内容生产、风控、分发和精细化运营各个环节，并基于融媒体生态全链路赋能，推动传统媒体、县域融媒体与新兴媒体在内容、渠道、流量、经营、管理等方面深度融合。2020年，天枢平台共引入用户1853家，初步形成可用内容库体系。

2. 阅读习惯重塑，数字阅读平台黏性增强，驶入数智化阅读新车道

2020年中国数字阅读用户规模达4.94亿，较2019年增长5.56%；数字阅读产业规模达351.6亿元，同比增长21.8%，增速小幅回升（见图1）。疫情加速人们数字阅读习惯的形成与巩固，付费意愿高达86.3%，付费阅读App月活跃用户规模达2.2亿，数字阅读平台用户黏性增强，更多用户愿意为高质量内容买单。在专业阅读收入中，内容/服务付费收入占97.2%；有声阅读收入中，付费音频收入占62.6%[1]。

5G商用加速数字阅读内容供给在云服务、物联网、AI、AR/VR等方面的智能化进程，云端图书馆、云书店等新场景、

新模式涌现,数字阅读驶向智能化发展新车道。数智阅读将提升用户阅读体验,满足用户多元需求。

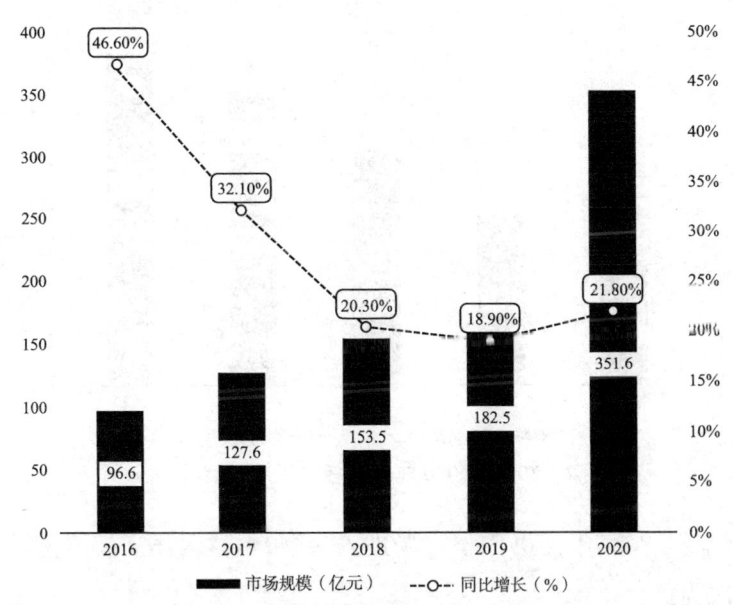

图1 2016—2020年数字阅读产业规模(亿元)

3. 在线教育迅猛发展,精细化运营是大势所趋

2020年在线教育市场下沉,行业渗透率激增。2020年3月在线教育用户规模升至4.23亿人,随着复工复学稳步推进,用户规模有所回落,2020年全年用户规模预计达3.51亿人,市场规模将超过4800亿元,增速高达20.2%[2](见图2)。

社会分工精细化使教育领域呈现多样化需求,在线教育发展至今,仍有新赛道尚待发掘。同时,随着在线教育下沉市场开启、用户触达率和用户黏性的提升,用户对在线教育内容需求随之提高,精细化、精品化的教育内容逐渐成为吸引用户流量的关键。面对愈发激烈的市场竞争环境,深耕细分领域,打造精品教育内容是在线教育平台塑造核心竞争力的重要途径,精细化运营是大势所趋。

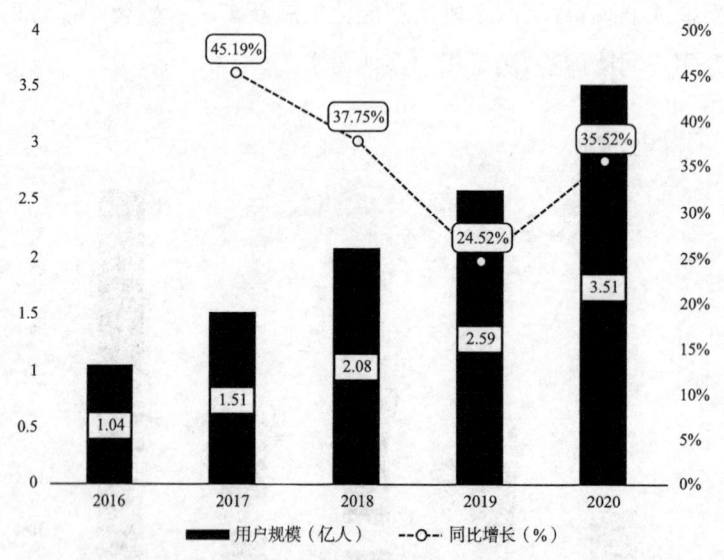

图 2　2016—2020 年在线教育用户规模（亿人）

4. 疫情下图书零售市场进入寒冬，整体码洋规模增速首次为负

2015—2019 年，图书零售市场一直保持 10% 以上的增速。2020 年受新冠疫情影响，码洋规模首次出现负增长，码洋规模跌破千亿，同比下降 5.08%。其中，尤以实体渠道受疫情影响最为明显，同比下降 33.8%，降幅急剧拉大，码洋规模 203.6 亿元；网店渠道同比增长 7.27%，增速放缓，码洋规模 767.2 亿元。随着国内疫情防控形势持续向好，图书零售市场逐渐回暖，码洋规模前 3 季度降幅逐渐收窄，第四季度恢复小幅正增长，同比上升 0.25%[3]（见图 3）。

（二）新闻出版上市公司发展全景

1. 数字技术赋能疫情防控，寻觅融合发展新契机

2020 年，新闻出版业利用数字技术加强出版服务，共克时艰。面对突如其来的疫情，新闻出版上市公司快速出版疫情防控出版物，扩大线上优质出版内容供给与传播。相关疫情防控

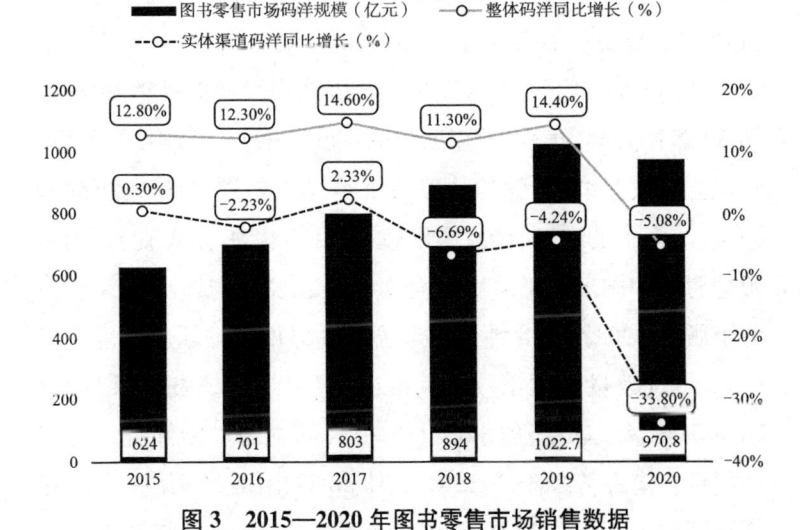

图 3　2015—2020 年图书零售市场销售数据

类、心理疏导类图书,优先推出电子书、有声书等版本,精选优质数字内容免费开放。中国出版旗下商务印书馆出版《抗击疫情湖北方言通》,根据使用场景开发微信版、网络版、融媒体口袋书等多种阅读形式;长江传媒出版的《新型冠状病毒肺炎预防手册》累计发行 70 万册,电子版点击量超 5000 万次。

在教育部"停课不停学"的倡导下,全国各地大中小学生居家在线学习,为教材教辅等教育出版内容资源与技术融合提供发展契机[4]。凤凰传媒旗下凤凰易学已初步建成包括 App、小程序、公众号、Web 端在内的产品矩阵,为数字教材教辅提供支撑服务,已完成 400 多种教材教辅数字化升级。

2. 主题出版贺礼建党百年华诞,凝聚英雄抗疫力量

2020 年,出版单位紧扣全面建成小康社会、决胜脱贫攻坚、献礼中国共产党一百周年华诞等重要政治事件和历史节点,遵循"为党立心、为国立言、为时代立文、为英雄立传"的原则和使命,共策划上报 2233 种主题出版物,较 2019 年增长 20%,其中重点出版物选题 125 种,较上年增长 39%。在 125

种重点出版物选题中,脱贫攻坚主题占 21.6%,新冠疫情主题占17.6%,建党一百周年主题占 12.8%[5]。

凤凰传媒旗下江苏人民出版社围绕庆祝建党百年,组织策划 60 多种为党史学习教育助力的主题图书。《开端:中国共产党成立述实》《锻造:党的建设一百年》《向北方》《1949:决战京沪杭》等图书的出版,体现了出版人"百年辉映,永葆初心"的出版理念。中国出版围绕决胜全面小康、决战脱贫攻坚,策划主题出版物 300 余种,8 种图书入选中宣部年度主题出版重点出版物,入选数量全国第一。其推出的《习近平扶贫故事》印行50 多万册,《三联生活周刊》入选中宣部主题宣传优秀选题资助项目。南方传媒于 2020 年 1 月 23 日出版全国第一本新冠疫情防控书籍《新型冠状病毒感染防护》,发行量突破 193 万册;《写给孩子的新型冠状病毒科普绘本》销量达 20 万册;《漫画人类抗疫简史》入选 2020 年"原动力"中国原创动漫出版扶持计划。

3. 实体书店遭遇流量低谷,于危机中培育先机

疫情期间,居家在线阅读,线上购买图书,读者的阅读和消费习惯重塑,让原本就在夹缝中生存的实体书店遭遇前所未有的客流量严冬,普遍陷入入不敷出的困境。危机下必有阵痛,实体书店没有坐以待毙,而是在危机中寻觅机会,开放思路创新求变,试图借此契机实现转型升级并向纵深发展。

疫情期间实体书店守正创新,开拓线上内容服务蓝海,更新营销方式,采取多种方式寻求出路。比如发起众筹,寻求有书店情怀的读者助渡难关;与平台联手尝试外卖,搭上"直播带货"快车;开展云书展、线上读书会等活动[6]。中国出版旗下的生活·读书·新知三联书店最先试水直播营销,中国出版于"4·23"世界读书日期间策划近百场线上阅读推广活动,图书线上销售码洋同比增长20.8%。与此同时,上市公司积极探索

实体书店运营新模式，为不同场景人群提供线上渠道所不具备的真实阅读场景，拓展多元服务，提升书店服务附加值，真正让实体书店从"城市客厅"变为"书香灯塔"。新华传媒打造"一城一地标，一区(市)一功能书店，多网店多特色书店"生态发展格局。规划书店网点，市中心及东南西北四个方位各设一家"书店＋文化空间"一站式大型书城；郊区设"一区一店一特色"门店，打造特色鲜明的"社区书店"。

4. C端重塑图书营销渠道，搭建全媒体营销矩阵

2020年，线下渠道受创，C端重塑图书营销渠道。为减少经济损失，图书营销全面向线上转移，实体书店或在天猫、当当、京东等电商平台开通网店，或开通微店通过社群服务拓展网络销售渠道。短视频平台抖音、快手，内容社区小红书，内容平台B站等开始大规模介入图书销售，众多出版机构入驻这些新媒体内容电商平台，新的图书销售渠道迅速崛起。2020年，长江传媒旗下湖北省新华书店集团全面开展社群营销，直播带货成为新常态。

疫情倒逼出版企业直面传统营销模式弊端，加强全媒体营销体系建设，构建以用户体验为核心的全媒体营销链路[7]。中信出版通过技术和产品搭建直播营销、微信营销、社交媒体营销、短视频营销、搜索引擎营销等新媒体营销矩阵，持续积累口碑效应；建立实体门店、平台电商、自媒体矩阵、社群电商、分销平台和机构客户等全渠道销售网络，提高销售转化效率；统筹考虑内容策划、市场传播、产品销售与客户服务，提高用户满意度。

5. 文化交流顺势而为，线上文化"走出去"异彩纷呈

受新冠肺炎疫情全球蔓延影响，国际书展纷纷取消，图书出口运输受阻，出版社海外分支机构运营举步维艰，我国出版"走出去"也受到一定影响。面对疫情带来的冲击，我国出版业

积极调整"走出去"战略,积极参加线上云书展,加大数字产品输出比例,将我国抗疫经验和抗疫故事向全世界分享,服务全球抗疫大局。

人民文学出版社开拓"走出去"新模式,在 Instagram 上创立人文社账号,开辟中外文学交流窗口;中国外文局发起并建设运营"中国国际云书馆"项目,充分利用虚拟现实构建 3D 虚拟展厅,为各国出版机构提供丰富的图书版权资源和出版信息;中国出版集团推出"中版好书云展销"平台,吸引 150 多家海外图书馆、大学、研究机构参加,实现海外销售渠道的畅通;中国出版机构线上参加第 57 届意大利博洛尼亚国际童书展、第 72 届法兰克福书展、第 27 届北京国际图书博览会,以线上线下相结合的方式参加第八届上海国际童书展;向海外输出抗疫图书版权或直接出版多语种图书,分享中国抗疫经验;人民卫生出版社联合五洲传播出版社推出 10 个语种的《新型冠状病毒肺炎公众防护手册》和《新型冠状病毒肺炎公众心理与自助疏导手册》。

(三)新闻出版上市公司地域分布及营收状况

从新闻出版公司上市历程来看,自博瑞传播 2000 年上市以来,新闻出版企业共经历 2006—2007 年、2010—2012 年、2015—2017 年三次上市热潮,于 2017 年达到顶峰。新一轮浪潮退去,2018 年进入平静期,2019 年仅中信出版成功上市。截至 2020 年年底,A 股市场共有 30 家新闻出版上市公司。2021 年,读客文化、浙版传媒、果麦文化、龙版传媒相继挂牌上市,新闻出版上市公司达到 34 家。

从新闻出版上市公司全国分布来看,地域分布不平衡。北京作为政治文化中心,凭借得天独厚的区位优势和丰富的资源禀赋,形成强大的集群凝聚力,吸附 7 家新闻出版上市公司,占比 20.59%。除北京外,新闻出版上市公司在东部沿海和中部省会城市聚集,浙江省5家,山东省3家,上海、安徽、广东、湖南、四川各有2家;西部和东北地区则因区位、文化因素鲜有新闻出版上市公司驻足。2021年,随着A股新成员上市,长三角地区新闻出版上市公司数量将直追北京,未来围绕优质出版资源、发行渠道和消费终端的市场竞争日趋激烈。

2020年新闻出版上市公司营收大盘稳定,总资产微幅有增,净利润两极分化。新闻出版上市公司上半年受疫情影响营收下滑,下半年有所回暖,30家上市公司年营业收入总额为1278.92亿元,相较2019年的1280.83亿元略有下降,整体表现相对稳定,但仍有60%的公司营业收入同比减少。30家上市公司资产总量增加,达2565.44亿元,较2019年微有增幅,增长率为3.55%。整体来看,新闻出版业资本市场规模持续扩张,为上市公司后续发展提供强有力的资金支持。虽然市场环境乏力低迷,但新闻出版上市公司普遍能够实现盈利;个别公司下沉明显,严重掉队,出现巨额亏空,盈利状况两极分化。2020年30家新闻出版上市公司实现归母净利润总额为113.74亿元,同比下降15.27%。

二、新闻出版上市公司绩效数据排名及分布状况

本部分的排行榜采用价值规模、市场表现、盈利能力、运营能力、成长能力、偿债能力6个二级指标和22个三级指标,运用基于突变理论和熵权法的评价模型,对2020年度30家新闻出版上市公司财务绩效数据进行排名。

(一)新闻出版上市公司绩效数据排名

1. 综合绩效数据排名

2020年,凤凰传媒各项指标表现优异,在新闻出版上市公司综合绩效排名中摘得桂冠。30家新闻出版上市公司中,唯

有中文在线一家公司 2020 年综合绩效值较 2019 年有所提高，排名提升 9 名，其余 29 家公司综合绩效值均呈小幅下滑态势。2020 年新闻出版上市公司综合绩效平均值为 93.20，虽与 2019 年相比下降 1.62，但在 5 个子行业中仍然保持明显领先优势（见表 1）。

表 1 2020 年度新闻出版上市公司综合绩效排名

排名	公司简称	公司代码	绩效值	排名	公司简称	公司代码	绩效值
1	凤凰传媒	601928	94.43	16	城市传媒	600229	93.35
2	中南传媒	601098	94.25	17	中国出版	601949	93.27
3	山东出版	601019	94.22	18	出版传媒	601999	93.21
4	中原传媒	000719	94.14	19	读者传媒	603999	93.18
5	中文传媒	600373	94.13	20	中文在线	300364	93.16
6	皖新传媒	601801	94.00	21	博瑞传播	600880	92.96
7	新华文轩	601811	93.96	22	新华网	603888	92.92
8	掌阅科技	603533	93.85	23	世纪天鸿	300654	92.89
9	新经典	603096	93.80	24	人民网	603000	92.88
10	时代出版	600551	93.78	25	粤传媒	002181	92.71
11	中信出版	300788	93.75	26	平治信息	300571	92.22
12	长江传媒	600757	93.74	27	新华传媒	600825	92.13
13	浙数文化	600633	93.69	28	华媒控股	000607	91.26
14	中国科传	601858	93.67	29	华闻集团	000793	90.81
15	南方传媒	601900	93.54	30	天舟文化	300148	90.12

2. 价值规模排名

2020 年，中南传媒以 77.91 的价值规模绩效值超过凤凰传媒，问鼎新闻出版上市公司价值规模排行榜；凤凰传媒位居第二。除冠亚军位置互换，TOP 5 未发生变动，头部公司价值规模稳定。2020年,30家新闻出版上市公司价值规模与2019年相比均呈现不同程度下滑,首尾公司价值规模绩效值差距悬殊,高达27.52,但差距逐渐缩小。中国出版和天舟文化价值规模排名均下滑7名,其他28家上市公司排名浮动不超过5名,新闻出版上市公司价值规模具有一定的稳定性(见表2)。

表2　2020年新闻出版上市公司价值规模排名

排名	公司简称	公司代码	绩效值	排名	公司简称	公司代码	绩效值
1	中南传媒	601098	77.91	16	新华网	603888	58.67
2	凤凰传媒	601928	77.66	17	新华传媒	600825	57.44
3	中文传媒	600373	74.40	18	平治信息	300571	57.20
4	山东出版	601019	74.09	19	博瑞传播	600880	57.12
5	新华文轩	601811	73.64	20	中国出版	601949	56.86
6	皖新传媒	601801	71.46	21	华媒控股	000607	56.20
7	中原传媒	000719	70.69	22	中信出版	300788	56.16
8	南方传媒	601900	68.86	23	掌阅科技	603533	55.94
9	时代出版	600551	65.06	24	粤传媒	002181	55.91
10	长江传媒	600757	64.38	25	天舟文化	300148	55.02
11	浙数文化	600633	63.36	26	读者传媒	603999	54.61
12	华闻集团	000793	62.23	27	新经典	603096	54.11
13	城市传媒	600229	59.38	28	人民网	603000	53.37
14	出版传媒	601999	58.86	29	中文在线	300364	53.15
15	中国科传	601858	58.74	30	世纪天鸿	300654	50.39

3. 市场表现排名

2020年,掌阅科技市场表现出色,绩效排名突飞猛进,跃居新闻出版上市公司市场表现排行榜首位,与2019年相比,其市场表现绩效值提高6.47,排名提升23个位次,至第二。2020

年新闻出版上市公司市场表现竞争格局变动幅度大。2019年冠军人民网市场表现欠佳,排名跌至第 26 位;平治信息下跌 24 名,垫底新闻出版上市公司;浙数文化脱离头部梯队,下滑 11 名,进入尾部队列;世纪天鸿则提升 23 名,摘得前三甲席位;皖新传媒前进 14 名,进步显著(见表3)。

表3　2020年度新闻出版上市公司市场表现排名

排名	公司简称	公司代码	绩效值	排名	公司简称	公司代码	绩效值
1	掌阅科技	603533	77.90	16	新华文轩	601811	73.43
2	新经典	603096	76.98	17	中国科传	601858	73.38
3	世纪天鸿	300654	76.74	18	中国出版	601949	73.21
4	山东出版	601019	75.66	19	出版传媒	601999	73.09
5	凤凰传媒	601928	75.48	20	华媒控股	000607	72.15
6	中原传媒	000719	75.32	21	浙数文化	600633	72.15
7	中南传媒	601098	75.29	22	中文在线	300364	72.09
8	中信出版	300788	75.07	23	粤传媒	002181	72.08
9	皖新传媒	601801	74.54	24	中文传媒	600373	71.83
10	城市传媒	600229	74.47	25	读者传媒	603999	70.68
11	长江传媒	600757	74.43	26	人民网	603000	69.83
12	南方传媒	601900	73.93	27	华闻集团	000793	69.61
13	时代出版	600551	73.78	28	新华网	603888	68.94
14	新华传媒	600825	73.70	29	平治信息	300571	66.09
15	博瑞传播	600880	73.51	30	天舟文化	300148	61.61

4. 盈利能力排名

在 2020 年新闻出版上市公司盈利能力排名中,中文传媒以 0.39 的微弱优势领先凤凰传媒,拔得头筹。2020 年新闻出版上市公司盈利能力整体保持较高水平,首尾公司差距较小但渐趋扩大。尾部公司盈利能力下滑明显,华闻集团绩效值降低11.17,垫底新闻出版上市公司;天舟文化绩效值下降10.79。2019年TOP 5中的新经典和平治信息分别下滑8名和14名,至中部梯队(见表4)。

表4 2020年度新闻出版上市公司盈利能力市场排名

排名	公司简称	公司代码	绩效值	排名	公司简称	公司代码	绩效值
1	中文传媒	600373	92.66	16	中信出版	300788	90.92
2	凤凰传媒	601928	92.27	17	人民网	603000	90.92
3	山东出版	601019	92.14	18	平治信息	300571	90.74
4	中南传媒	601098	92.13	19	城市传媒	600229	90.63
5	新华文轩	601811	91.95	20	博瑞传播	600880	90.47
6	中原传媒	000719	91.47	21	时代出版	600551	90.45
7	长江传媒	600757	91.41	22	新华网	603888	90.43
8	南方传媒	601900	91.29	23	出版传媒	601999	90.34
9	浙数文化	600633	91.27	24	世纪天鸿	300654	90.33
10	中国出版	601949	91.27	25	读者传媒	603999	90.24
11	新经典	603096	91.22	26	中文在线	300364	90.17
12	粤传媒	002181	91.20	27	新华传媒	600825	88.78
13	中国科传	601858	91.13	28	华媒控股	000607	88.52
14	掌阅科技	603533	90.99	29	天舟文化	300148	85.09
15	皖新传媒	601801	90.94	30	华闻集团	000793	84.83

5.运营能力排名

2020年中信出版在新闻出版上市公司运营能力绩效排名中脱颖而出,以71.34的绩效值一举夺魁。新华传媒2020年运营能力表现亮眼,绩效值猛升19.51,扭转垫底趋势,摘得亚军。从整体上看,2020年新闻出版上市公司运营能力呈现小幅下降态势,同时行业内部运营能力差距不断缩小。中国出版、中南传媒和城市传媒绩效值跌破新闻出版行业平均绩效值;只有中文在线和新华传媒两家上市公司实现运营能力绩效值正增长(见表5)。

表5　2020年度新闻出版上市公司运营能力排名

排名	公司简称	公司代码	绩效值	排名	公司简称	公司代码	绩效值
1	中信出版	300788	71.34	16	南方传媒	601900	63.86
2	新华传媒	600825	70.69	17	新经典	603096	63.75
3	中国科传	601858	70.28	18	出版传媒	601999	63.72
4	凤凰传媒	601928	68.53	19	中国出版	601949	63.49
5	掌阅科技	603533	68.40	20	中南传媒	601098	63.44
6	时代出版	600551	67.91	21	城市传媒	600229	63.22
7	中原传媒	000719	67.83	22	华媒控股	000607	62.31
8	中文传媒	600373	67.56	23	人民网	603000	62.07
9	浙数文化	600633	67.46	24	新华网	603888	59.53
10	皖新传媒	601801	65.90	25	天舟文化	300148	58.14
11	长江传媒	600757	65.42	26	世纪天鸿	300654	57.76
12	读者传媒	603999	65.17	27	华闻集团	000793	56.02
13	山东出版	601019	64.64	28	博瑞传播	600880	55.82
14	新华文轩	601811	64.39	29	粤传媒	002181	55.07
15	中文在线	300364	64.30	30	平治信息	300571	53.19

6. 成长能力排名

2020年中文在线成长能力表现出众,荣登新闻出版上市公司成长能力排行榜冠军宝座,成长能力绩效值为87.27。整体来看,新闻出版上市公司成长能力呈现严重下滑态势,尾部公司尤为严重。新华传媒、华媒控股、华闻集团及天舟文化绩效值遭遇断崖式下滑,下滑均超30。博瑞传播成长能力排名扶摇直上,提升25名,跻身TOP 3;掌阅科技成长能力排名提升14名,进入TOP 5队列(见表6)。

表6　2020年度新闻出版上市公司成长能力排名

排名	公司简称	公司代码	绩效值	排名	公司简称	公司代码	绩效值
1	中文在线	300364	87.27	16	人民网	603000	84.72
2	平治信息	300571	86.90	17	凤凰传媒	601928	84.64
3	博瑞传播	600880	86.58	18	新经典	603096	84.54
4	浙数文化	600633	86.45	19	中国出版	601949	84.52
5	掌阅科技	603533	85.74	20	出版传媒	601999	84.43
6	读者传媒	603999	85.61	21	世纪天鸿	300654	84.34
7	南方传媒	601900	85.33	22	城市传媒	600229	84.34
8	新华文轩	601811	85.10	23	中文传媒	600373	84.34
9	中信出版	300788	85.04	24	新华网	603888	84.16
10	中原传媒	000719	85.00	25	长江传媒	600757	83.95
11	中南传媒	601098	84.98	26	粤传媒	002181	83.05
12	中国科传	601858	84.97	27	新华传媒	600825	59.97
13	山东出版	601019	84.90	28	华媒控股	000607	59.43
14	时代出版	600551	84.86	29	华闻集团	000793	57.73
15	皖新传媒	601801	84.81	30	天舟文化	300148	57.44

7. 偿债能力排名

在2020年新闻出版上市公司偿债能力绩效排名中,新经典成功卫冕。新闻出版上市公司偿债能力绩效值小幅下滑,头部公司尤为显著,行业内部偿债能力首尾差距逐渐缩小。新经典偿债能力绩效值下跌10.1,粤传媒偿债能力绩效值下跌11.95。天舟文化排名进步明显,提升16名;新华传媒摆脱垫底态势,排名提升10名,进入中部队列(见表7)。

表7 2020年度新闻出版上市公司偿债能力排名

排名	公司简称	公司代码	绩效值	排名	公司简称	公司代码	绩效值
1	新经典	603096	82.14	16	博瑞传播	600880	71.73
2	新华网	603888	75.95	17	新华传媒	600825	71.44
3	读者传媒	603999	74.83	18	时代出版	600551	71.34
4	人民网	603000	73.34	19	中国出版	601949	71.33
5	粤传媒	002181	72.86	20	中原传媒	000719	71.17
6	天舟文化	300148	72.65	21	中国科传	601858	71.05
7	中文传媒	600373	72.61	22	华闻集团	000793	71.04
8	中文在线	300364	72.53	23	凤凰传媒	601928	70.61
9	山东出版	601019	72.43	24	城市传媒	600229	70.57
10	掌阅科技	603533	72.42	25	新华文轩	601811	70.47
11	长江传媒	600757	72.36	26	浙数文化	600633	70.09
12	中南传媒	601098	72.32	27	出版传媒	601999	69.92
13	皖新传媒	601801	72.10	28	平治信息	300571	68.63
14	世纪天鸿	300654	71.95	29	南方传媒	601900	64.50
15	中信出版	300788	71.88	30	华媒控股	000607	64.43

(二)新闻出版上市公司平均绩效分布状况

1. 价值规模平均绩效值分布

2020年有9家新闻出版上市公司进入传媒上市公司价值规模绩效排名TOP 30,占比30%,较2019年占比有所降低。30家新闻出版上市公司价值规模平均绩效值为61.76,与2019年相比下降20.56,价值规模受到一定冲击。新闻出版上市公司价值规模在5个子行业中具备优势,2020年平均绩效在各子行业中位列第2名,排名与2019年持平(见图4)。

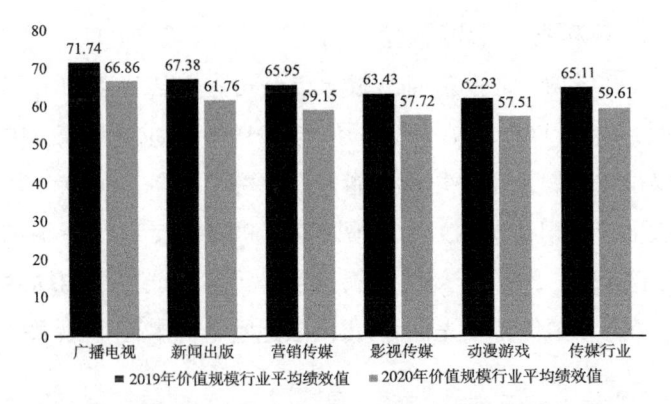

图4 2019—2020年传媒行业价值规模平均绩效值

2. 市场表现平均绩效值分布

2020年有11家新闻出版上市公司进入传媒上市公司市场表现绩效TOP 30，占比36.67%，与2019年相比增加5家，头部公司市场表现优异。掌阅科技位于传媒上市公司市场表现排行榜第9名。2020年30家新闻出版上市公司市场表现平均绩效值达72.90，较2019年小幅下降，下降0.6。新闻出版上市公司市场表现平均绩效值以0.21的优势领先广播电视，位列子行业第一（见图5）。

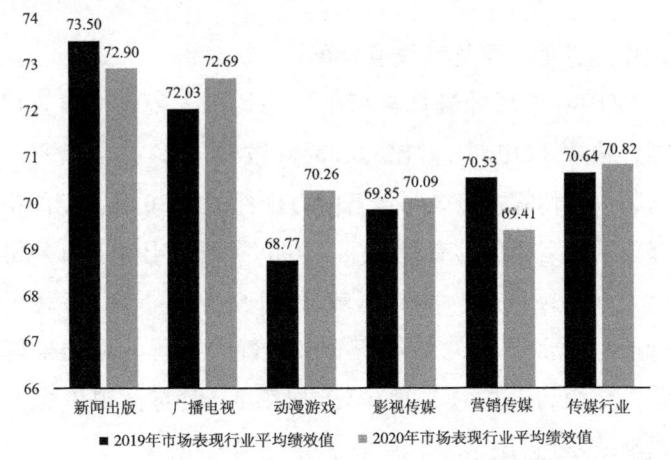

图5 2019—2020年传媒行业市场表现平均绩效值

3. 盈利能力平均绩效值分布

2020年有12家新闻出版上市公司进入传媒上市公司盈利能力绩效 TOP 30，占比40%，与2019相比减少1家。中文传媒位于传媒上市公司现金能力排行榜第9名。2020年新闻出版上市公司盈利能力平均绩效值为90.54，较2019年盈利能力下降5.90。2020年新闻出版上市公司盈利能力平均绩效在5个子行业中保持领先优势，再次领跑整个传媒行业（见图6）。

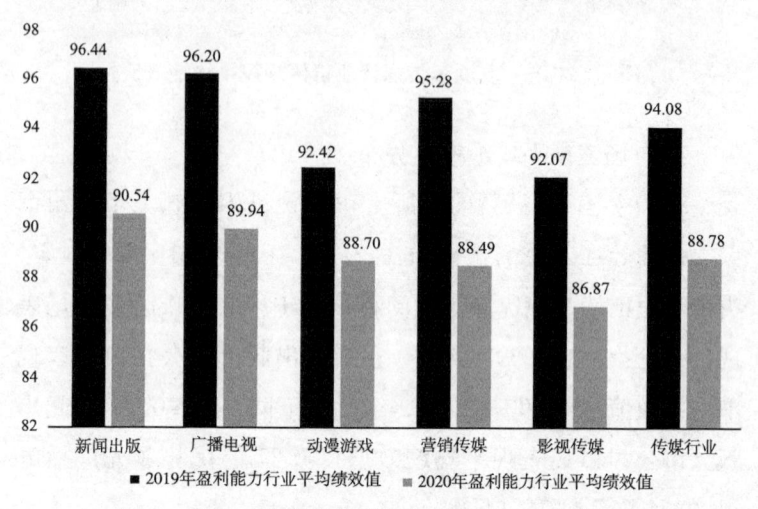

图6 2019—2020年传媒行业盈利能力平均绩效值

4. 运营能力平均绩效值分布

2020年有10家新闻出版上市公司进入传媒上市公司运营能力绩效 TOP 30，占比33.33%，数量与2019年持平。中信出版位于传媒上市公司运营能力排行榜第10名。新闻出版头部公司的运营能力有待加强。2020年新闻出版上市公司运营能力平均绩效值为63.71，较2019年小幅下降，略高于传媒行业平均水平。2020年新闻出版行业运营能力仍未能打破营销传媒行业的领先地位，位居第二，但与营销传媒的差距逐渐缩小（见图7）。

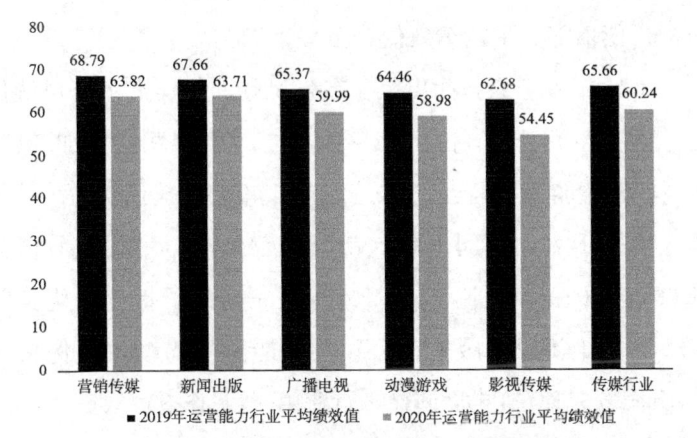

图 7　2019—2020 年传媒行业运营能力平均绩效值

5. 成长能力平均绩效值分布

2020 年有 6 家新闻出版上市公司进入传媒上市公司成长能力绩效 TOP 30，较 2019 年减少 3 家，新闻出版行业头部公司成长能力不足。中文在线位于传媒上市公司成长能力排行榜的第 12 名。新闻出版上市公司成长能力平均绩效值为 81.50，较 2019 年大幅下滑，跌幅高达 12.38%。由于疫情影响，各子行业绩效值均大幅下滑。2020 年新闻出版上市公司成长能力遥遥领先，平均绩效远超其他 4 个子行业，稳居传媒行业成长能力平均绩效榜首（见图 8）。

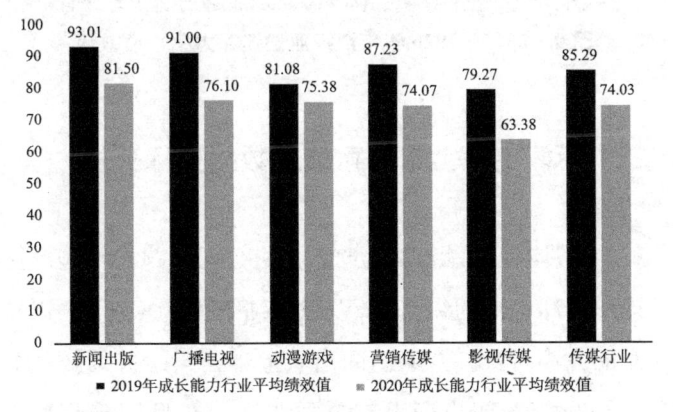

图 8　2019—2020 年传媒行业成长能力平均绩效值

6. 偿债能力平均绩效值分布

2020年有7家新闻出版上市公司进入传媒上市公司偿债能力绩效值TOP 30,占比23.33%,与2019年相比增加3家。新经典偿债能力一马当先,位于传媒上市公司偿债能力绩效值排行榜第1名。新闻出版上市公司偿债能力平均绩效值为71.69,与2019年相比,下降3.92,领先其他子行业的优势收窄。2020年新闻出版上市公司偿债能力平均绩效值保持优势,巩固领先地位,再度问鼎子行业第一(见图9)。

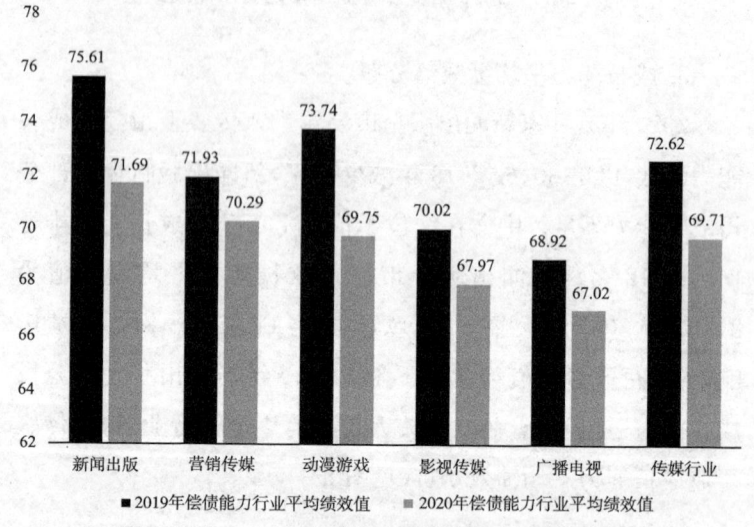

图9 2019—2020年传媒行业偿债能力平均绩效值

三、新闻出版上市公司绩效数据指标分析

(一)整体分布:团簇状分布,龙头公司领跑,个别公司掉队

以归母净利润为纵坐标,以综合绩效值为横坐标,以总资产为圆圈大小,得出30家新闻出版上市公司财务绩效值分布情况。2020年新闻出版上市公司业绩分布呈团簇状集中分

布,中游公司业绩分布抱团现象尤为明显。凤凰传媒、中南传媒、山东出版、中文传媒等头部公司领跑,综合绩效与净利润指标上扬显著,与中部梯队拉开较大差距。尾部梯队下沉,4家公司净利润为负,其中华闻集团首当其冲跌入业绩大坑,下沉明显;天舟文化、华媒控股亦严重掉队,新华传媒业绩触底,未能维持盈利能力(见图10)。

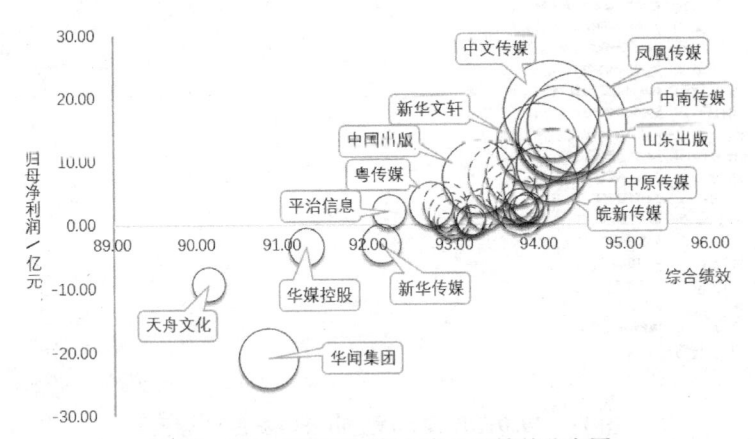

图10 2020年新闻出版上市公司绩效分布图

(二)价值规模

1. 总资产规模持续扩张,华闻集团脱离"百亿梯队"

2020年新闻出版上市公司总资产规模持续扩张,30家公司总资产规模达2565.44亿元,较2019年增长122.22亿元。25家公司总资产在2020年实现正增长。浙数文化、华闻集团、新华传媒、华媒控股、天舟文化5家公司总资产收缩,其中华闻集团2020年深陷资产减值困境,总资产剧减36.94亿元,脱离"百亿梯队"。凤凰传媒以256.50亿元总资产蝉联冠军。位列总资产排行榜TOP 7的公司总资产均有不同程度增加,排名未发生变动;头部公司总资产规模扩张迅速,呈现强者恒强的"马太效应"(见图11)。

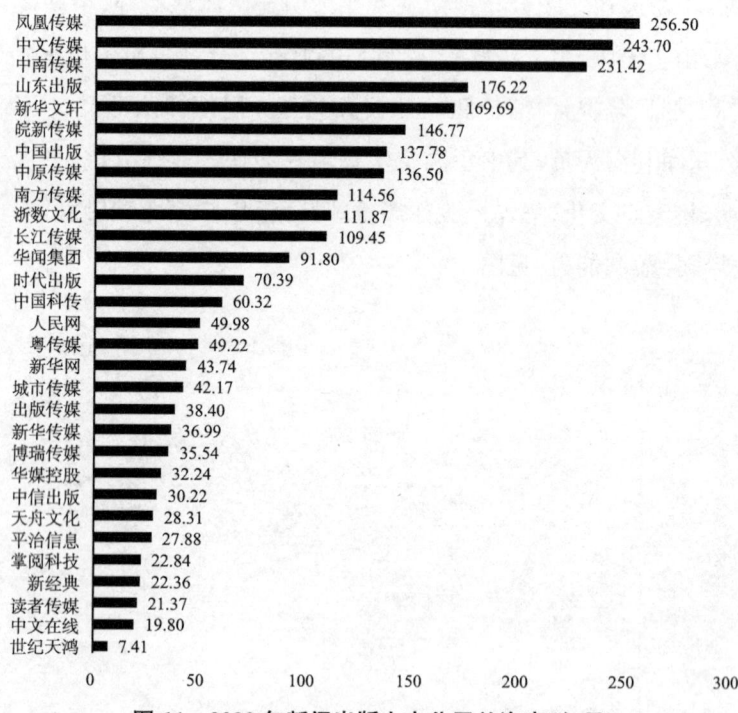

公司	总资产(亿元)
凤凰传媒	256.50
中文传媒	243.70
中南传媒	231.42
山东出版	176.22
新华文轩	169.69
皖新传媒	146.77
中国出版	137.78
中原传媒	136.50
南方传媒	114.56
浙数文化	111.87
长江传媒	109.45
华闻集团	91.80
时代出版	70.39
中国科传	60.32
人民网	49.98
粤传媒	49.22
新华网	43.74
城市传媒	42.17
出版传媒	38.40
新华传媒	36.99
博瑞传媒	35.54
华媒控股	32.24
中信出版	30.22
天舟文化	28.31
平治信息	27.88
掌阅科技	22.84
新经典	22.36
读者传媒	21.37
中文在线	19.80
世纪天鸿	7.41

图 11　2020 年新闻出版上市公司总资产(亿元)

2. 自由现金流量喜忧参半,有增亦有减

2020 年 30 家新闻出版上市公司自由现金流量有正亦有负,有增亦有减。15 家公司自由现金流量正增长;10 家公司自由现金流量为负值,较 2019 年增加 2 家。中文在线、中国科传由正变负,跌至尾部梯队;而读者传媒则扭负为正,摆脱垫底困扰。在自由现金流量排名中,中南传媒遥遥领先,而曾雄踞榜首的凤凰传媒自由现金流量断崖式下滑,下跌 52.42 亿元,跌至第 8 名;皖新传媒自由现金流量增加 29.02 亿元,跻身 TOP 5 队列(见图 12)。

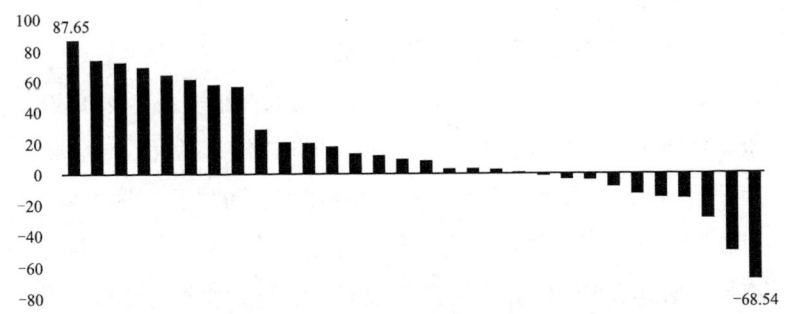

图12　2020年新闻出版上市公司自由现金流量（亿元）

3. 过半公司经济附加值跌落，华闻集团首当其冲

新闻出版上市公司经济附加值整体表现欠佳，2020年平均值为0.46，较2019年下跌1.43。在30家新闻出版上市公司中，18家公司经济附加值均有不同程度下降。华闻集团经济附加值直降26.52，垫底新闻出版行业；以华闻集团为首的9家公司经济附加值为负值，创造新价值能力堪忧。中文在线触底反弹，经济附加值迅猛提升6.87，进入中游行列（见图13）。

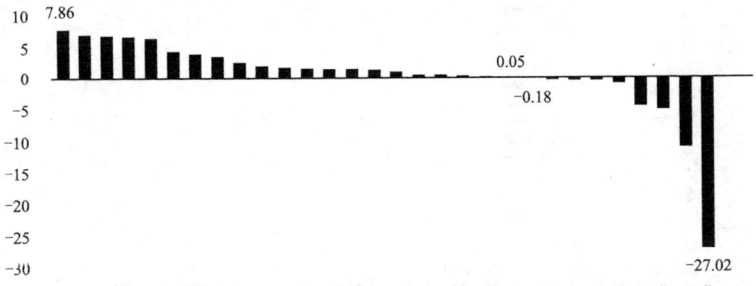

图13　2020年新闻出版上市公司经济附加值

（三）市场表现

1. 年个股回报率下挫明显、震荡加剧

2020年30家新闻出版上市公司年个股回报率整体低迷，在资本市场上表现欠佳。26家公司年个股回报率为负值，与2019年相比增加16家，26家公司股票价格均有不同程度下跌。2020年新闻出版上市公司年个股回报率震荡不已。掌阅科技在资本市场中脱颖而出，股票价格逆风翻盘，年个股回报率迅猛回升1.03，脱离下跌态势，涨幅喜人；中文在线亦扭转不利局势，年个股回报率同样提升1.03；紧随其后，世纪天鸿破釜沉舟，从行业垫底逆袭至第3名，但仍与掌阅科技和中文在线有悬殊差距；而昔日前三甲人民网、新华网和粤传媒纷纷折戟沉沙，人民网年个股回报率猛跌1.87，足见资本市场变动之快（见图14）。

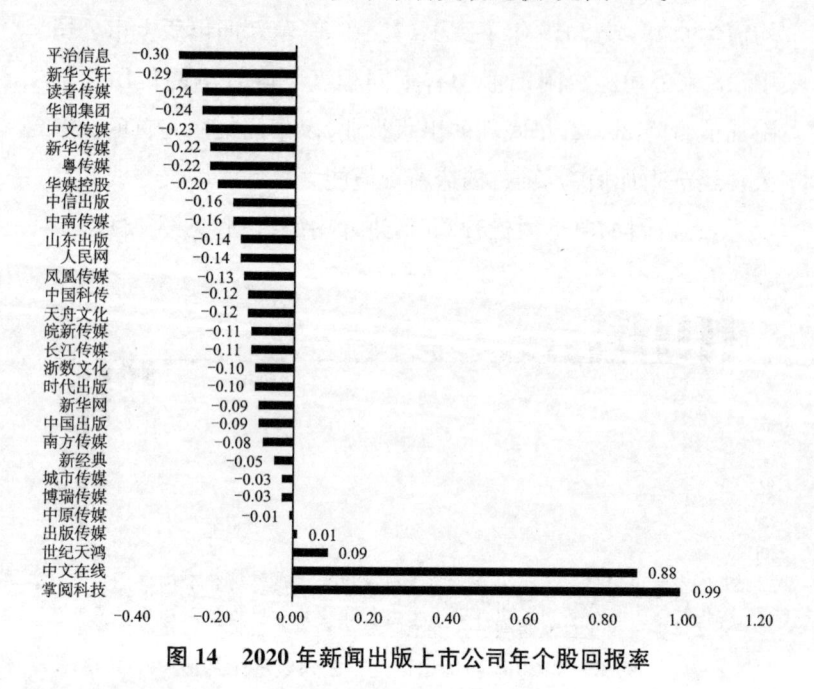

公司	年个股回报率
平治信息	-0.30
新华文轩	-0.29
读者传媒	-0.24
华闻集团	-0.24
中文传媒	-0.23
新华传媒	-0.22
粤传媒	-0.22
华媒控股	-0.20
中信出版	-0.16
中南传媒	-0.16
山东出版	-0.14
人民网	-0.14
凤凰传媒	-0.13
中国科传	-0.12
天舟文化	-0.12
皖新传媒	-0.11
长江传媒	-0.11
浙数文化	-0.10
时代出版	-0.10
新华网	-0.09
中国出版	-0.09
南方传媒	-0.08
新经典	-0.05
城市传媒	-0.03
博瑞传媒	-0.03
中原传媒	-0.01
出版传媒	0.01
世纪天鸿	0.09
中文在线	0.88
掌阅科技	0.99

图14　2020年新闻出版上市公司年个股回报率

2. 投入资本回报率整体稳定、个别跳动

整体来看，与年个股回报率大跳水不同，2020年30家新

闻出版上市公司投入资本回报率表现相对稳定,2020年平均投入资本回报率为0.05,较2019年下降0.02。16家公司出现下滑,变动幅度不大;5家公司投入资本回报率为负,与2019年相比增加4家。中文在线投入资本回报率提高0.36,摆脱垫底,进入中游行列,投入资金的使用效果大幅提升;华媒控股投入资本回报率下跌0.20,华闻集团下跌0.26,未能维持创造价值的能力,跌入行业末端(见图15)。

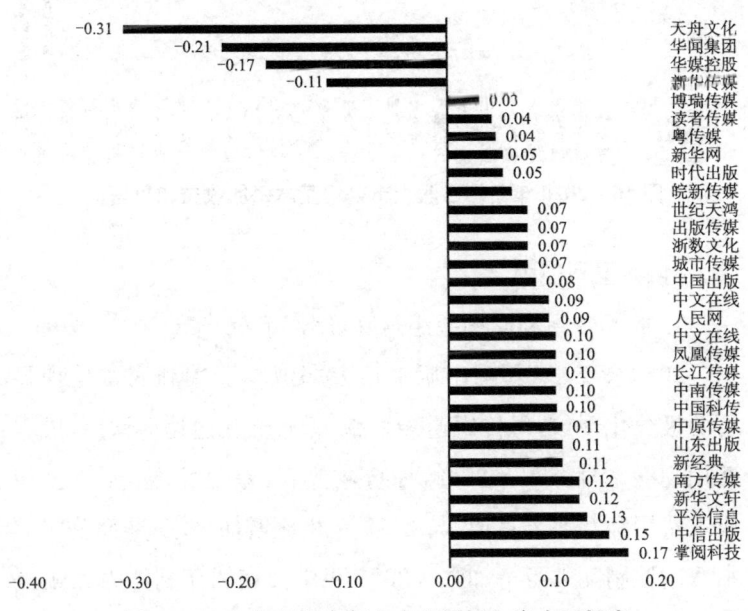

公司	投入资本回报率
天舟文化	-0.31
华闻集团	-0.21
华媒控股	-0.17
蓝色光标	-0.11
博瑞传媒	0.03
读者传媒	0.04
粤传媒	0.04
新华网	0.05
时代出版	0.05
皖新传媒	0.07
世纪天鸿	0.07
出版传媒	0.07
浙数文化	0.07
城市传媒	0.08
中国出版	0.09
中文在线	0.09
人民网	0.10
中文在线	0.10
凤凰传媒	0.10
长江传媒	0.10
中南传媒	0.11
中国科传	0.11
中原传媒	0.11
山东出版	0.12
新经典	0.12
南方传媒	0.13
新华文轩	0.15
平治信息	0.17
中信出版	
掌阅科技	

图15　2020年新闻出版上市公司投入资本回报率

3. 基本每股收益向好发展,高收益高风险并存

30家新闻出版上市公司基本每股收益呈现向好态势,但两极分化趋势进一步扩大。17家公司基本每股收益较2019年有所提高,2家公司与2019年持平,11家公司有所下降。2020年5家公司基本每股收益超过1元,与2019年相比增加2家;头部公司基本每股收益与日俱增;4家公司基本每股收益为负,业绩黯然。新闻出版上市公司在基本每股收益方面的竞

争格局变化不大,进入 TOP 10 的公司除新增中信出版外,与 2019 年无异。19 家公司贝塔值大于 1,价格波动程度幅度大于整个市场水准,潜在风险大、投资收益高(见图 16)。

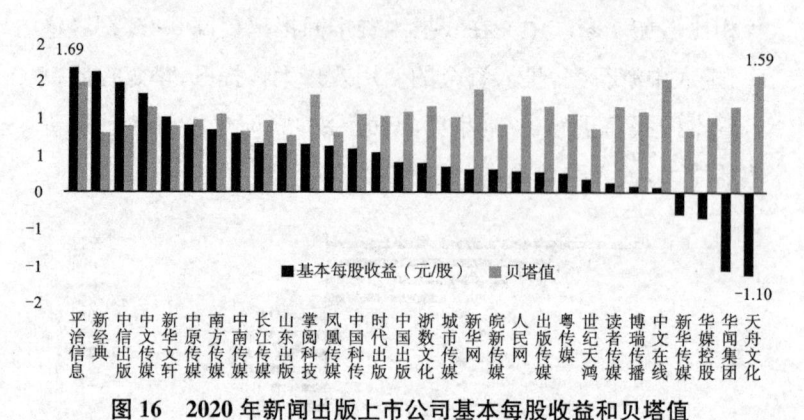

图 16 2020 年新闻出版上市公司基本每股收益和贝塔值

(四) 盈利能力

1. 成本费用利润率差距悬殊,尾部下沉严重

2020 年 30 家新闻出版上市公司成本费用利润率呈现显著两极分化现象,粤传媒逆袭领跑,天舟文化遭遇滑铁卢,成本费用利润率直降 127.29%,为行业垫底,差距悬殊。4 家公司成本费用利润率为负值,与 2019 年相比增加 3 家,尾部公司成本费用控制能力亟待加强。2020 年中文在线获利能力大幅提高,成本费用利润率突飞猛进,提升 71.55%,挣脱垫底泥潭(见图 17)。

图 17 2020 年新闻出版上市公司成本费用利润率(%)

2. 总资产利润率表现欠佳,天舟文化遭遇滑铁卢

2020年30家新闻出版上市公司总资产利润率整体表现不佳,17家公司总资产利润率负增长,头部和尾部公司普遍下跌,天舟文化总资产利润率下降33.44%;城市传媒跌落3.77%,出局TOP 5;中信出版精彩亮相,争得前三甲席位。4家公司总资产净利润率为负,新华传媒、华媒控股、华闻集团和天舟文化掉队严重,资产利用效果不佳(见图18)。

图18　2020年新闻出版上市公司总资产利润率(%)

3. 归母净利润头部梯队领涨,业绩趋好

2020年30家新闻出版上市公司中,中文传媒以18.06亿元归母净利润继续领跑新闻出版行业,凤凰传媒、中南传媒紧随其后,保持较强吸金势头。除山东出版归母净利润小幅下滑外,位于排行榜TOP 13的上市公司归母净利润均呈正增长。11家公司归母净利润负增长,集中在下游梯队,新华传媒、华媒控股、天舟文化和华闻集团业绩触底,由盈转亏,未能维持盈利;华闻集团资产减值损失增加,拖累业绩,尽显亏损之态。2020年中文在线持续发力,扭亏为盈,归母净利润同比增长108.11%;粤传媒转型初见成效,归母净利润同比大增273.44%。整体来看,新闻出版上市公司盈利保持稳定(见图19)。

4. 新经典营业利润率首屈一指,中文在线涨势喜人

2020年23家新闻出版上市公司营业利润率较2019年有

图 19 2020 年新闻出版上市公司归母净利润（亿元）

所提高，新经典蝉联营业利润率排行榜冠军，盈利能力首屈一指。整体来看，新闻出版上市公司盈利能力保持相对稳定。但有 4 家公司营业利润率跌破负值，天舟文化遭遇断崖式下滑，下跌 113.32% 而垫底；华闻集团下滑 86.21%，出局中上游队列。中文在线 2020 年表现优异，走出亏损状态，实现一定盈利，营业利润率增长 88.36%（见图 20）。

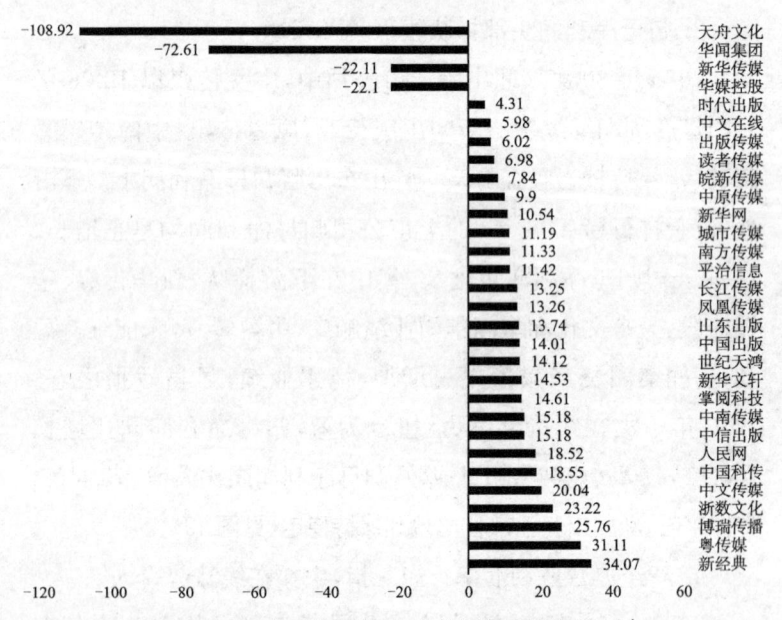

图 20 2020 年新闻出版上市公司营业利润率（%）

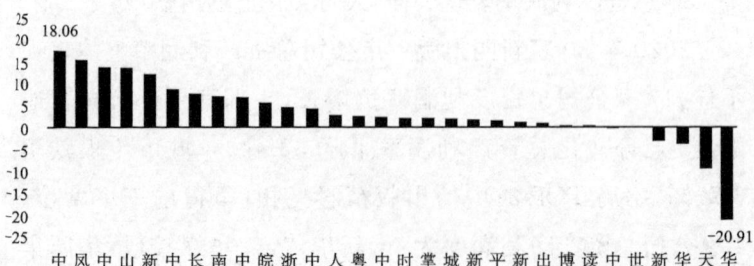

(五)运营能力

1. 应收账款周转率有升有降,龙头公司领跑

整体来看,2020年30家新闻出版上市公司应收账款周转率有升有降,12家公司呈正增长,18家公司陷入负增长困境,集中分布于中下游行列。TOP 10公司中只有新华传媒、中国科传和长江传媒3家公司出现小幅下降。虽然新华传媒与中国科传小幅下滑,其冠亚军位置仍不可动摇。2020年有8家公司应收账款周转率超过10,与2019年相比增加2家,中信出版和皖新传媒新加入"快速周转"队列,龙头公司资金使用效率高;应收账款周转率低于5的公司有9家,比2019年减少1家,尾部公司被拉开较大差距(见图21)。

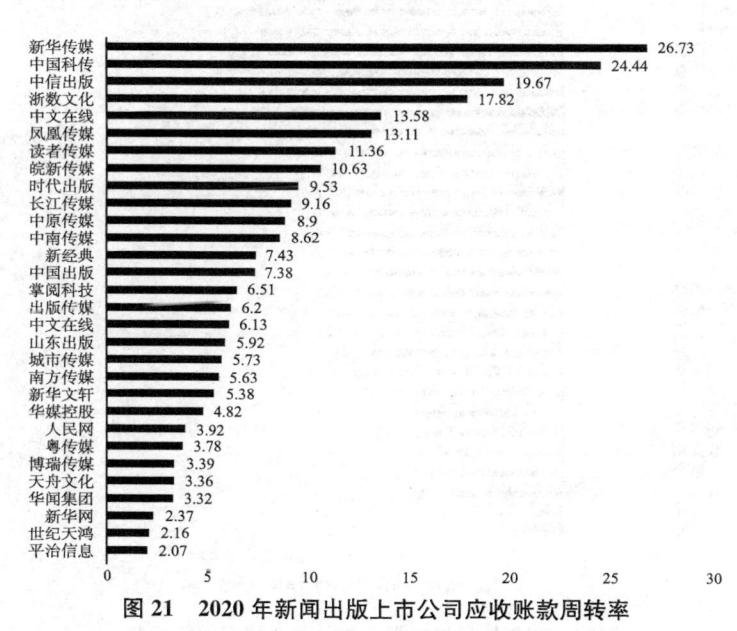

公司	周转率
新华传媒	26.73
中国科传	24.44
中信出版	19.67
浙数文化	17.82
中文在线	13.58
凤凰传媒	13.11
读者传媒	11.36
皖新传媒	10.63
时代出版	9.53
长江传媒	9.16
中原传媒	8.9
中南传媒	8.62
新经典	7.43
中国出版	7.38
掌阅科技	6.51
出版传媒	6.2
中文在线	6.13
山东出版	5.92
城市传媒	5.73
南方传媒	5.63
新华文轩	5.38
华媒控股	4.82
人民网	3.92
粤传媒	3.78
博瑞传媒	3.39
天舟文化	3.36
华闻集团	3.32
新华网	2.37
世纪天鸿	2.16
平治信息	2.07

图21 2020年新闻出版上市公司应收账款周转率

2. 总资产周转率下滑态势未止,前三名地位稳固

整体来看,30家新闻出版上市公司总资产周转率成阶梯式分布。掌阅科技、平治信息和时代出版坚守前三名席位,位列第一梯队,掌阅科技以0.02的微弱优势打破平治信息蝉联

冠军之路。2020年新闻出版上市公司未能扭转总资产周转率持续下滑态势,26家公司较2019年负增长,头部公司领跌;30家公司总资产周转率平均值为0.51,较2019年小幅下滑;7家公司总资产周转率低于0.4。企业资产的投资效益堪忧,应积极采取措施提高资金的使用效率,提升企业运营能力。30家公司经营现金净流量对销售收入比率均值为0.15,同比提高0.06;凤凰传媒领跑,为0.30,平治信息垫底,为－0.14,首尾差距渐趋缩小。新闻出版上市公司的资产综合管理水平和运营效益有所提高(见图22)。

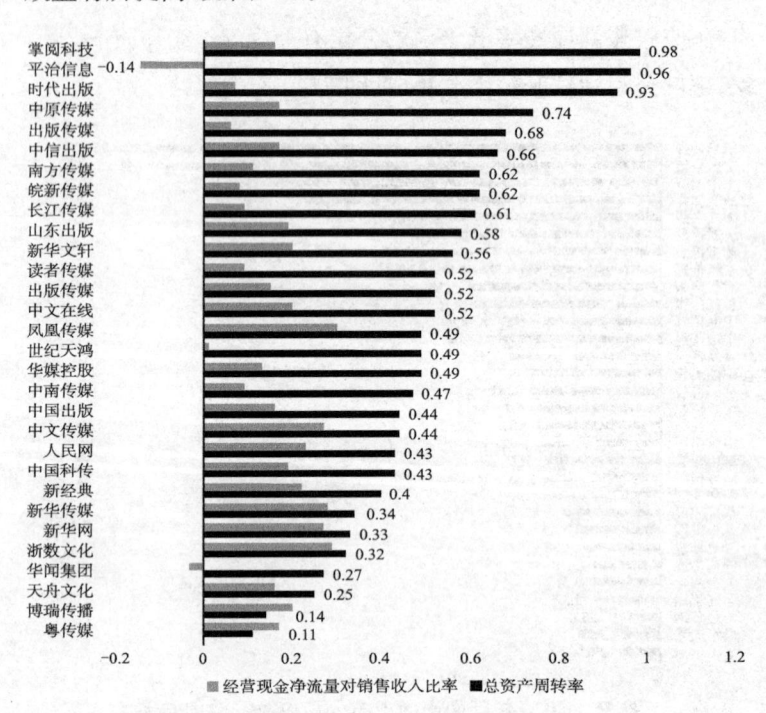

公司	经营现金净流量对销售收入比率	总资产周转率
掌阅科技		0.98
平治信息	-0.14	0.96
时代出版		0.93
中原传媒		0.74
出版传媒		0.68
中信出版		0.66
南方传媒		0.62
皖新传媒		0.62
长江传媒		0.61
山东出版		0.58
新华文轩		0.56
读者传媒		0.52
出版传媒		0.52
中文在线		0.52
凤凰传媒		0.49
世纪天鸿		0.49
华媒控股		0.49
中南传媒		0.47
中国出版		0.44
中文传媒		0.44
人民网		0.43
中国科传		0.4
新经典		0.34
新华传媒		0.33
新华网		0.32
浙数文化		0.27
华闻集团		0.25
天舟文化		0.14
博瑞传播		0.11
粤传媒		

图22 2020年新闻出版上市公司总资产周转率和经营现金净流量对销售收入比率

(六)成长能力

1. 主营业务收入大幅缩水,业绩黯然

整体来看,2020年新闻出版上市公司主营业务收入增长

率大幅跳水,只有5家公司主营业务收入增长率较2019年有所提高,分别是中文在线、博瑞传播、掌阅科技、皖新传媒和长江传媒,除长江传媒外的4家公司主营业务收入增长率均是转负为正。长江传媒虽主营业务收入降幅有所收窄,但仍未摆脱下降疲态。中文在线和博瑞传播一跃冲进前三名,经营状况得到改善。平治信息仍稳坐冠军宝座,但其主营业务收入增长率直降59.08%。17家公司主营业务收入增长率为负,主营业务业绩黯然,其中不乏人民网、中国出版等在2019年名列前茅的上市公司(见图23)。

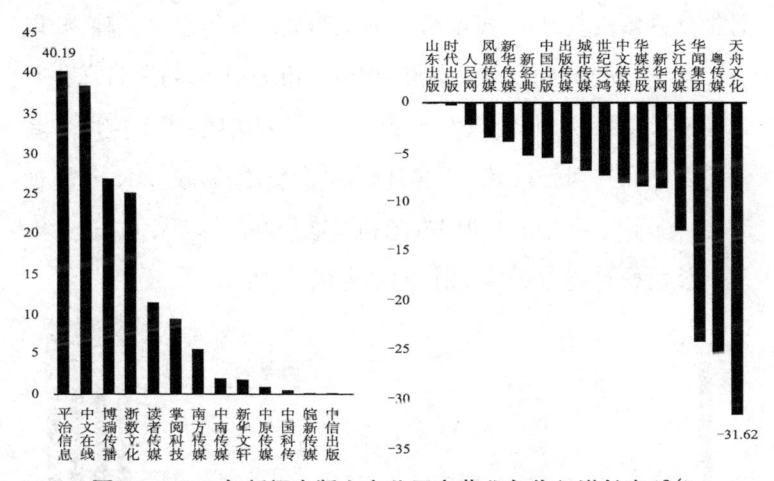

图23 2020年新闻出版上市公司主营业务收入增长率(%)

2. 净资产规模扩张速度趋缓,成长态势不容乐观

2020年新闻出版上市公司净资产增长率同样面临大跳水局面,净资产规模扩张速度趋缓。17家公司净资产增长率较2019年下滑,昔日冠军平治信息下跌84%,进入行业末端。5家公司净资产增长率为负值,净资产规模收缩,体量下降,与2019年相比增加3家。时代出版和中文在线净资产增长率由负转正,成长可喜;而新华传媒、平治信息、天舟文化和华闻集团则坠入净资产规模收缩泥潭(见图24)。

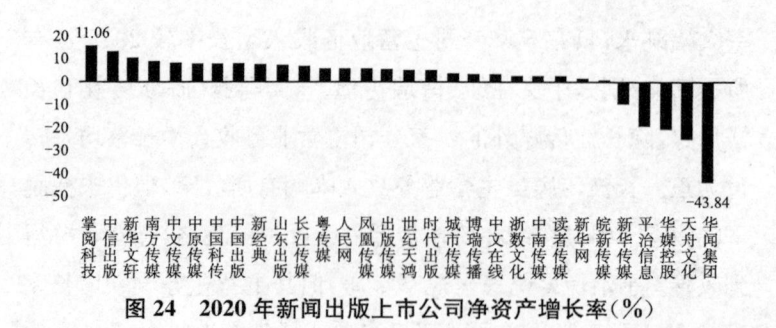

图 24　2020 年新闻出版上市公司净资产增长率（%）

3. 归母净利润增长率两极分化显著

2020 年新闻出版上市公司归母净利润增长率集体下挫，且掉队现象极其严重，尾部公司下沉明显。粤传媒一枝独秀，以 273.44% 归母净利润率雄踞新闻出版上市公司榜首；天舟文化归母净利润率暴跌 3155.18%，严重掉队，华闻集团、华媒控股和新华传媒亦在其列。11 家公司归母净利润负增长，较 2019 年增加 5 家。新闻出版上市公司归母净利润增长率内部差距愈发悬殊，尾部公司盈利能力不足，成长前景堪忧（见图 25）。

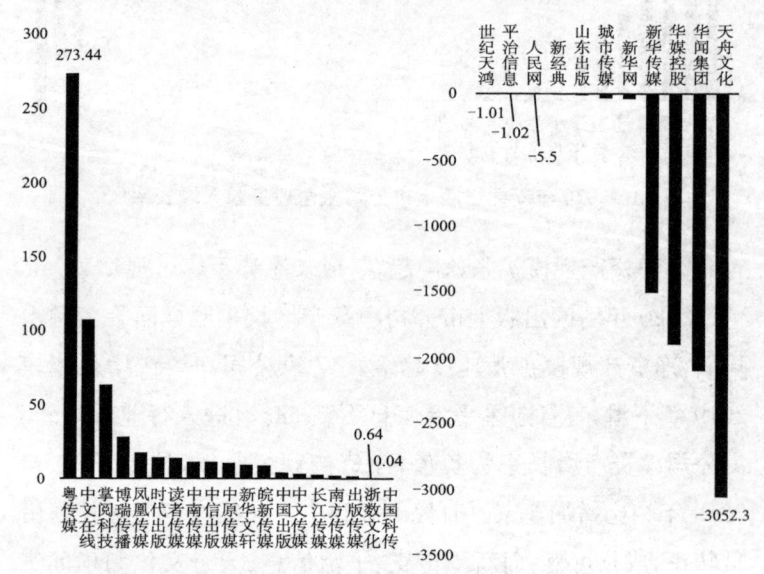

图 25　2020 年新闻出版上市公司归母净利润增长率（%）

4. 成长能力：资本积累率冠军易主，竞争格局变动大

30家新闻出版上市公司中，11家公司2020年资本积累率较2019年有所提升，其中掌阅科技提高3.12%，勇夺桂冠；中信出版以12.85%资本积累率脱颖而出，紧随其后，高资本积累率助力激活企业发展潜力。而2019年冠亚军得主平治信息和华闻集团的资本积累率分别下降84.00%和56.91%，掉入末端队伍，华闻集团垫底。2020年5家公司资本积累率为负，较2019年增加2家，5家公司资本积累受阻，资本保全性差，后续发展乏力（见图26）。

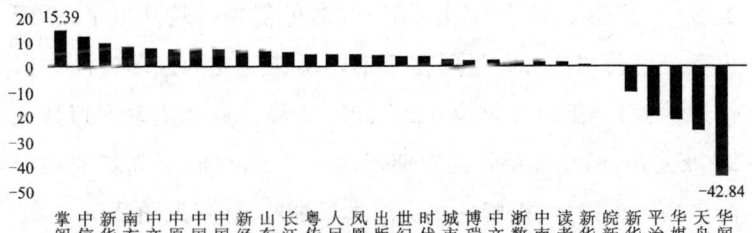

图26 2020年新闻出版上市公司资本积累率（%）

（七）偿债能力

1. 资产负债率偏低，举债经营风险较低

2020年30家新闻出版上市公司资产负债率平均值为32.61%，24家公司资产负债率低于40%，新闻出版上市公司举债经营风险相对较低，从资产结构来看，具有稳健的抗风险能力。一般情况下，资产负债率维持在40%—60%较为合适，只有华媒控股、新华文轩、南方传媒和凤凰传媒4家上市公司符合这一适值区间。新经典资产负债率仅为6.9%，虽偿债能力较强，但资金利用率偏低；平治信息和华闻集团资产负债率超出60%，公司可能会面临较高财务风险（见图27）。

2. 速动比率偏高，短期偿债能力超强

从整体上看，2020年新闻出版上市公司短期偿债能力超

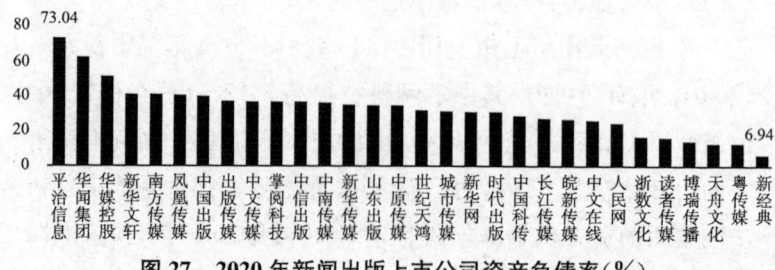

图 27　2020 年新闻出版上市公司资产负债率(%)

强,28 家公司速动比率超出指标适值(速动比率适值为"1"),过半数公司远超适值。2020 年 30 家上市公司速动比率均值为 2.50,虽与 2019 年相比下降 0.36,但仍维持较高水平,新闻出版上市公司拥有大量可在短期内迅速变现的速动资产用以偿还债务,防御财务风险。2020 年,新经典速动比率远超其他 29 家公司,但在维持超强短期偿债水平的同时,会面临速动资产占用资金过多、投资的机会成本增加的风险(见图 28)。

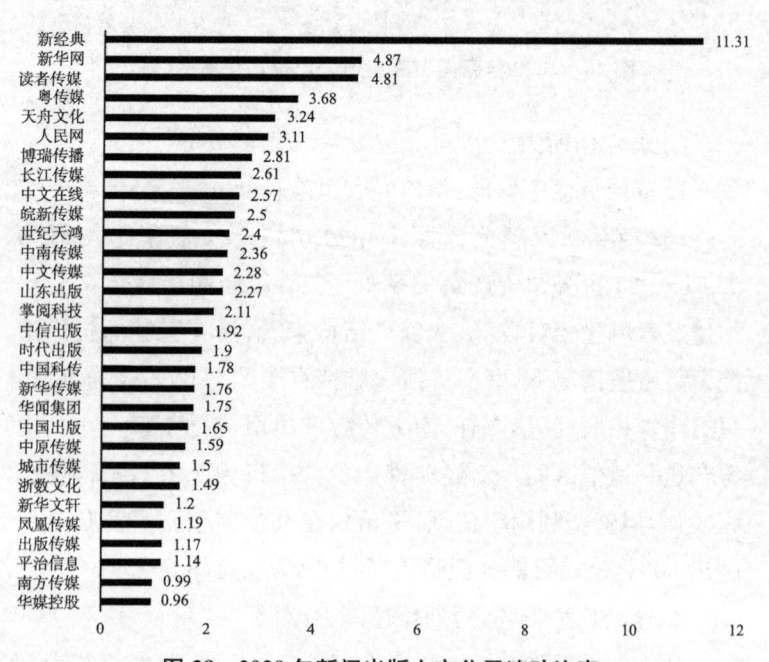

图 28　2020 年新闻出版上市公司速动比率

3. 经营活动现金流量净现金比率增长态势后压

新闻出版上市公司长期偿债能力稳步发展，经营活动现金流量净现金比率增长态势向中下游梯队后压。2020 年 14 家公司经营活动现金流量净现金比率正增长，12 家公司位于中下游队列，其中读者传媒和新华传媒摆脱负值困境进入中部梯队，新华传媒提高 104.81%，读者传媒提高 38.12%。中文在线经营活动现金流量净现金比率提高 29.42%，跻身 TOP 5 行列；天舟文化前进 14 名；中原传媒前进 8 名加入头部梯队。新经典独占鳌头，经营活动现金流量净现金比率高达 126.89%，在长期偿债能力方面具备绝对优势（见图 29）。

图 29　2020 年新闻出版上市公司经营活动现金流量净现金比率（%）

四、新闻出版头部上市公司能力分析

（一）凤凰传媒：综合实力最强王者

凤凰传媒主业挺拔，教育产品优势突出，现拥有中小学课标教材 19 种，品种数和市场占有率居全国第二，凤凰出版教育产品覆盖全国 28 个省（直辖市、自治区）。2020 年凤凰传媒在总体图书零售市场的码洋占有率为3.15%,排名第2,同比上升1名。2020年凤凰传媒实现营业收入121.35亿元,同比下降3.58%,但其归母净利润同比增长18.75%,达15.96亿元。在巩固传统业务优势的基础上,凤凰传媒加大转型升级力度,完善智慧教育、数据中心、影视、职业教育等产业布局,已形成一体化产业链和多媒体、多业态的文化产业生态圈。2020年凤凰传媒综合实力最强,价值规模表现突出,成长能力、偿债能力、盈利能力略高于平均水平(见图30)。

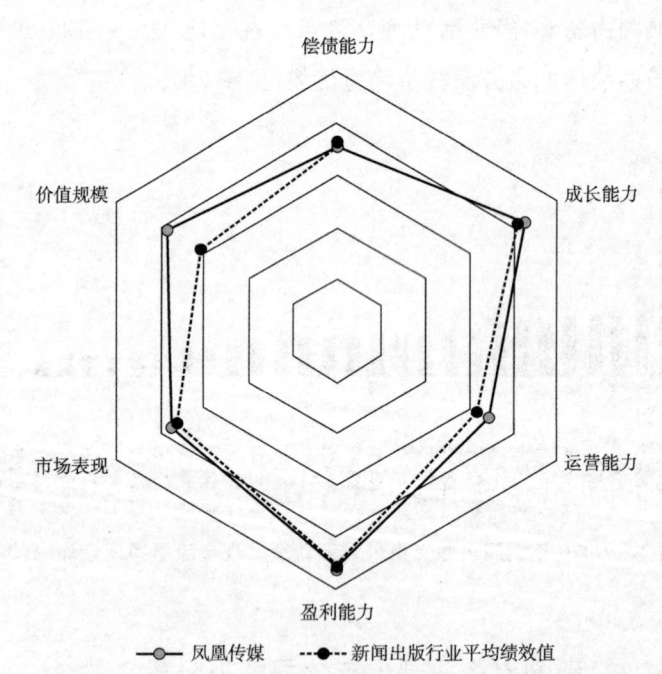

图30 2020年凤凰传媒与新闻出版行业平均绩效值

(二)中南传媒:价值规模具有绝对优势

2020年,中南传媒由教育产品提供商向教育综合服务商转型,取得突破性进展,带动出版、发行、物资各主要板块全面增收,2020年实现营业收入104.73亿元,同比增长2.07%。其中,出版业务营业收入同比增长6.64%,发行业务营业收入同比增长3.21%。中南传媒在总体图书零售市场码洋占有率为2.96%,实体店码洋占有率为3.42%,位居全国第一方阵。中南传媒积极推进新媒体布局,已形成"多介质、全流程、立体化"的完整产业体系。2020年中南传媒价值规模具有绝对优势,远超行业平均绩效水平,但运营能力略低于行业平均水平(见图31)。

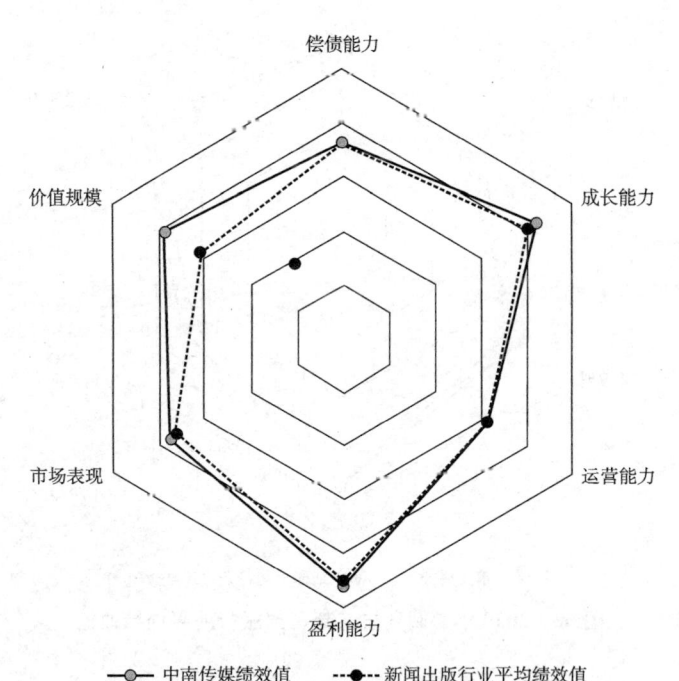

图31 2020年中南传媒与新闻出版行业平均绩效值

(三)掌阅科技:市场表现优异,运营能力领先

2020年掌阅科技实现营收和利润双翼增长,营业收入达20.61亿元,同比增长9.47%,归属上市公司股东的净利润为2.64亿元,同比增长64.07%。掌阅科技主营互联网数字阅读平台服务及版权产品业务,2020年掌阅科技拥有数字阅读内

容50多万册,平均月活跃用户数量达1.6亿。字节跳动入股掌阅科技,掌阅科技通过多平台分发和IP衍生价值拓展,触达更多互联网用户,实现版权多维增值,版权产品业务实现收入5.04亿元,同比增长92.66%。2020年掌阅科技市场表现优异,运营能力和成长能力领先,价值规模稍显不足(见图32)。

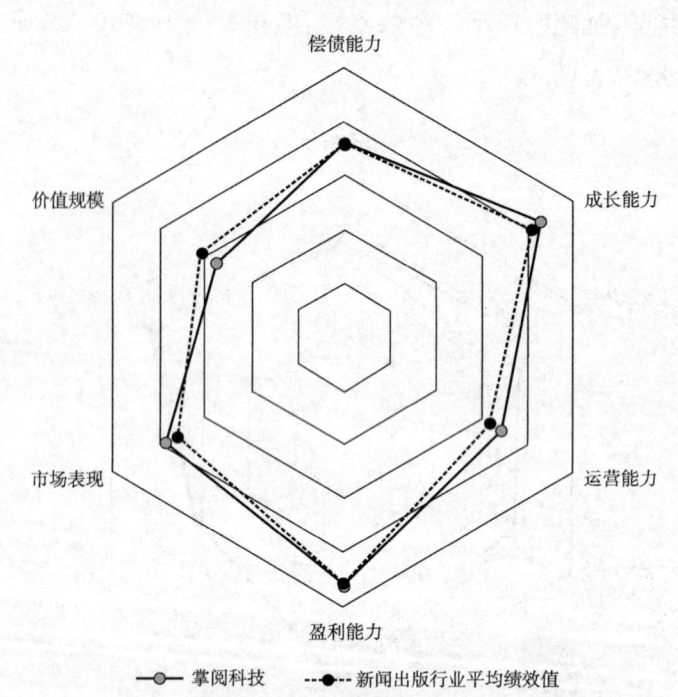

图32 2020年掌阅科技与新闻出版行业平均绩效值

(四)中文传媒:盈利能力行业领跑

2020年,中文传媒积极布局新型业态,促进转型升级,大力发展有声阅读、知识服务业态,"大中华寻宝"等35个融合出版项目取得丰硕成果。2020年中文传媒出版业务实现营业收入33.80亿元,同比增长11.40%;发行业务实现营业收入82.77亿元,同比增长10.90%;总体图书零售市场码洋超20亿元,码洋占有率为3.09%,位居全国第三,排名同比上升两位。

2020年中文传媒盈利能力在行业中位列第一,价值规模同样具备优势,但市场表现不尽如人意(见图33)。

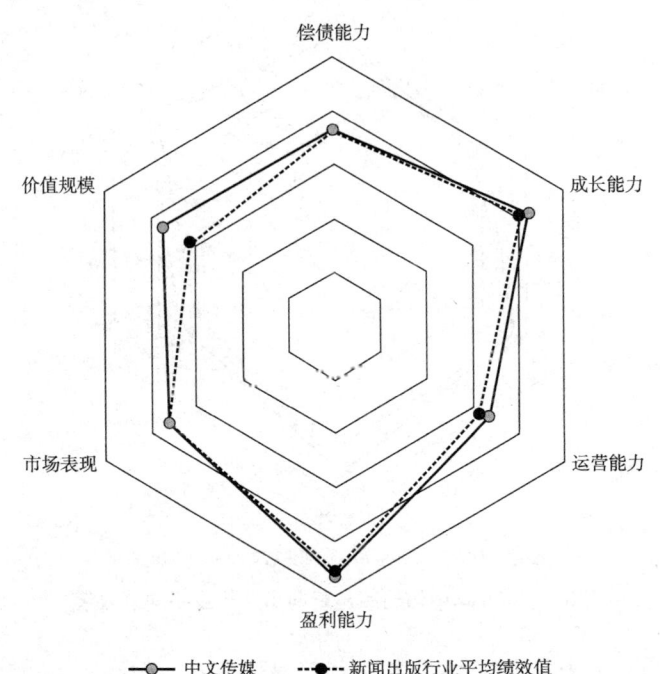

图33　2020年中文传媒与新闻出版行业平均绩效值

（五）中信出版:运营能力遥遥领先

中信出版主营图书出版与发行、数字阅读与服务及书店三大业务。2020年中信出版出版新书1130种,总体图书零售市场码洋同比增长14%,市场占有率稳居第一。中信出版以"中信书院"为平台,为读者直接提供数字阅读服务,实现营收0.705亿元,2020年书店线上零售额实现同比增长28.4%。同时,中信出版积极探索线下书店"地产合作、商务园区、休闲旅游"三种运营模式,提升书店附加值。2020年中信出版运营能力遥遥领先,成长能力和市场表现优异(见图34)。

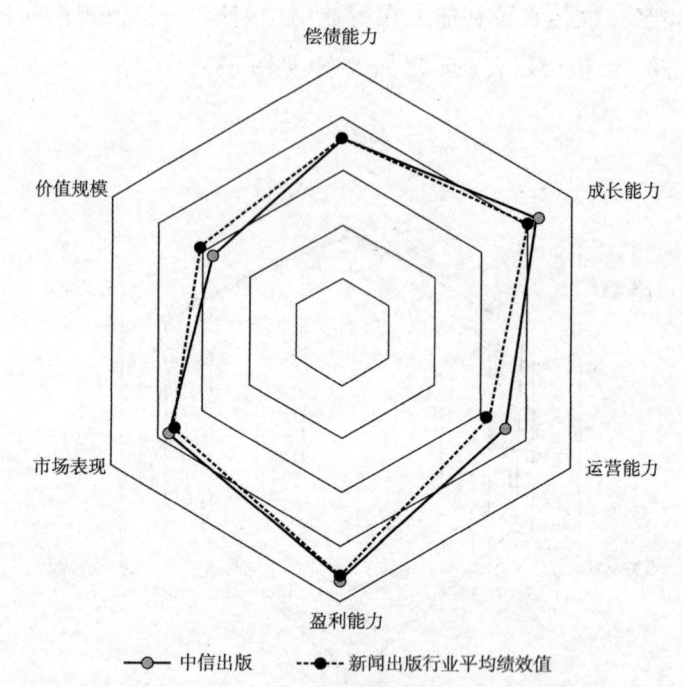

图 34　2020 年中信出版与新闻出版行业平均绩效值

（六）中文在线:成长能力优势显著

2020 年,中文在线聚焦国内外核心业务,深耕数字阅读赛道,打造全方位、立体化知识产权保护体系,以文学 IP 为核心,向下游延伸进行版权衍生开发。在海外业务领域,新经典聚焦阅读需求变化,打造互动式阅读平台 Chapters,面向 C 端,实现营收 5.05 亿元,同比增长 60.31%。教育阅读业务包括"书香中国"全民阅读平台、数字图书馆、基础教育阅读平台等。2020 年中文在线营利双增,实现营收 9.76 亿元,同比增长 38.35%,实现归属上市公司股东的净利润 0.489 亿元,同比增长 108.11%。2020 年中文在线的成长能力优势显著,价值规模相对薄弱(见图 35)。

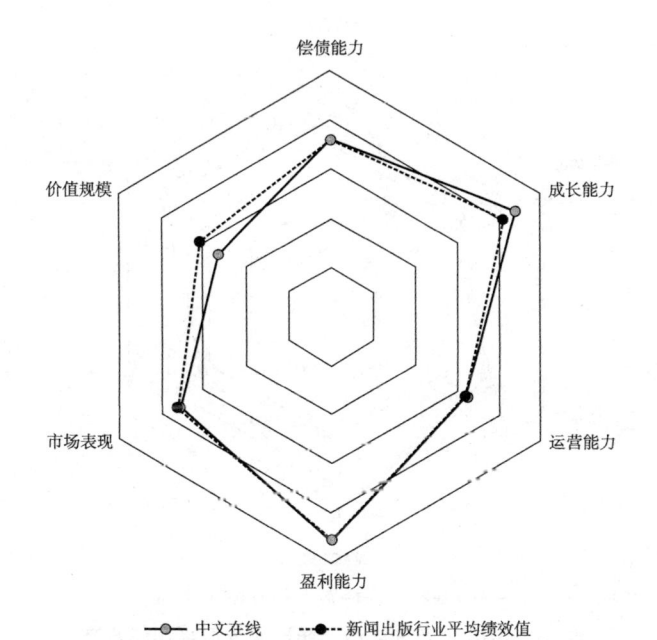

图 35 2020 年中文在线与新闻出版行业平均绩效值

（七）新经典：偿债能力表现出众

新经典主营业务为图书策划与发行、数字图书。2020年新经典自由版权图书推出新品237种,营业收入7.07亿元;非自有版权图书实现营收0.965亿元;数字图书业务实现营收0.241亿元;2020年新经典稳居民营公司图书零售市场码洋第一名。新经典精心打造海外内容及运营团队,2020年海外公司拥有英语、德语、法语、日语在内的1800余种作品的长期版权及衍生开发权利。2020年新经典偿债能力超强,成长能力领先,市场表现优异(见图36)。

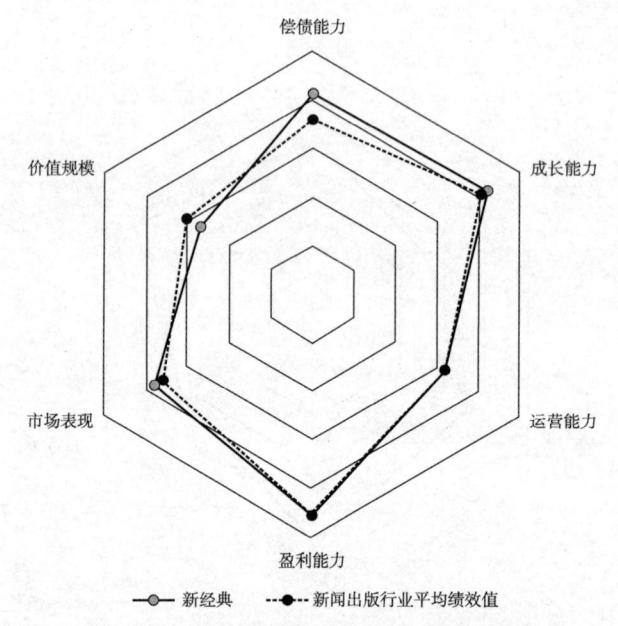

图 36　2020 年新经典与新闻出版行业平均绩效值

五、结语

本文主要以价值规模、市场表现、盈利能力、运营能力、成长能力和偿债能力 6 个二级指标和 22 个三级指标,对 2020 年度 30 家新闻出版上市公司财务绩效数据进行静态和动态的分析。

结果表明:2020 年新闻出版上市公司营收大盘相对稳定,总营收较 2019 年微幅下滑。在疫情影响下,大部分新闻出版上市公司能够实现盈利,但盈利能力两极分化明显,盈利大户与微利小户共存,个别公司归母净利润严重下挫,坠入亏损泥潭。2020 年新闻出版上市公司整体表现可圈可点。14 家公司上榜传媒公司综合绩效排行榜 TOP 30,比 2019 年增加 4 家,新闻出版头部公司综合能力提升。新闻出版是传媒行业中唯

——一个六项指标全优的子行业，各项指标平均绩效值均高于传媒行业平均水平，其市场表现、盈利能力、成长能力和偿债能力四项指标在传媒上市公司子行业中均处于领先地位，价值规模和运营能力虽略逊一等，但依然稳居亚军之位。

随着5G商用进程加快，媒介深度融合的紧迫性渐显。新闻出版业需开放思路、创新求变，拓展出版新业态、打造营销新矩阵、搭建智能出版服务新平台，方能于变革中谋新篇。

（说明：文中涉及相关上市公司数据和业务资料均来自同花顺财经网、东方财富网和媒至酷自建数据库相关上市公司年度报告及相关资料。）

注释

［1］国家新闻出版署：《2020年度中国数字阅读报告》，来源：http：//www.nppa.gov.cn/nppa/contents/280/75940.shtml，2021年4月22日。

［2］艾媒网：《2020中国在线教育行业创新趋势研究报告》，来源：https：//www.iimedia.cn/c400/75879.html，2020年12月28日。

［3］北京开卷：《2020年全国图书零售市场规模首次出现负增长，同比下降5.08%》，来源：https：//mp.weixin.qq.com/s/3UBt2h3KQl6gEL2IUKiFAQ，2021年1月7日。

［4］郑涵月、包韫慧：《新冠肺炎疫情背景下教育出版数字化转型探析》，《传播与版权》2020年第11期。

［5］周国清、张如意：《抗疫大考下的出版2020论略》，《出版广角》2020年第24期。

［6］刘艳：《后疫情时代实体书店的困境调查、反思与建议》，《图书馆研究与工作》2021年第8期。

［7］张萍：《疫情下的图书营销策略思考》，《中国市场》2020年第29期。

Performance Data Report of China's Listed Press and Publishing Companies in 2020

ZHU Jingwen, YAO Junyu, YANG Wancheng

Abstract: This paper is based on six secondary indicators-including value scale, market performance, profitability, operation ability, growth ability and debt paying ability, as well as twenty-two tertiary indicators as the main data analysis dimensions. In this essay, catastrophe theory and entropy weight method are used to analyze the financial performance data of 30 listed press and publishing companies in 2020. This paper expounds the current situation of China's press and publication listed companies from four aspects: overview of China's press and publication industry, performance data ranking, performance index analysis and ability analysis of leading listed companies, in order to provide reference for relevant research and practice.

Key words: Press and Publication; Listed Companies; Performance Data; China

新型主流媒体建设

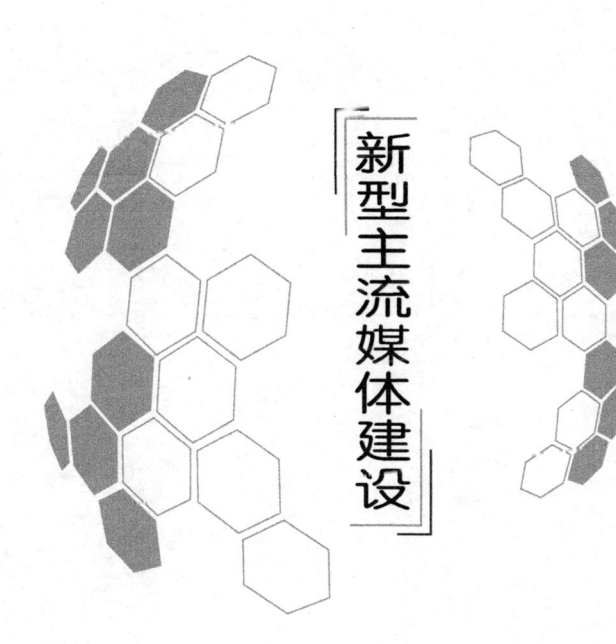

融合"破壁"与"活水"注入：媒体深度融合背景下我国报业的进退之治

黄洪珍　寒志鸿

摘　要　当前报业市场存在旧供给严重过剩、新供给明显不足，深陷由结构性失衡导致的产业衰退困局。本文分析了媒体深度融合背景下我国报业市场进入和退出机制的现状，梳理了报业进入壁垒与退出机制长期以来形成的弊病，总结了报业进入退出机制改革难点。并由此提出宏观上从供给侧把控"进出"助推报业市场供需重归平衡、中观上建立健全报业进入退出相关保障机制、实践中供给侧坚守与需求侧融合的报业进退之治。

关键词　报业管理　媒介融合　供给侧改革　媒介生态　进退壁垒

一、研究缘起与文献回顾

经过改革开放40多年的发展，我国报业由起初的供给不

作者简介　黄洪珍，男，湖南科技大学人文学院教授，博士，硕士生导师。研究方向：媒介经营与管理、新媒体传播。电子邮箱：907209632@qq.com。寒志鸿，男，湖南科技大学人文学院硕士研究生。

基金项目　国家社科基金一般项目"媒体融合背景下我国传统媒体的市场机构矛盾与供给侧改革研究"（20BXW038）

足,经历了井喷式的爆发增长,从 1979 年 69 种报纸到鼎盛时期 1996 年的 2163 种[1]。其间经过一系列的整顿措施,全国的报纸种数稳定在 2000 种左右,为我国的经济发展及社会文化进步作出了卓越的贡献。然而这种近乎"只生不死""有死无生""无生无死"的报业进入壁垒和退出壁垒,导致我国报业出现了供给过剩而有效供给不足的双重结构性矛盾,严重抑制、束缚了社会主义市场经济下报业的自然健康发展。

随着互联网时代的到来,尤其是在移动互联网的持续发力和摧枯拉朽的冲击下,经过 2005 年以来的"报业寒冬",纸媒已死的呼声一浪高过一浪。当时的报业尚且能在近乎垄断的政策制度、资源禀赋下回光返照式垂死挣扎一会,到了 2011 年报业等传统媒体则经历了长达 10 年的断崖式、跳水式的持续大衰退。尤其发人深省的是 2011 年我国 GDP 已跃居世界第二,并且在这十年间经济的持续健康高质量发展背景下,GDP 总量超过 100 万亿元。报业的深层次结构性问题已昭然若现,报业的供给侧改革迫在眉睫。

目前国内对于报业市场进入和退出机制的研究成果很少,且大多局限于报业进入壁垒、退出壁垒的单一论述,而将两者结合作为统一整体进行研究则少之又少。在报业进入壁垒方面,陶喜红认为规模经济、媒介产品的差异、一定的资源、必要的资金量等构成了传媒产业的结构性进入壁垒[2];李欣认为传媒业所需大量的资本投入及规模经济、政府的制度障碍、受众的品牌忠诚度构成了相对较高的进入壁垒[3]。

在报业退出壁垒方面,谭云明等认为应建构一套以行政为主导和以市场为主导相结合的有中国特色的报刊退出机制[4];窦锋昌认为当下市场化报纸退出的三种方式,"停刊"要谨慎使用,"转轨"要积极探索,"合并"最为妥当[5];商建辉等认为建立报纸的退出机制,是通过报纸的优胜劣汰推动报业资源的合理流动[6]。

鉴于报业进入退出机制的不合理现象,近来有学者提出从供给侧入手推动报业的供需平衡。如范以锦提出互联网时代报业改革应回归供给侧,并将供给侧改革与需求侧的需求综合起来考虑,才能在当今转型中走出困境[7];丁和根等认为化解地市级媒体融合发展困境的途径在于进行供给侧改革,充分利用新技术赋能资源整合,通过制度创新化解难以回避的各种难题[8];朱建华认为报业的重新崛起是建立在优质内容生产与供给之上的,供给侧改革为报业转型发展提供了难得的机遇[9];段弘认为报业面临种种困境需要做到需求侧融合与供给侧坚守,两者是相辅相成的关系,其中供给侧的坚守尤为重要[10]。

面对如此困境,从我国目前的进入和退出实践来看,在市场进入机制方面,它还不尽合理;在市场退出机制方面,长时间以来一直没有建立标准化、系统化的市场退出机制,我国在报业进入和退出机制上的安排还有待进一步完善。鉴于进入壁垒和退出壁垒的对立统一的整体性,本文将两者结合起来作为一个整体探寻报业转型的进路。

二、我国报业市场进入退出机制的背景及现状分析

(一)市场进入壁垒与退出机制概述

1. 市场进入壁垒

"市场进入"(market entry)是产业经济学领域研究产业组织的一个基本范畴,指的是一个厂商(或企业)进入新的领域,开始生产或提供某一市场上原有产品或服务的充分替代品。无论以何种方式进入,新进入的企业都需要具备一些基本要素,这些要素也就会构成进入市场的各种障碍,这就是所谓的市场进入壁垒(barriers to entry)。芝加哥大学的斯蒂格勒

(G. J. Stigler)认为"进入壁垒是一种生产成本,这种成本是打算进入一产业的新厂商必须负担,而已在位产业中的厂商无须承担的"[11]。

因此,在报业领域,无论以何种方式进入也会面临各种壁垒。彭永斌认为,传媒产业进入壁垒是指进入传媒市场可能遇到的各种障碍,而这种壁垒反映的是新旧媒介机构之间的竞争关系和竞争强度[12]。可见,进入壁垒对在位厂商和潜在进入者都会产生重要影响。由此延伸至报业,过高的进入壁垒对于我国报业市场结构、报业数量及规模、报业市场竞争效率产生了深刻影响,所以应当辩证地看待媒介产业的结构性进入壁垒。

2. 市场退出壁垒

所谓市场退出,简单地说是指市场主体自主或被强制终止经营活动,进而消灭其市场主体资格的法律行为。按照产业组织理论,退出是指企业削减或停止其所从事的特定业务,从原产业领域或市场撤出的过程。在市场经济条件下企业退出是市场机制发挥调节作用的结果,是市场对资源配置发挥基础性作用的正常反应。

过渡到我国报业的退出机制,是指报业中相对较差的那一部分资财、人员,以至整个报业暂时或永久分离出来的各种规范性制度的总和。所以报纸的退出是指报纸根据一定的程序停止经营、清偿(或转让)债务、关闭机构、丧失民事权利和行为能力从而退出报业市场的过程。建立报纸退出的机制,通过报纸的优胜劣汰,有助于报业资源的合理流动。

3. 市场进入与退出机制的概述

市场进入和退出机制是商品经济发展到一定历史阶段,随着市场对人类生活的影响范围和程度日益拓展和深化,为了保护社会公共利益的需要而逐步建立和完善的。市场进入和退出机制的建立健全是市场繁荣的标志。

在我国,报业是一个政府许可进入的行业,没有经过政府许可的报业出版活动皆属非法出版活动。这样的行业进入和退出制度,对报业发展发挥了重要作用。

有效的市场进入与退出机制,对提高报业队伍的素质发挥着重要的促进作用。报业本身的进入与退出制度也在客观上对报业的资源配置起到了一定的保护作用,为行业规范有序的竞争和发展提供制度保障。此外,实行报业进入许可制度,保证了进入市场的所有报业都在政府管理和监控下,为发挥报业作为党和国家的舆论阵地的功能提供了外在的制度保障,这也是我国实行报业进入许可的出发点[13]。

(二)背景分析

1. 报业发展进入生死期

传统媒体的同质化竞争已经很难维持下去,甚至可以这样说,传统媒体之间已很难成为竞争关系。传统媒体真正的竞争对手是新技术推动下形成的各类新传播平台,这迫使报业要以新的改革思路去突破目前的困境。

1803年,著名经济学家萨伊(J. B. Say)在其著作《政治经济学概论》中指出"供给自行创造需求,供求不会发生严重失衡",直至20世纪30年代主要资本主义国家爆发了经济大萧条,英国经济学家凯恩斯(J. M. Keynes)在其著作《就业、利息和货币通论》中又提出了"需求自行创造供给,即通过扩张性或紧缩性的财政政策和货币政策进行总需求管理"。因此,当受众的需求与报业市场的供给量一致时,报业运作正常;当报纸产品供给短缺时,需求方得不到及时满足;当报纸产品生产量过大,报业机构必然陷入困境;然而,当报业产品过剩,而受众新需求又得不到满足时,作为生产报纸产品的报业机构就要从供给侧入手进行改革。

显然,当下不仅中国企业存在供给侧结构性的危机,报纸产业同样存在供给侧结构性的危机。处在互联网时代的报业机构,其供给侧结构性改革,就是要从提高供给的媒体产品质量出发,推进结构调整,扩大有效供给。报业机构不仅要对原有的传统报纸产品进行改造,而且要依靠技术进步提升新媒体产品的供给能力,这一方面是为了更好地满足用户的需要,另一方面也是为了促进报业机构在转型中实现良性发展。

2. 媒体融合向纵深发展

媒介技术在进化过程中通过媒介的杂交融合释放出新的力量和能量,正如原子裂变和聚变要释放巨大的核能一样[14]。所谓"媒介杂交",就是指一个媒介系统与另一个系统的"异体受精",如印刷术和蒸汽机结合产生的突变,广播和电影结合产生的突变[15]。

1978年,尼葛洛庞帝提出了媒介融合的相关理论框架,自此媒介融合成为新闻传播学界研究的热点及新闻媒体实践的理想图景之一[16]。2014年媒体融合正式上升为国家战略,经过多年的发展,媒体融合拓展了深度和广度并取得显著成效。2019年1月25日,习近平强调"要运用信息革命成果,推动媒体融合向纵深发展"[17]。至2020年9月中办、国办印发《关于加快推进媒体深度融合发展的意见》,媒体融合发展已上升为国家战略的一部分。因此,媒体深度融合不仅是我国现实所需,是媒体行业生存的路径,更是新闻舆论工作未来的发展方向。

(三) 现状分析

1. "政策制度性+经济结构性"双重进入壁垒

我国报业市场的管理指导思想长期以来侧重于事前控制,因此在具体制度设计上体现了"严进"理念,有关市场主体的进入规范较为严密。尽管社会主义市场经济制度在我国早已建立，但是国有机构仍占据绝对主导地位，行政壁垒构成了我国报业进入壁垒中最坚固的铜墙铁壁。

首先，政策制度性进入壁垒。我国报业的进入制度具有自己的特点，主要是主体资格的限定性和程序上的审批制。要深入理解我国目前报业的进入机制，非常有必要了解一下我国对报业主体进入的管理规定。

报纸审批条件：根据《报纸管理条例》第十条的规定，创办正式报纸应当具备下列条件：有符合宪法规定的、为社会主义精神文明和物质文明建设服务的宗旨；有确定的并与主办单位、主管部门的工作业务一致的专业分工范围和编辑方针；有确定的、能切实担负领导责任的主办单位和主管部门：主管部门在中央应为部级以上（含副部级）单位，在省为厅（局）级以上（含副厅级）单位；在地（市）、县（市）为县级以上（含县级）单位；有能坚持四项基本原则、符合专业要求、具有相应专业技术职务的专职总编辑和一定数量的专职编辑、记者组成的编辑部；有与所办报纸规模相适应的创办资金、办公场所、出版与印刷条件和维持正常出版所需的正当可靠的资金来源[18]。

其次，经济结构性进入壁垒。一方面，传媒经济结构性进入壁垒过高与过低都不利于媒介的健康发展，从总体上来看，中国传媒市场的结构性进入壁垒在逐渐增高；另一方面，这也给在位传媒带来一定的发展机遇。以下是我国传媒业正面临的经济性结构壁垒：

一是规模经济。传媒产业同其他产业一样，伴随着生产经营能力的扩大也会出现批量扩大、费用递减和收益递增的经济现象。也就是说，传媒产业存在规模经济现象。如果最小最优规模占全部市场的需求比重较大，那么规模经济的存在就会对进入产生某种阻碍作用[19]。规模经济的存在之所以阻碍产业的进入，因为它迫使进入者要么一开始就以大规模生产并承担原有企业强烈抵制的风险,要么以小规模生产而接受产品成本方面的劣势,这两者都不是进入者所期望的。国外也有学者研究发现,随着报纸发行量的增加,报纸的长期平均成本呈下降趋势,形成规模经济。规模经济意味着报纸可以在一个比较大的发行市场中降低发行价格或者索取较低的广告费用,而发行量较少的报纸则不能这样做。所以,规模经济是一种十分重要的进入壁垒。目前,中国媒体产业集团化发展趋势比较明显,一些区域性媒介集团在当地具有一定的比较优势。这些媒介集团基本上都具有纵向一体化特点,很多媒介集团能够形成一定程度的规模经济。

二是媒介产品差别。"任何一种商品都可能是另外一种商品的潜在替代品,即便只是无穷小的替代。"[20] 如果一种媒介产品难以学习和模仿,可替代性就小。首先,媒介集团的策略性行为对于铸就媒介产品的差异,形成媒介集团的竞争优势有直接的现实意义,在此基础上构筑的进入壁垒不易突破。其次,通过服务铸造壁垒。媒介产品的销售渠道是媒介独特性、差异性的一个有力来源,可以增强声誉和竞争力。这一点往往为一些媒介所忽视,是媒介今后亟待加强的地方。最后,通过技术创新和技术引进来创造差异。技术创新和技术引进是媒介产品差异化战略的不竭动力,同时也是形成进入壁垒的重要因素。产品差别是实施差异化竞争的重要手段,这种手段往往对受众定位、区域定位等都会带来一定的影响。差异化程度较高的媒介产品,其可替代性就相对较弱,因此容易维持一批忠诚度较高的受众,这对于新进入市场的媒介来说,就会形成较高的进入壁垒。

三是资源的占有壁垒。资源占有的多少,会影响媒介的竞争实力。有些资源对于在位传媒有重要的意义,而新进入的传媒缺乏这些资源,会对其资金链造成不利影响。首先,不动产资源是一种有形的壁垒。一些在位媒介靠长期的利润积累了足够的固定资产,如土地、厂房、设备等。其次,信息资源是一种无形的壁垒。信息资源是直接增加新进入媒介成本的一种方式,准确的市场信息和调研数据对新进入者尤为重要。最后,受众与客户资源是关键性的壁垒。不难发现一些忠实于某些报纸的读者很难改变他们的嗜好,这构成了较高的报业市场进入壁垒。新创办的媒介能不能在市场中站住脚跟,要看其能否打开局面,赢得受众。因为受众资源是广告客户所看重的,如果新创办的传媒拥有受众市场,那么它就可以吸引广告客户,更能够在建立影响力的同时奠定长远发展的基础,进而突破这一壁垒。

四是必要的资金量。传媒产业竞争异常激烈,潜在的进入者要想在市场中站住脚跟,必须具备一定的资金。较多的资金投入对于潜在进入者来说,是一种实实在在的壁垒。以报纸为例,在报业竞争异常激烈的中心城市,新报纸进入门槛很高。市场份额集中于强势媒体,会加高后来者的进入门槛,建立起市场进入的资金壁垒,可能将小媒体逼到绝路[21]。换言之,由于媒体产业的规模化发展趋势,使进入媒体产业的资金"门槛"迅速加高。《北京青年报》《新民晚报》等在 20 世纪 80 年代进入市场时候,启动资金只需要 30 万元左右。而到了 2001 年,《京华时报》创刊时启动资金达到 5000 万元,两年之后,《东方早报》启动资金已经接近 1 亿元。

2. 报业退出机制的现状

(1) 政策现状

众所周知,长期以来,我国报业市场退出机制一直处于缺位状态,有人甚至说这是计划经济时代的最后一块"净土"。从报业发展的状况来看,缺乏退出机制,已经成为报业健康发展的痼疾,成为深化报业改革的一大障碍,只生不死,对任何事物来说都是违背生存规律的。

早在1996年,中共中央办公厅、国务院办公厅发布《关于加强新闻出版广播电视业管理的通知》,可以视为我国传媒业有关退出机制的起始文件。1997年,新闻出版署发出《关于报业治理工作的通知》和《关于期刊业治理工作的通知》,规定了报刊必须退出的几种情况。从那时起,我国一直在围绕文化体制改革、文化产业发展、文化创新和文化"走出去",有计划地推进传媒业的结构调整和市场建设,报刊退出就是其中一项重要抓手。1999年、2003年、2005年、2010年,"两办"和新闻出版署颁发了多项通知、规定、办法,对报刊退出进行部署、指导和推进,但均未触及根本。

其中2005年发布的《报纸出版管理规定》是报业退出机制的里程碑,主要内容和重要意义仍然集中于三项报业退出的制度:一是休刊制度,报纸休刊超过180天,期刊休刊超过一年仍不能正常出版的;二是评估制度,报业出版质量未达到规定标准或者不能维持正常出版活动的;三是年检制度,未通过年检的报业出版单位自第二年起停办该报业,不按规定参加年度核验的报纸出版单位,经催告仍未参加年度核验的,由新闻出版总署撤销《报纸出版许可证》,所在地省、自治区、直辖市新闻出版行政部门注销登记。这一当时的报业管理新规中只有退出的标准,没有退出机制的具体实施办法。

2008年以来开始进行的报刊退出机制试点建设,是报业退出的又一里程碑事件。此前的"退出",还是计划经济时期传统行政管理的运作模式,而当前的退出机制表明,报刊退出已经采用科学化的评估标准,运用市场化的手段,是长效性、系统性的建设工程;已经由舆论准备、实验性实施迈向全面实施阶段,由指令式的行政管理阶段向体制机制建设阶段迈进。

但从实践来看,我国报业出版还未真正建立起有效的退出机制,程序化、规范化、系统化的政策文件仍然缺位,造成了部分报业长期处于低水平的状况,而有实力的出版单位又无法获得新的刊号资源,使整个报业缺乏活力。

(2) 退出实践

首先,由行政被动退到市场主动退。随着新媒体的蓬勃发展,商业广告大面积流向了互联网,报业越来越不具备市场化条件。2015年,互联网广告的总额已经超过了传统媒体的广告总额[22]。短短四年过后,2019年报纸广告仅有2011年的十分之一[23]。这期间,虽然各家传统媒体都在纷纷探索广告之外的盈利模式,比如付费墙模式、媒体智库、资本运营等等,但是收效还没有那么明显,还不能填补广告下滑所带来的巨大资金缺口。

与2014年以前多是新闻出版监管机构或者地方新闻宣传主管部门出于宏观调控的目标而做出的"行政性退出"不同,当下正在进行的报业"退出"是非常明显的"市场化退出"。

当然,所谓"市场化退出"并不是没有行政力量的卷入,报业浓厚的行政化属性在其"出生"的时候就已与生俱来。相反,因为报业既具有社会效应又具有经济效益的双重属性,所以无论报业的进入还是退出,都具有比较明显的行政属性。这里所说的"市场化退出"指的是退出的原因主要是市场因素,而不是之前"行政性退出"之下的宏观管理和宏观调控这些主导因素。

目前,市场已经作为一种手段和力量介入到我国报业退出机制之中,但是这种"市场的力量"还不是完全意义上的市场力量,而是掺杂了大量行政力量的"市场"。报业退出的市场手段相较于行政手段还处于隐性的地位,即只是在退出的评估标准中将市场运行情况作为评估指标,并依据指标采取行政强制退出的办法,因此还不是真正依靠市场力量退出。比如,对退出的报业,在债务处理、人员安置等问题上,通常是地方党政和报业部门合力推进完成的。

其次,市场化报纸加速"死亡",党报、专业报逆势而生。近年来,岁末年初成为我国众多纸媒的"祭日",一大批都市类报纸选择在这个时候进行告别,并且过往寥寥几家的退出就能引起巨大的震动,到如今数十家报纸"集体死亡"的现象也见惯不怪。

率先"死亡"的主体主要是都市报、晚报这些市场化媒体,2018年停休刊的53家报纸中,都市报占到3/4,而在2019年则有34家报纸宣布停休刊,其中29家为都市报,其余5家是行业报[24]。这些市场化报纸或是地市都市报,或是省级报业集团下面的第二子报、第三子报。在市场形势大好时,第二、第三子报一般都由第一都市报养着,一旦市场形势不好,第一都市报自身难保,第二、第三子报也就无法生存。

超市场化生存的党报则一般不会遇到这样的问题。近几年来,在外部财政扶持、政务合作,内部运营创新、媒体融合等主客观因素共同作用下,投放到报业的资源纷纷离开都市报而开始逐渐汇聚到党报阵营。一些报业集团已开始出现"母报养子报"的情况,这与以前的"子报养母报"恰恰相反。党报除影响力依靠新传播渠道迅速提升外,经营能力也全面上扬。如2019年《新华日报》发行47万份,新华日报传媒集团2019年实现利润3.65亿元,与2018年同期相比增长80%。[25] 2019年,重庆日报报业集团总营业收入19.5亿元,同比增长6%,利润1.63亿元,同比增长20%。

某些专业报由于致力于市场细分,读者定位明确,成为报业颓势中的一抹亮色。如湖南的《快乐老人报》,与邮政形成战略合作关系,利用邮政的渠道力推,目前其年发行量突破200万份。此外,《快乐老人报》还积极向老年产业延伸拓展,以"文化+养老"创新业态,布局老年产业。

三、我国报业进入壁垒与退出机制改革难点

随着改革的不断深入,报业的内部和外部环境都发生了很大变化,报业出版活动中出现了许多规定中没有涉及的新做法、新现象、新事物,报业出版管理活动应该紧跟时代步伐。

(一)一退了之:报业退出面临的问题

早在2009年,辽宁省就在全国率先试行了报刊退出机制,结合过往退出的经验教训看,一般的报业退出都会面临三大难题:一是退出后员工的安置问题;二是退出后债券债务的问题;三是退出后各部门利益协调的问题。

但是值得注意的是,当年作为事业单位的《都市青年报》退出之殇仍值得深思和借鉴。如果退出报社已经实现充分市场化,那么退出操作要简单得多;但对于传统体制的事业单位报刊的退出,其过程复杂和困难得多,应该谨慎操作并提供充分政策、资金保证[26]。

如前文所述,现在的关键问题不再是要不要退出,而是如何退出的问题。目前报业的退出主要包括"停刊""变轨""合并"等三种。因此,各种报业机构在选择"救亡图存"方案的时候,必须慎之又慎,是"直接死亡",还是蜕变重生,需要经过深思熟虑,毕竟每一个报业机构的创建都集结了大量的人力物力财力。

任何有机体都是生物圈网络中的一个点,没有万物之间的联系,有机体不能生存。因此,各种媒介要生存和发展,不但要依赖媒介生态和平衡互动与整体联系,而且要依赖诸种媒介生态资源流动的良性循环,否则媒介态系统就会失衡、退化甚至瓦解[27]。因此,衡量一个报业是否继续生存的根本标准也绝非市场表现、市场价值,而在于其是否能够带来相应的社会效

益，因为资金问题而就此"死去"，既不符合我国报业的定位，也给社会带来了实实在在的损失。

纵观人类传播史上五次传播革命，媒介的生存与发展似乎不遵循优胜劣汰、物竞天择的法则，好像更符合互动互助、共进共演的原理。因为，"书写传播并未淘汰语言传播，电讯传播并不排斥印刷传播，而互动传播也未对抗电讯传播"[28]。它们之间似乎是一种相互协调、共进共荣的共生关系。因而各级各类媒体如同池塘中的大鱼、小鱼与虾米，它们各司其职，我们既要推动中央级、省级媒体这类大鱼的"膘肥体壮"，更要保证地市级、县级媒体这类小鱼虾米的"茁壮成长"，维系媒介生态平衡。

（二）不进则退：市场与事业矛盾问题

没有足够的资金量供应，传媒业很难发展壮大，所以如何借力资本力量助推报业取得飞跃发展，而又不至于使意识形态领域受到影响是我国报业供给侧改革面临的一个重要难题。

自1978年报业实行"事业单位，企业化经营"以来，报业事业单位以及产业属性的双重矛盾成为一直以来我国报业发展的桎梏。在市场经济体制不断深入改革的背景下，非公有制经济不断发展壮大，在社会主义市场经济中扮演了越来越重要的角色。虽然报业也有业外资本的进入，乃至进行上市，但这对报业来说仅仅是象征意义的杯水车薪，尤其在报业所有权上、申办主体身份的规制上则更像是不可触碰的红线。并且财政供养虽然解决了一部分报纸的生存问题，但是无法解决报纸有效传播力的问题，报纸想要在当下实现"四力"的提升，则必须市场化生存。

四、媒体深度融合下我国报业的进退之治

国民经济的平稳发展取决于经济中需求侧一端和供给侧

一端的平衡,当下全国各行各业的改革强调供给侧结构性的改革,有很强的针对性。因此,运营报业与经营企业一样,同样需要思考和切实做好这种平衡,对报业生态系统人为地施加有益的影响,调节生态系统的结构和功能,达到系统最优结构和最高功能,以实现最大的社会经济效益。

人类基于感知外界的需求而发明了各种媒介,并且一直是使用媒介的主体。莱文森继承该观点并提出了媒介进化的人性化趋势,即媒介进化表现出的是越来越符合人类需求和便于人类使用的趋势[29]。因此,当今传媒业呈现报纸、广播电视等传统媒体的全面衰落,各类社交媒体、融合媒介不断崛起的现状,既是公众根据自身需求进行理性选择的必然结果,也预示了未来媒介进化发展的方向与必然潮流。

(一)正本清源:供给侧发力助推媒介市场重归平衡

1. 以进促进:适当降低报业的进入壁垒

报业供给侧改革的第一要义就是要提供有效供给,向报业市场中引入源源不断的生机勃勃的活水,从而实现报业市场供需的有效匹配。

首先,放松报业的进入规制,让更多的业外资本以合法、合理的形式进入,提高报业市场的竞争激烈度。报业门槛的降低在更好地满足人民精神文化生活需要、繁荣报业的同时,也有利于信息的传播和知识的普及,促进社会文明进步。

其次,允许社会资本在特定领域创办营利性新闻媒体。在市场竞争的前提下,再加上国家的宏观管理与资源调配,社会资本所创办的报业媒体必然可以开辟国民经济新的增长点,吸收大量的社会闲散资金,减少财政负担,增加税收收入,缓解就业压力。

诚然,降低报业进入门槛会可能带来一系列问题,从字面上来看,严格进入与放宽进入似乎是一对矛盾体,其实两者并不矛盾,而且相得益彰。不过,放宽市场进入是从企业进入市场的前端来说的,严格市场进入是从企业生产的过程与后端来说的。因此,在当今的报业市场中,要放松前端、抓紧后端,从供给侧入手让更多主体"出生",促进报业市场的有效竞争和整体市场活力的提升。

2. 以退为进:进一步完善报业退出机制

报业机构供给侧结构性改革,只有将"去产能"与"提高有效供给"并举,才能达到预期的目的。要提供有效供给,而且不能简单地理解为只加不减,同等重要的是要压缩过剩产能、退出无效供给、优化报业产业布局、退出毫无生机活力的报刊。

首先,优化报业产业布局即建立健全报刊退出机制,对报刊结构进行合理调整。国家管理部门要从宏观方面对报业结构进行合理调整。虽然报业结构主要由市场规律决定,但是我们可以科学规划报业数量,根据不同地区经济状况和文化层次的需要进行资源再配置,从而使报刊的结构趋于合理。

其次,退出无效供给即建立健全报刊退出机制需要完善制度建设。建立退出机制,就是要试图建立一个长效机制解决资源闲置和浪费的问题,从根本上建立优胜劣汰机制。退出后的刊号,可以用在更有前景的另一份报纸上。因此我们应该建立一套系统、全面的报刊退出机制:建立科学的质量评估制度;建立报刊发行量认证制度;建立报刊末位淘汰制度。同时,还应该建立相应的配套政策法规。

最后,压缩过剩产能即建立健全报刊退出机制需要建立规范的退出程序。值得注意的是,对报刊退出中产生的相关问题,需要制定切实可行的解决措施。一是报纸退出时的债务处理,可以尝试以下方法:在当下承前启后的转型时期,能否先建立一个报纸的保障基金制度,由各家报纸按广告收入与发行量比率出资,建立"保障基金",在某报纸破产时,负责其债务的处理。二是对于报纸退出时人员的安置问题可以借鉴国有企业转移富余人员的方式,从以下方面入手:首先,深化劳动人事制度的改革,帮助破产报纸员工办理后续社会养老保险,这样,一旦某报纸要退出,可以免除后顾之忧。其次,培训式安置。由国家专门的退出机构将要退出市场的报纸的员工集中起来,进行新的上岗技能的培训,使他们能适应新的工作岗位,为再上岗做准备。最后,开放式安置。报业集团旗下的报纸退出时可以采用这种方式,将员工转到报业集团的经营管理部门或者其所开发的其他产业。

3. 海纳百川:报业市场产业化结构调整

经济发展问题不仅是经济总量的问题,还存在经济结构的问题。报刊业作为一种产业,应该同其他行业一样,建立起自己的市场进入退出机制,建立科学合理的报业市场结构。

如同国企改革一样,在报刊业的机制改革中,我们也同样面临剥离不良资产、保值增值、调整产业结构的问题。然而,我们有时候过分强调了报刊业具有产业属性和意识形态属性的特殊性,忽视了市场经济的一般规律。在市场经济条件下,充分、有效的竞争是行业发展的必要条件。但目前的报刊业,却开发度较低、竞争水平较差。而且作为一个产业,更应该遵循资本流动、利润增值的有关游戏规则。因此,我们可以考虑有选择地借鉴其他行业改革的成功经验,尽可能地将报刊业推向市场,探索实行国有经济成分为主体、其他经济成分并存的混合经济所有制,让业外力量成为助推报业发展的强劲动能。

(二)保驾护航:建立健全报业进入退出相关保障机制

1. 有理有据:建立科学规范的评估体系

报业的评估论证指标体系的内容由两大指标子系统构成:一是反映报纸生存发展的外部市场环境要素指标;二是反映报纸生存发展自身综合能力的要素性指标。两套指标分别解决

"某一地区是否投放报纸指标"和"哪家报纸可以获准指标"。前一类指标构建报业市场容量表,后一类指标构建报纸运营能力测评表。目前审批和监管之间存在脱节与裂隙的空白需要进一步填补,进而标准化报业进入门槛。

因此,科学规范的报业评估体系对于报业的进出具有重要的意义。报纸的进入退出机制无非是两种可行性操作方式:一是行政淘汰,二是竞争淘汰。从经济学的角度来分析,假设某城市中报刊业经过市场化测试得出该城市的饱和指数为9家报刊,现在有新的报刊想进入,按照报刊进入退出机制的操作方式,第一种选择是行使行政命令,让现存报刊中的某一家退出,放进新一家。第二种选择是放进第10家,和其他现存的报刊做竞争,最后由市场决定谁进入谁退出。

2. 软硬兼施:"事前"与"事中"结合

报刊业实行社会性进入管制,是由"管住企业"向"管住政府,放开市场"的转变,严禁政府财政资金投入到竞争性行业的生产领域,同时严禁政府对市场的干预和实行地方保护,并对政府之外的其他投资放松进入限制。再就是,将单纯的"事前"管制转变为"事前与事中"相结合的管制。行政性进入管制是将管制前移,而"事中"又存在管理缺位。由单纯的"事前"管制转变为"事前与事中"相结合的管制,意味着由社会性管制和禁令性管制进行"事前"管制,同时结合行业的特点在某些行业建立特殊的"事中"管制制度。

(三)实以践之:供给侧坚守与需求侧融合

报业机构供给侧结构性改革,即集中在去掉过剩产能、提高有效供给的辩证关系上,所以不能理解成只减不加,其实也需要增量,但这不是传统渠道上的增量,而是媒介深度融合背景下的用户所需的各类新形态的媒体产品的增量。具体来说就是需求侧融合与供给侧坚守,两者是相辅相成的辩证关系,其中供给侧的坚守尤为重要,因为这是报业坚守报道水准的需要,也是社会赋予其责任的必然要求。

此外,如前文所述报业的"进退"是辩证统一的,同样的,需求管理和供给管理也不是截然分开的。笔者认为,在推进长期的供给侧改革的同时,不要忽略了短期的需求侧的管理。既可在短期内稳定我国报业,也能促进其长远发展,实现"传播力、引导力、影响力、公信力"的有效提升。

1. 报业转型之需求侧融合

(1) 内容生产融合

约书亚·梅罗维茨在《消失的地域:电子媒介对社会行为的影响》中提出,对人们交往起决定作用的并不是物质场地,而是信息流动的模式[30],这就要求内容生产主体不能局限于媒介、区域、属性和体量等传统概念中。传统媒体是以不同的传播介质为标准划分的,传统报纸是以纸介质为载体,以文字、图片为符号载体的信息传播媒介。然而在媒介深度融合下,处于接收终端的需求侧,则以移动互联的屏幕终端为主要接收介质,符号载体是多媒体,超文本链接和社群性传播成为常态。

报业及其他传统媒体在面对新媒体竞争时,最先提出的口号就是内容为王,即凭数十年甚至上百年的实力,生产有竞争力的信息内容。但是,在以屏民主导的需求侧时代,信息传播的移动化改变了报业产生以来形成的印刷主导式文明。报业转型就体现在不仅生产文字图片信息,还要主动跨越介质边界,生产视频、音频等多媒体信息内容,要尽量改变原先报纸长篇大论和以文字为主的形式,向新媒体学习报道新语法规则,适应需求侧融合的现状及发展趋势。

(2) 渠道平台融合

正如有学者指出的那样,平台型媒体是指既拥有媒体的专业编辑权威性,又拥有面向用户所持有的开放效性数字内容实体。简言之,这种平台性的媒介不是单靠自己的力量做内容和传播,而是打造一个良性的平台,平台上有各种规则、服务和平衡的力量,并且向所有的内容提供者、服务提供者开放,无论是大机构还是个人,其各自的独到价值都能够在上面尽情地发挥[31]。

渠道和平台是从信息传播的体量来区分的,渠道指的是更具体、单一的传播通道,而平台则包括更多元、更广阔的渠道。对报业而言,渠道平台的融合就是面对需求侧的变动,改变自身原有通道布局的措施。其实早在 21 世纪初,有危机意识和前瞻视野的报业集团就已经开始有意识地开展渠道平台融合了。例如,英国的《金融时报》从 2000 年就开始数字化转型,到现在已经完成了全球性的付费在线阅读模式。

(3) 经营管理融合

从逻辑体系上说,内容融合和平台渠道融合,最终要靠报业经营管理的融合才能落地,经营管理理念的融合才是驱动一切的根本。以 2014 年启动的《人民日报》"中央厨房"项目为例,这一项目涉及经营管理的顶层设计,从空间、技术和业务三个层面实现了对报业经营管理的融合[32]。传统意义上的报业采编人员不再仅仅是单一的"记者",也不能只生产一种特定信息产品,而是被重新定义为指挥员、信息员、采集员和加工员。报纸企业增加了技术团队和推广运营团队,通过有效的分工合作,最终实现重大报道"一体策划、一次采集、多种生成、多元传播、全天滚动、全球覆盖"。这种运营管理的融合才能带动内容生产与渠道平台的有效融合,最终实现报业需求侧融合的转型。

2. 报业转型之供给侧坚守

供给侧改革的理论基础是经济学史上供给学派的思想,其核心观点是强调供给创造需求(萨伊定律),强调市场的主体地位。20世纪70年代初,西方发达国家普遍发生了滞胀,政府惯用的需求管理手段遇到了困境。以美国经济学家拉弗(A. Laffer)、万尼斯基(J. Wanniski)和吉尔德(G. Gilder)等为代表的供给学派应运而生,他们认为,正是由于供给不足造成了经济停滞和价格水平上涨,要对付滞胀,就要用供给管理取代需求管理[33]。

(1) 报业务必坚守应有的报道水平

中央电视台主持人白岩松提出了媒体融合进程中的隐忧:"炒菜的人越来越多,而生产好粮食的人却在减少。"他所说的就是信息生产中,主体的原创意识在不断降低,愿意沉下来做报道的主体越来越少。

在关停并转以应对需求侧融合的市场变化时,有些报纸甚至为了降低成本,主动削减其极具品牌价值的部门和人员,比如,按投入与产出、成本与收益来衡量,放弃低性价比的深度调查报道项目。《中国青年报》特别报道部门于2014年12月29日完成了最后一次出版流程,结束了部门成员十年深度报道生涯;2015年5月,《京华时报》裁撤深度报道部。虽然这一举措的确是由外部生存环境的变化导致的内部必然变革,但不能不说,报纸经营主体任由需求侧主导,追逐眼球效应,选择那些更易聚集人气的热点话题,浮光掠影式地开展报道,的确是不明智的。因为需求侧融合后,各信息生产主体看似处于同一起跑线,可以凭借其产品聚合屏民的注意力,但是,这种新鲜感一过,最终能吸引和留住受众的还是优质内容与特色内容。对报业而言,新闻专业主义的竞争优势才是最需要且值得坚守的。

(2) 报业务必坚守社会责任提"四力"

新闻专业主义是西方新闻学的一个重要概念,其基本理论框架是:倡导新闻报道的客观性、公正性和中立性;提倡新闻自由和言论自由;强调媒介的社会责任;推崇职业化教育和程式化操作。然而,在自媒体时代,传统的新闻专业主义面临着冲击和挑战:"人人都是记者"预示着记者职业将消亡吗?谁来捍卫新闻的客观性和公正性?如何防止新闻自由的滥用?一系列自媒体时代的乱象迫切呼唤专业媒体的新闻理想、新闻专业主义及社会责任感的回归。

2016年2月19日,习近平总书记在党的新闻舆论工作座谈会上提出:"尊重新闻传播规律,创新方法手段,切实提高党的新闻舆论传播力、引导力、影响力、公信力。"现在,这"四力"要求写入了党的十九大报告,为媒介深度融合背景下报业的供给侧结构性改革提供了根本性准则、目标及方向。当前,距离党中央提出媒介融合已7年,媒介融合进入关键性的深度融合阶段,"四力"即是对媒体融合的宏观检验。要求报业供给侧结构性改革必须运用最新的互联网传播形态,适应新一代人的兴趣和信息接收习惯,并在众声喧哗的自媒体噪音下恪守社会责任和新闻专业主义,否则"四力"建设仍将任重道远。

五、结语

"问渠那得清如许?为有源头活水来。"报业供给侧改革即从供给上破除报业进入退出的壁垒,就是着眼于报业媒介生态的大池塘,从源头引进新鲜的"活水",排出毫无生机的"死水",进而实现报业生态的再平衡。要注意的是当下我国报业的供给侧改革绝非拯救某一家报业机构或生或死的问题,报业的生死轮回本就是生老病死的自然规律,而在于实现报业在当今竞争白热化的媒介生态中真正的涅槃重生。

总之,新一轮的报业改革是错综复杂的,必须要有壮士断腕的决心进行彻底的革命,既要专注供给侧的改革,又要考虑需求侧的现状。在进行供给侧改革时,结构性的改革是重要方面,但又不只是结构性的问题。应当作一个系统工程来抓好改革,报业转型才能成功。

注释

[1] 陈国权:《2017 中国报业发展报告》,《编辑之友》2018 年第 2 期。

[2] 陶喜红:《传媒产业结构性进入壁垒探析》,《新闻界》2008 年第 4 期。

[3] 李欣:《传媒业进入壁垒分析》,《中国广播电视学刊》2010 年第 4 期。

[4] 谭云明、栾明月:《论传媒市场化环境中的报刊退出机制》,《当代传播》2009 年第 5 期。

[5] 窦锋昌:《市场化报刊"退市"的三种方式及其比较》,《青年记者》2017 年第 31 期。

[6] 商建辉、苏浩军:《我国"报纸退出"的实践及存在的问题》,《中国报业》2009 年第 4 期。

[7] 范以锦:《互联网时代:报业改革回归供给侧》,《新闻与写作》2017 年第 8 期。

[8] 丁和根、孔令博文:《地市级媒体融合发展的理论向度、现实挑战与操作策略》,《当代传播》2020 年第 6 期。

[9] 朱建华:《报业转型应强化供给侧改革》,《中国报业》2017 年第 16 期。

[10] 段弘:《屏读时代的报业转型:需求侧融合与供给侧坚守》,《出版广角》2017 年第 10 期。

[11] [美] G. J. 斯蒂格勒:《产业组织和政府管制》,潘振民译,上海:上海三联书店,1989 年。

[12] 彭永斌:《传媒产业发展的系统理论分析》,成都:西南财经大学出版社,2004 年,第 168 页。

[13] 孟凡波:《现阶段我国报刊市场进入和退出机制研究》,河北大学硕士学位论文,2006 年。

[14] [加] 马歇尔·麦克卢汉:《理解媒介:论人的延伸》,何道宽译,

北京:商务印书馆,2004年,第82页。

[15][加]埃里克·麦克卢汉、弗兰克·秦格龙:《麦克卢汉精华》,何道宽译,南京:南京大学出版社,2000年,第198页。

[16]蔡雯、王学文:《角度·视野·轨迹——试析有关"媒介融合"的研究》,《国际新闻界》2009年第11期。

[17]央视网:《推动媒体融合向纵深发展》,来源:http://news.cctv.com/2019/01/26/ARTIQX17AcqtHrPsxXmG9rJL190126.shtml,2019年1月26日。

[18]国家新闻出版署:《报纸出版管理规定》,来源:http://www.nppa.gov.cn/nppa/contents/310/24252.shtml,2005年9月20日。

[19]徐国兴:《市场进入壁垒理论》,北京:中国经济出版社,2007年,第28页。

[20]杨公松:《产业经济学》,上海:复旦大学出版社,2005年,第2页。

[21]喻国明:《对我国媒体产业现实发展状况的基本判断》,《广告大观》2002年第2期。

[22]中国社会科学院新闻与传播研究所:《新媒体蓝皮书:中国新媒体发展报告No.7(2016)》,北京:社会科学文献出版社,2016年,第5页。

[23]陈国权:《寻找"非市场需求"——2019中国报业转型发展报告》,《编辑之友》2020年第2期。

[24]陈国权:《2018中国报业发展报告》,《编辑之友》2019年第2期。

[25]据新华报业传媒集团双传学2020年1月4日在干部述职述廉暨新年务虚会上的发言。

[26]刘继扬:《从两家报纸的"退出"看报刊退出机制试点的经验教训》,《中国记者》2010年第4期。

[27]邵培仁:《论媒介生态的五大观念》,《新闻大学》2001年第4期。

[28]邵培仁:《论人类传播史上的五次革命》,《中国广播电视学刊》1996年第7期。

[29][美]保罗·莱文森:《人类历程回放:媒介进化论》,邬建中译,重庆:西南师范大学出版社,2017年,第2页。

[30][美]约书亚·梅罗维茨:《消失的地域:电子媒介对社会行为的影响》,肖志军译,北京:清华大学出版社,2002年,第33页。

[31]喻国明:《媒介革命:互联网逻辑下传媒业发展的关键与进路》,北京:人民日报出版社,2015年,第126页。

[32]人民网:《何炜:"中央厨房"——探索融合新闻生产新模式》,来源:http://media.people.com.cn/n1/2016/0822/c120837-28656152.html,2016年8月22日。

[33]李翀:《论供给侧改革的理论依据和政策选择》,《经济社会体制比较》2016年第1期。

Integration of "Breaking the Wall" and "Flowing Water": The Governance of the Advance and Retreat of China's Newspaper Industry under the Background of Deep Integration of Media

HUANG Hongzhen, JIAN Zhihong

Abstract: At present, the newspaper market has a serious surplus of old supply and an obvious shortage of new supply, which is deeply mired in the dilemma of industrial recession caused by structural imbalances. This article analyzes the status quo of my country's newspaper market entry and exit mechanism under the background of the deep integration of media, sorts out the long-standing shortcomings of the entry barrier and exit mechanism of the newspaper industry, and summarizes the difficulties in the reform of the entry and exit mechanism of the newspaper industry. And from this, it is proposed to control the "in and out" from the supply side at a macro level to promote the rebalance of supply and demand in the newspaper market, to establish and improve the relevant guarantee mechanism for the entry and exit of the newspaper industry, and in practice, the supply side adheres to the integration of the demand side and the newspaper industry advances and retreats rule.

Key words: Newspaper Management; Media Integration; Supply-side Reform; Media Ecology; Barrier of Advance and Retreat

媒介融合背景下主流媒体抖音号运营对媒体形象的影响：感知价值视角的实证研究

熊开容　刘　超　叶倩怡　张晓敏　刘姿琳

摘　要　融媒体时代，主流媒体纷纷入驻以抖音为代表的短视频平台，以老百姓喜闻乐见的形式传递信息，短视频平台融合发展是否会影响公众对主流媒体的媒体形象评价有待检验。本文以《人民日报》抖音号为研究对象，探讨主流媒体短视频平台融合发展中的用户感知价值对其媒体形象评价的

作者简介　熊开容，女，广东工业大学环境科学与工程学院讲师，博士。研究方向：健康传播。刘超，男，广东外语外贸大学新闻与传播学院教授，广州市人文社科重点研究基地"广州城市舆情治理与国际形象传播研究中心"副主任。研究方向：媒介经济与管理。电子邮箱：liuchao382@163.com。叶倩怡，女，广东外语外贸大学新闻与传播学院广告系研究助理。研究方向：广告传播。张晓敏，女，广东外语外贸大学新闻与传播学院硕士研究生。刘姿琳，女，天津外国语大学国际传媒学院硕士研究生。

基金项目　教育部人文社科研究项目"湾区形象刻板印象的形成机制与干预策略研究"（19YJA860010）；广东省哲学社会科学规划一般项目"关系主义视角的粤港澳大湾区城市形象建构与传播策略研究"（GD19CXW02）；广东省普通高校省级重大科研项目"气候谈判背景下中国负责任国家形象对外传播战略研究"（2016WZDXM025）；广州城市舆情治理与国际形象传播研究中心课题"粤港澳大湾区城市群的区域形象构建与国际传播研究"（2021-WT-02）

影响。研究结果表明,主流媒体抖音官方号的用户感知信息娱乐价值正向影响媒体形象的公信力和职业伦理,而社交情感价值只对媒体形象的公信力有正向显著影响;同时,用户感知信息娱乐价值正向影响社交情感价值,媒体形象中的公信力正向影响职业伦理;中介效应检验发现,信息娱乐价值通过社交情感价值间接影响公信力,通过公信力间接影响职业伦理,社交情感价值通过公信力间接影响职业伦理。本研究为主流媒体通过短视频平台融合发展以提升自身媒体形象提供了经验性成果的理论支持与实践指导。

关键词 主流媒体 媒体形象 短视频 媒介融合 感知价值 公信力 职业伦理

一、问题的提出

随着互联网和新媒体的快速发展,传播手段和渠道越来越多样化,众多自媒体不断涌现,赋予了公众更多的选择权与传播权。尤其是抖音、快手、西瓜视频、火山小视频等短视频自媒体契合公众的上网习惯,迎合公众的口味,且能够与公众及时互动,与严肃刻板的主流媒体形成鲜明的对比,深受公众的喜爱,旧有的舆论生态和媒体格局逐步发生转变。主流媒体面临着挑战,原有话语权受到严重的冲击,自身优势逐渐减弱,影响力、引导力和公信力在下降,受众也在不断地流失。近年来,国内主流媒体积极寻求转型突破,加快媒介融合的步伐,以期为自身发展注入新活力。相关报告显示,截至2018年年底,抖音上经过认证的媒体账号超过1340个,包括平面媒体类、广电媒体类、网站或新媒体类,累计发布短视频超过15万条,累计播放次数超过775.6亿,累计获赞次数超过26.3亿。《人民日报》、新华社、中央广播电视总台等中央级媒体是抖音平台媒体账号开设的早期使用者,其中,《人民日报》还排在 2018 年媒体抖音号影响力 TOP 100 榜的首位[1]。

作为主流媒体的《人民日报》所开设的抖音官方账号至今已经累积超过 7200 万的粉丝,其在抖音平台所创作的短视频传播力度很广,多个视频都收获上百万甚至上千万的点赞。以《人民日报》为代表的主流媒体在抖音等短视频平台融合发展取得如此夺目的成绩,是否会对其在公众心目中的媒体形象产生积极的正面影响,是本文关注和通过针对性研究予以回答的问题。

二、理论基础与研究假设

从 2014 年开始,习近平总书记多次在不同场合发表关于媒体融合的重要讲话。2019 年 1 月 25 日,中共中央政治局就全媒体时代和媒体融合发展举行第十二次集体学习,习近平总书记强调需要不断推动媒体融合发展,实现各种媒介资源的有效整合,使内容、技术、平台和手段互通共融,打造出一批具备影响力、竞争力的新型主流媒体。

媒介融合发展是技术变革赋予的时代课题,短视频平台更是当今主流媒体推进融合传播纵深发展,加速转型升级的重要路径和主战场。国内近年来已开始涌现主流媒体短视频平台融合发展方面的研究成果,如王金平的《主流媒体短视频新闻传播发展研究》[2]、封晶晶的《媒介融合语境下主流舆论短视频传播策略》[3]和《媒介融合语境下主流舆论短视频特征浅析》[4]等。主要关注于分析主流媒体短视频发展现状,包括在媒体自建的平台、微博视频、资讯类平台"梨视频"、抖音、快手等短视频平台,探讨媒介融合过程中主流媒体短视频传播模式以及存在的问题,相应的解决方案或发展策略。

从研究对象来看,部分学者专门针对整体的主流媒体抖音号进行研究,如张志安等抓取 1300 多个媒体抖音号作为研究样本,通过后台数据来分析媒体抖音号的发展态势和排行,认为现阶段的媒体抖音号具有以下整体特征:央媒头部账号领先,地市及省级媒体开通账号最多,省级卫视综艺抖音号表现出色,省级报业集团及旗下媒体视频多发布在其客户端和微博平台,正逐步投放至抖音,主流媒体抖音号的实践仍处于探索阶段,爆款作品集中于媒体传统擅长领域,呈现较单一[5]。此外,也有学者选择具体的官方抖音号开展主流媒体短视频转型的案例研究,如姚伊颀[6]、陈江江[7]对"人民日报"抖音号的研究,匡文波等[8]对"央视新闻"抖音号的研究,于然等[9]对"新闻联播"抖音号上《主播说联播》节目的研究等。这些成果基本旨在分析总结某一具体主流媒体抖音号的内容特色,如弘扬主流价值观、传递温暖正能量、报道重大时事、挖掘小故事等等,并且给出相应的发展建议或传播策略。研究方法上,现有成果以定性研究为主,仅有少数基于量化方法的实证研究,如杨凤娇等从短视频内容特性角度出发,探讨其对《人民日报》抖音号用户参与度的影响[10]。以上近两年新发表的理论成果丰富了主流媒体短视频平台融合发展这一较新的研究领域,是本文主要的理论基础之一。

市场经济不断发展,商业竞争愈发激烈,企业为寻求营销优势,实现市场扩张,赢得更多的顾客,其经营理念必然要实现从"以产品为中心"到"以顾客为导向"的转变,顾客感知价值自然成为众多学者和企业关注的焦点。20 世纪 90 年代以来,愈来愈多的学者着手研究顾客感知价值,顾客感知价值的概念和构成也随着研究的拓展而不断完善,形成了成熟的感知价值理论体系。

感知价值是消费者基于感知获得与感知付出对产品效用

的整体性评估[11]。《人民日报》抖音号之所以得到众多用户的喜爱,感知价值上的比较优势必然是重要的前提与保障。感知价值是顾客在交易中或通过消费实际感觉到的物质收益和精神收益的综合,是一个事后的综合评价量,带有鲜明的主观特征,具有不确定性、动态变化性,随顾客需求的客体和主体,或随时空条件和主客观环境的改变而有所差异[12]。一定程度而言,《人民日报》抖音号的用户感知价值就是用户对《人民日报》抖音官方号所提供价值的主观认知和基于感知获得与感知付出对其内容产品效用的综合评价。

学界基本公认感知价值是一个多维构念,一般由社会价值、情感价值、品质/功能价值和价格价值等维度构成[13]。刘艳在构建社交网络环境下感知价值影响用户分享意愿的研究模型时认为,用户感知价值可以划分为四个层面:社交价值、娱乐价值、情感价值和信息价值[14]。短视频平台属于社交视频平台,带有社交网络属性,借鉴上述研究并基于本文预调查阶段的探索性因子分析结果,本文操作化界定的《人民日报》抖音号用户感知价值包括信息娱乐价值和社交情感价值两个维度。信息娱乐价值是用户在观看媒体发布的短视频过程中获取信息,在娱乐性的自我满足中愿意进行信息分享时所感受到的短视频内容产品价值。社交情感价值是用户通过媒体的短视频产生分享行为,与他人进行互动体验,交流情感,丰富社交网络,维持社交关系时所感受到的短视频内容产品价值。

媒体形象是社会公众和内部员工对传媒组织的总体印象和评价[15],是媒体在社会互动过程中形成的具有吸引力的品貌,是受众对媒体组织的印象集合体,具备"有价性""被评价性""技术表征"及"唤起联想"等特点,是媒体符号化的社会体征[16]。媒体形象是一个双重集合,其中包含媒体组织自身塑造的形象与受众对媒体所产生的印象[17]。媒体形象是一个多维立体的构念。张强总结前人研究并实证开发量表提出,媒体形象由公信力、职业伦理、专业力、亲和力、组织力和广告因素六个维度构成[18]。参考上述研究并基于本文预调查阶段的探索性因子分析结果,本文操作化界定的《人民日报》抖音号的媒体形象包括公信力和职业伦理两个维度。公信力是指用户对媒体短视频信息的权威性、真实性、客观性、公正性等内容的评价,表征用户对媒体组织的信任能力。职业伦理是媒体职业素质与担负社会责任的能力。公信力和职业伦理是主流媒体在社会活动过程中赢得公众信任的能力和公众对其职业操守、专业力、亲和力以及组织力的评价状况,既是满足用户最基本信息娱乐需求的保障,也体现了主流媒体在一定程度上实现传播职能和社会效益的能力。

目前,尽管自媒体在碎片化的信息传播中抢占了先机,但其传播内容良莠不齐,虚假信息泛滥、网络暴力、新闻舆论反转、娱乐泛化等弊端逐渐显露,这样的传播环境给予了主流媒体重塑话语权的机会。抖音是一个专注于年轻群体的音乐短视频社区平台,其短视频内容丰富新颖、创意多样,搭配上魔性洗脑的背景音乐,使商品、美食、景点等内容对象的呈现更加丰富直观,更有利于加快和拓宽内容的传播速度与广度,吸引数以千万计的用户流量,催生出一波又一波的抖音网红爆款。主流媒体发布的短视频内容产品在形式与风格上既很好地顺应了短视频文化语境下的受众偏好,又能够发挥自身在专业力和组织力上的比较优势,从采集、制作到传播的整个过程,依靠自身的组织实力,关注广大用户的需求与利益,专业挖掘开发信息资源,以大众喜闻乐见的形式来制作和输出短视频内容产品,在媒介融合转型中重塑形象并赋予新内涵。当用户从《人民日报》抖音号获得自己需要的信息资料和娱乐内容,并且通过横向的竞品比较感知到这些短视频信息形式接地气、质量有保障,是专业的、可靠的和有社会责任担当的,就会更愿意关注并参与话题的讨论。这种感知价值认同令用户对主流媒体的信任和从业品行的满意会愈发强烈,从而形成和强化其对主流媒体公信力、职业伦理上积极的形象要素联想。基于以上分析,本文提出如下假设(见图1):

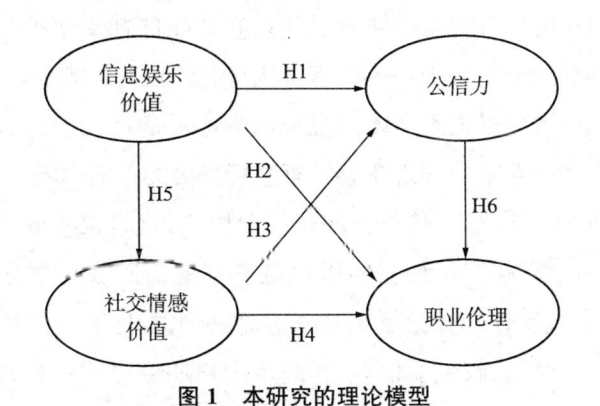

图 1　本研究的理论模型

H1:用户对主流媒体短视频内容产品的信息娱乐价值评价对媒体的公信力形象感知有直接显著的正向影响。

H2:用户对主流媒体短视频内容产品的信息娱乐价值评价对媒体的职业伦理形象感知有直接显著的正向影响。

社交网络时代,短视频平台自带社交属性。社交情感价值会促使用户在短视频评论区发表自己的看法,结交志趣相投的新朋友,或是将自己喜欢的、认同的、认为蕴含重要信息的短视频分享给朋友,产生共同话题,进行交流互动,丰富社交生活,维持稳定的社交关系,增强用户持续关注媒体短视频的意愿,进而对用户的媒体形象感知与评价产生积极影响。解决公信力弱化、影响力迁移等问题,融合发展语境下的主流媒体必然要利用好抖音等短视频平台的社交属性,发挥好自身在亲和力塑造、正能量传播、情感化叙事、舆论引导方面的优势,活化公众心目中主流媒体严肃高冷形象的刻板认知。近年来,《人民日报》抖音号等主流媒体在一系列国内外重大事件的公共传播中以崭新的形式、内容及风格发挥了积极的舆论引导作用,收获了用户广泛的点赞与情感认同,也成为媒体自身在公信力、职业伦理等形象要素上重要的加分项。据此,本文提出如下假设:

H3:用户对主流媒体短视频内容产品的社交情感价值评价对媒体的公信力形象感知有直接显著的正向影响。

H4:用户对主流媒体短视频内容产品的社交情感价值评价对媒体的职业伦理形象感知有直接显著的正向影响。

研究证明,信息价值正向作用于用户信任,也对分享意愿产生正向影响[19]。短视频用户最基本的需求在于娱乐与社交,而主流媒体在传播活动中最基本的职能是为用户提供及时、真实、全面、权威的信息,在满足用户期望中的信息娱乐需求基础上,进一步增强社交情感上的平台使用黏性。现实中,如果《人民日报》抖音号等主流媒体所发布的短视频内容产品能够创造更加丰富、生动、有吸引力的信息娱乐价值,用户就越容易产生分享意愿和行为,共情效应会将用户与用户之间、平台与用户之间的情感联结变得愈加深厚,在这个持续的过程中,用户的社交情感价值感知能够得到不断的激发与强化。因此,本文提出假设:

H5:用户对主流媒体短视频内容产品的信息娱乐价值感知对其社交情感价值感知有直接显著的正向影响。

现实生活中,用户对媒体的客观性、真实性和公正性方面的满意度越高,对媒体的信任感越强烈,则越容易对媒体产生积极的态度,认可媒体的职业伦理、媒体在社会中的作用及其承担的社会责任。因此,本文提出假设:

H6:主流媒体短视频用户的媒体公信力形象感知对其媒体职业伦理感知有直接显著的正向影响。

三、研究方法

（一）抽样方法与样本构成

本文利用问卷星平台进行抽样调查，主要通过微信、社区平台等社交渠道收集样本，通过设置题项"是否使用过《人民日报》抖音官方号"进行适宜性甄别并剔除部分不合格问卷后，共收集到412个有效样本。样本构成上，男性和女性的比例分别为46.5%和53.5%。从年龄分布来看，19—30岁人数最多，占60.8%，18岁及以下、31—40岁、41—50岁以上的分别占23.6%、9.1%和6.5%。教育程度上，专科/本科、高中和中专及以下、研究生及以上各组占比依次为54.3%、30.1%和15.6%。就职业而言，学生占55.7%，企业职员为37.5%，政府工作人员占6.8%。

（二）变量的测量

《人民日报》抖音官方号用户感知价值两个潜变量的测量主要参考廖成林等[20]、刘艳[21]的相关研究进行题项改编。其中，信息娱乐价值由7个题项进行测量，分别为"我能从《人民日报》抖音号的短视频获得我自己需要的资料和信息"、"其他网友的评论对我来说具有一定的参考价值"、"《人民日报》抖音号的短视频是我分享信息和知识以及其他趣事的主要途径"、"分享《人民日报》抖音号上的一些短视频信息，能让我获得自我满足"、"《人民日报》抖音号展示的一些有趣的短视频信息，能激起我的分享欲望"、"对《人民日报》抖音号的短视频进行观看、点赞、评论，让我达到情感上的归属感"、"在我无聊的时候，观看《人民日报》抖音号的短视频，会让我感觉快乐或心情澎湃"。社交情感价值由4个题项进行测量，分别为"《人民日报》抖音号使我结交到了一些志趣相投的新朋友"、"《人民日报》抖音号丰富了我既有的人际关系网络"、"《人民日报》抖音号丰富了我的社交生活"、"《人民日报》抖音号的视频评论区已经成为我与朋友交流互动的重要场所"。

《人民日报》抖音官方号用户对其媒体形象两个潜变量的测量主要参考张强[22]、丁羲[23]的相关研究进行题项改编。其中,公信力由3个题项进行测量,分别为"《人民日报》抖音号客观,没有主观因素在里面"、"《人民日报》抖音号真实,无虚假等成分在里面"、"《人民日报》抖音号公正,不偏袒任何一方的观点"。职业伦理由5个题项进行测量,分别为"《人民日报》抖音号遵守社会道德和职业道德"、"《人民日报》抖音号遵守国家法律法规"、"《人民日报》抖音号一旦播放有误,在评论区主动道歉并立即更正"、"《人民日报》抖音号关心弱势群体"、"《人民日报》抖音号播报的相关内容及时"。

上述题项均设计成5点李克特量表形式,其中"1"代表完全不同意,"5"代表完全同意。验证性因子分析结果显示,二维的感知价值测量模型与二维的媒体形象测量模型均具有理想的拟合优度,4个潜变量的组合信度(CR)介于0.884—0.949之间,平均方差抽取量(AVE)介于0.694—0.823之间,且所有潜变量的AVE值的算术平方根均大于它们彼此之间的相关系数(见表1)。检验结果表明,所有潜变量的测量量表均具有满意的信度与效度,可以用于后续假设关系的检验与分析。

表1 潜变量的相关系数矩阵

	均值	信息娱乐价值	社交情感价值	公信力	职业伦理
信息娱乐价值	3.55	(0.833)			
社交情感价值	2.79	.613**	(0.907)		
公信力	3.49	.512**	.486**	(0.847)	
职业伦理	3.96	.614**	.414**	.628**	(0.843)

注:** 表示P<0.01;斜对角线括号内数字为潜变量AVE值的算术平方根。

计算各潜变量的均值发现,《人民日报》抖音号用户对其职业伦理(3.96)、公信力(3.49)两个媒体形象维度,以及短视频内容产品的信息娱乐价值(3.55)评价都给予了比较高的肯定,对社交情感价值(2.79)的评价则未尽如人意。

四、结果与发现

(一) 结构方程模型分析与假设检验

应用极大似然法进行结构方程模型分析的结果显示,卡方/自由度比值($CMIN/df$) = 2.396,小于 3,$RMSEA$ = 0.084,小于 0.1,GFI = 0.840,NFI = 0.901,CFI = 0.940,理论模型的数据拟合优度符合要求,分析结果有意义(见图2)。

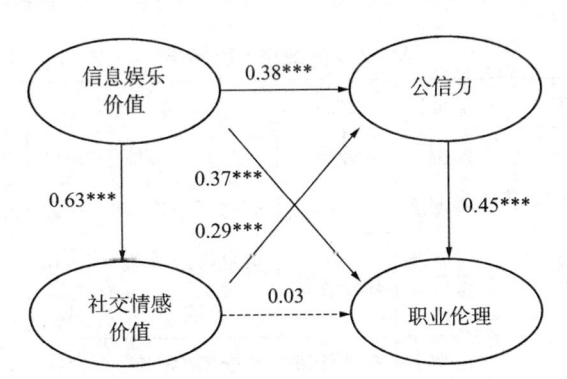

注:***表示在$P<0.001$水平上显著;虚线为不显著的路径关系。

图2 结构方程模型分析结果

路径系数及显著性水平指标证实,信息娱乐价值对公信力有直接显著的正向影响(β=0.38,t=4.315,$P<0.001$),假设H1成立。信息娱乐价值对职业伦理有直接显著的正向影响(β=0.37,t=5.019,$P<0.001$),假设H2成立。社交情感价值对公信力有直接显著的正向影响(β=0.29,t=3.304,$P<0.001$),假设H3成立。社交情感价值对职业伦理有直接的正

向影响（$\beta=0.03$, t=0.347, P>0.05），但未达到统计上的显著性，假设 H4 不成立。信息娱乐价值对社交情感价值有直接显著的正向影响（$\beta=0.63$, t=8.979, P<0.001），假设 H5 成立。公信力对职业伦理有直接显著的正向影响（$\beta=0.45$, t=5.841, P<0.001），假设 H6 成立。

（二）中介效应检验

为进一步检验图 2 中可能的中介效应机制，本文参考温忠麟等提出的逐步回归方法及其步骤对公信力和社交情感价值的中介效应进行检验[24]。具体步骤是，第一步验证自变量与因变量之间的显著关系（模型 1），第二步验证自变量与中介变量之间的显著关系（模型 2），第三步加入中介变量考察是否会对自变量与因变量之间的关系产生影响（模型 3）（见表 2）。

表 2 中介效应检验结果

中介模型	步骤	因变量	自变量	β	t
信息娱乐价值—公信力—职业伦理	模型 1	职业伦理	信息娱乐价值	0.614	10.872***
	模型 2	公信力	信息娱乐价值	0.512	8.333***
	模型 3	职业伦理	信息娱乐价值	0.397	6.783***
			公信力	0.424	7.254***
社交情感价值—公信力—职业伦理	模型 1	职业伦理	社交情感价值	0.414	6.344***
	模型 2	公信力	社交情感价值	0.486	7.757***
	模型 3	职业伦理	社交情感价值	0.142	2.256*
			公信力	0.559	8.853***
信息娱乐价值—社交情感价值—公信力	模型 1	公信力	信息娱乐价值	0.512	8.333***
	模型 2	社交情感价值	信息娱乐价值	0.613	10.848***
	模型 3	公信力	信息娱乐价值	0.344	4.554***
			社交情感价值	0.275	3.634***

结果显示,信息娱乐价值对职业伦理和公信力的直接影响均显著,在引入中介变量公信力后,信息娱乐价值对职业伦理的直接影响依然显著,但路径回归系数由 0.614 下降为 0.397,证实公信力在信息娱乐价值对职业伦理的影响机制间具有部分中介效应。此外,社交情感价值对职业伦理和公信力的直接影响均显著,在引入中介变量公信力后,社交情感价值对职业伦理的直接影响依然显著,但路径回归系数由 0.414 下降为 0.142,证实公信力在社交情感价值对职业伦理的影响机制间具有部分中介效应。再者,信息娱乐价值对公信力和社交情感价值的直接影响均显著,在引入中介变量社交情感价值后,信息娱乐价值对公信力的直接影响依然显著,但路径回归系数由 0.512 下降为 0.344,证实社交情感价值在信息娱乐价值对公信力的影响机制间具有部分中介效应。

五、结论与讨论

(一)结论分析与理论阐释

上述研究结果与发现说明,信息娱乐价值是主流媒体短视频平台融合发展中赢得用户青睐最重要的核心武器与市场竞争力,它既是吸引用户通过短视频内容产品消费进一步形成社交情感价值的关键前导因素,也是主流媒体面向用户塑造公信力与职业伦理的媒体形象时最可靠、最直接和最可依赖的价值源泉。与一般自媒体短视频单纯追求内容产品的个性、出位、戏谑甚至过度泛娱乐化以形成爆点不同,主流媒体短视频的制作与传播不仅仅要具备有趣、好玩、有用、乐于分享等基本的信息产品要素与娱乐属性特征,还要拥有能够从更加深入的心理层面激活用户对自我满足、归属感、激情澎湃等内在价值观的信息娱乐附加价值。

公信力和职业伦理是主流媒体短视频平台能够在竞争激烈的短视频市场拥有一席之地的根基与类型化的形象标签。其中，公信力既是用户感知主流媒体职业素养、社会责任感等印象沉淀要素的关键前因，也是将信息娱乐、社交情感的内容产品感知价值转化为职业伦理形象印记的桥梁与黏合剂。从公信力和职业伦理的内涵而言，客观、真实、公正是主流媒体短视频在价值多元、喧嚣浮躁的社交自媒体市场成为清流的根本，而勇于自我纠错、关心弱势群体更是体现了主流媒体的社会担当与砥柱作用，这些都是媒介融合转型背景下的主流媒体在短视频平台竞争中实现影响力逆袭的形象差异化优势。

短视频平台是年轻人的娱乐竞秀场与社交大舞台，拓展人际网络、丰富社交生活是社交情感价值的核心内涵，而社交情感价值恰是主流媒体用户短视频内容产品感知价值中的普遍短板，反映了主流媒体短视频平台融合发展中的用户偏好瓶颈与突破方向，提升短视频核心用户的自媒体社群效价感知与情感黏度显得尤为紧迫。虽然社交情感价值对提升主流媒体短视频平台职业伦理形象的贡献不显著，但通过用户的分享与共情却是积累公信力形象的有效途径，也是将信息娱乐价值迂回变成为公信力形象的另一条可行渠道。

（二）实践启示

本文以《人民日报》抖音号为例，从用户感知价值出发，探讨主流媒体短视频平台融合发展对其媒体形象的影响机制。《人民日报》入驻抖音以来，收获大量粉丝，发布的每一个短视频都在点赞、评论和转发数据上表现优异，产生较好的传播效果和影响力，为其他主流媒体的短视频平台融合发展起到了很好的示范作用。结合本文的实证研究发现，可以为主流媒体今后的短视频平台融合发展提供策略性的思考。

1. 提供优质内容,制作优质视频

主流媒体需要明确自身的媒体定位,做到术业有专攻。一方面,新闻类媒体需要及时推送热点话题和重大社会事件,将真实、有用、具有时效性的信息浓缩呈现,发挥短视频短小精悍的优点;另一方面,从多元角度或者其他的微观视角切入报道事件,碎片化但又不失连续性,逐渐完整呈现事件原貌。而娱乐类媒体则需要避免过度娱乐化与低俗化倾向,生产优质的娱乐短视频,借以提升媒体公信力。

2. 贴近民生民情,激发情感共鸣

主流媒体需要从大背景下的小切口去深度挖掘大众喜闻乐见的内容,增强内容的贴近性,从而激发用户的情感共鸣。同时,平衡有趣和有用之间的关系,兼顾短视频的趣味性。目前而言,主流媒体短视频的呈现方式比较单一、僵硬,主要还是简单的视频剪辑,再配上大字幕和背景音乐,这样的内容制作无法满足短视频用户的多元化需求,容易引起审美疲劳,所以需要尽可能使短视频内容的呈现形式更多样化,让短视频更符合用户的观看习惯,保持用户的新鲜感,引起用户的持续关注,争取更多年轻用户的青睐,进一步提升用户的信息娱乐价值,使用户与主流媒体之间建立起持久稳定的社交情感依赖关系,提升用户的媒体形象评价和满意度。

3. 满足社交需求,增加线上活动,加强与用户互动

主流媒体短视频平台融合发展不能只是简单地进驻平台,走重复单向发布信息的老路,必须进一步强化社交属性,充分利用短视频平台的强互动性、强渗透率和高用户活跃度,将用户转化为自己账号的粉丝,提高用户忠诚度。此外,主流媒体还可以进行账号人格化运营,使账号拥有喜怒哀乐的情绪,懂得更"接地气"地与用户进行交流,拉近媒体与用户之间的距离,融化往昔在大众心中高冷的刻板印象。加强与用户互动,

学习粉丝经营,在评论区挑选高质量的评论进行回复,通过发起有针对性的线上活动,比如具有共享性、交互性、趣味性的话题、特效、道具,等等,增加用户的参与度,激发用户分享欲望,从而升华用户的社交情感价值与媒体形象。

注释

[1] 央视网新闻:《首份媒体抖音年度报告发布,主流媒体内容年播放量近800亿次》,$https://baijiahao.baidu.com/s?id=1623360019740957798\&wfr=spider\&for=pc$.2019年1月22日。

[2] 王金平:《主流媒体短视频新闻传播发展研究》,《现代营销》(信息版)2019年第3期。

[3] 封晶晶:《媒介融合语境下主流舆论短视频传播策略》,《新媒体研究》2019年第5期。

[4] 封晶晶:《媒介融合语境下主流舆论短视频特征浅析》,《声屏世界》2019年第11期。

[5] 张志安、林功成、章震:《2018年度主流媒体抖音号的实践与探索》《传媒》2019年第5期。

[6] 姚伊顿:《浅析主流媒体对短视频的运用——以〈人民日报〉入驻抖音为例》,《新闻世界》2019年第11期。

[7] 陈江江:《主流媒体短视频传播策略分析——以〈人民日报〉抖音短视频为例》,《新闻爱好者》2019年第12期。

[8] 匡文波、杨梦圆:《媒介融合背景下主流媒体移动短视频传播策略研究——以"央视新闻"抖音号短视频传播为例》,《新闻论坛》2019年第6期。

[9] 于然、李治宏:《主流媒体的短视频传播策略分析——以〈主播说联播〉栏目为例》,《新闻与写作》2020年第1期。

[10] 杨凤娇、孙雨婷:《主流媒体抖音号短视频用户参与度研究——基于〈人民日报〉抖音号的实证分析》,《现代传播(中国传媒大学学报)》2019年第5期。

[11] Zeithaml, V. A. (1988). Consumer Perceptions of Price,

Quality, and Value: A Means-End Model and Synthesis of Evidence. Journal of Marketing. 52(3).

[12] 郑立明、何宏金:《顾客价值分析模型》,《商业研究》2004 年第 4 期。

[13] Sweeney J. C. & Soutar G. N.. (2001). *Consumer Perceived Value: The Development of A Multiple Item Scale.* Journal of Retailing. 77(2).

[14] 刘艳:《社交网络环境下感知价值对用户分享意愿的影响研究》,安徽大学硕士学位论文,2017 年。

[15] 朱春阳:《传媒形象在传媒市场运作中的价值》,《中国记者》2002 年第 5 期。

[16] 栾轶玫:《媒介形象的研究现状及重新定义》,《今传媒》2006 年第 9 期。

[17] 戴薇薇:《媒介公信力与媒介形象》,南京师范大学硕士学位论文,2008 年。

[18] 张强:《电视媒介形象构成要素的实证研究》,电子科技大学硕士学位论文,2010 年。

[19] 刘艳:《社交网络环境下感知价值对用户分享意愿的影响研究》,安徽大学硕士学位论文,2017 年。

[20] 廖成林、刘芳宇:《企业微博顾客感知价值及行为意愿关系研究》,《商业时代》2014 年第 13 期。

[21] 刘艳:《社交网络环境下感知价值对用户分享意愿的影响研究》,安徽大学硕士学位论文,2017 年。

[22] 张强:《电视媒介形象构成要素的实证研究》,电子科技大学硕士学位论文,2010 年。

[23] 丁羲:《湖南卫视媒介形象影响因素实证研究》,云南大学硕士学位论文,2017 年。

[24] 温忠麟、张雷、侯杰泰等:《中介效应检验程序及其应用》,《心理学报》2004 年第 5 期。

The Impact of Mainstream Media's Tik Tok Operation on Media Image in the Context of Media Convergence: An Empirical Study from the Perspective of Perceived Value

XIONG Kairong, LIU Chao, YE Qianyi, ZHANG Xiaomin, LIU Zilin

Abstract: In the era of converged media, mainstream media has grasped the development trend of short video, and they have also settled in short video platforms represented by Tik Tok to plan and develop the development of short video communication, transmit information in a form popular with the people, and integrate and develop with the platform. This article takes the *People's Daily* Tik Tok as the research object, and uses the user's perceived value to explore the influence of the mainstream media short video platform integration and development on its media image. The empirical research results show that the perceived information and entertainment value of users positively affects the credibility and professional ethics of media image, while social and emotional value only has a positive and significant impact on the credibility of media image. Simultaneously, users' perception of information and entertainment value positively affects social and emotional value, and credibility in media image positively affects professional ethics. Information and entertainment value indirectly affects public credibility through social and emotional value, indirectly affects professional ethics through credibility. Social and emotional value indirectly affects professional ethics through credibility. This study provides the theoretical support and practical guidance for mainstream media to improve their media image through the integration of short video platform.

Key words: Mainstream Media; Media Image; Short Video; Media Convergence; Perceived Value; Credibility; Professional Ethics

图书在版编目(CIP)数据

传媒经济与管理研究.算法媒介·国家战略·社会共识研究专辑 / 丁和根,喻国明,崔保国主编. —南京：南京大学出版社,2021.12
ISBN 978-7-305-23757-7

Ⅰ.①传… Ⅱ.①丁… ②喻… ③崔… Ⅲ.①传播媒介—经济学—研究 ②传播媒介—经营管理—研究 Ⅳ.①G206.2-05

中国版本图书馆 CIP 数据核字(2021)第 249295 号

出版发行	南京大学出版社		
社　　址	南京市汉口路22号	邮　编	210093
出 版 人	金鑫荣		

书　　名　传媒经济与管理研究
　　　　　——算法媒介·国家战略·社会共识研究专辑
主　　编　丁和根　喻国明　崔保国
责任编辑　荣卫红　　　　编辑热线　025-83685720
照　　排　南京紫藤制版印务中心
印　　刷　江苏凤凰数码印务有限公司
开　　本　635×965　1/16　印张 18.25　字数 220 千
版　　次　2021 年 12 月第 1 版　2021 年 12 月第 1 次印刷
ISBN 978-7-305-23757-7
定　　价　45.00 元

网　　址：http://www.njupco.com
官方微博：http://e.weibo.com/njupco
官方微信：njupress
销售咨询热线：(025)83594756

* 版权所有,侵权必究
* 凡购买南大版图书,如有印装质量问题,请与所购
　图书销售部门联系调换